¿Cuándo?

Daniel H. Pink

¿Cuándo?

La ciencia de encontrar el momento preciso

Traducido por Verónica Puertollano

PAIDÓS EMPRESA

Obra editada en colaboración con Editorial Planeta – España

Título original: *When*
Publicado por Riverhead Books, 2018
Sello de Penguin Publishing Group, una division de Random House LLC

Diseño de portada: Adaptación de un diseño de Peter Adlington, Canongate.
Fotografía del autor: © Nina Subin
© de las fotografías: Daniel H. Pink
Gráficos: Tanya Maiboroda

© 2018, Daniel H. Pink
© 2018, Traducción: Verónica Puertollano

© 2018, Centro de Libros PAPF, SLU. – Barcelona, España

Derechos reservados

© 2019, Ediciones Culturales Paidós, S.A. de C.V.
Bajo el sello editorial PAIDÓS M.R.
Avenida Presidente Masarik núm. 111, Piso 2
Colonia Polanco V Sección
Delegación Miguel Hidalgo
C.P. 11560, Ciudad de México
www.planetadelibros.com.mx
www.paidos.com.mx

Primera edición impresa en España: octubre de 2018
ISBN: 978-84-16253-92-0

Primera edición impresa en México: enero de 2019
ISBN: 978-607-747-632-0

Impreso en los talleres de EDAMSA Impresiones, S.A. de C.V.
Av. Hidalgo núm. 111, Col. Fracc. San Nicolás Tolentino, Ciudad de México
Impreso en México – *Printed in Mexico*

Sumario

chábamos. Los comienzos se quedan con nosotros mucho más tiempo del que éramos conscientes, y sus efectos perduran hasta el final».

«Los tiempos no son lo más importante.
Lo son todo».

MILES DAVIS

Introducción
La decisión del capitán Turner

A las doce y media de la tarde del sábado 1 de mayo de 1915, un transatlántico de lujo se desprendió del muelle 54 del río Hudson en Manhattan, Nueva York, y zarpó rumbo a Liverpool, Inglaterra. Sin duda, parte de los 1959 pasajeros y de la tripulación del enorme barco británico se sentiría un poco mareada, aunque menos por las olas que por los tiempos.

Gran Bretaña estaba en guerra con Alemania, ya que la Primera Guerra Mundial había estallado el verano anterior. Alemania había declarado hacía poco las aguas adyacentes a las islas británicas, que este barco tenía que atravesar, como zona de guerra. En las semanas previas a la salida programada, la embajada alemana en Estados Unidos incluso publicó varios anuncios en los periódicos estadounidenses advirtiendo a los posibles pasajeros de que quienes entraran en dichas aguas «en barcos de Gran Bretaña o sus aliados, lo hacen bajo su propio riesgo».[1]

Sin embargo, solo pocas personas cancelaron su viaje. Después de todo, este transatlántico había realizado más de doscientas

---

[1]   Fitch, Tad y Poirier, Michael, *Into the Danger Zone: Sea Crossings of the First World War*, The History Press, Stroud, 2014, p. 108.

travesías sin incidentes. Era uno de los barcos de pasajeros más grandes y más rápidos del mundo, y estaba equipado con telegrafía sin hilos y bien provisto de botes salvavidas (gracias, en parte, a las lecciones aprendidas del *Titanic*, que se había hundido tres años antes). Y tal vez lo que es más importante: al mando del barco estaba el capitán William Thomas Turner, uno de los marineros más avezados de la industria; un hombre huraño de 58 años con una trayectoria llena de condecoraciones y «la psique de una cámara acorazada».[2]

El barco surcó el océano Atlántico durante cinco días sin incidentes. Pero el 6 de mayo, cuando el imponente navío tomó impulso hacia la costa de Irlanda, Turner recibió el aviso de que había submarinos alemanes, o *U-Boot*, merodeando por la zona. Abandonó inmediatamente la cubierta del capitán y se situó en el puente de mando para poder escudriñar el horizonte y estar preparado para tomar decisiones rápido.

El viernes 7 de mayo por la mañana, cuando el transatlántico estaba a tan solo 160 km de la costa, se instaló una densa niebla, por lo que Turner redujo la velocidad del barco de los 21 nudos hasta los 15. Sin embargo, al mediodía la niebla ya se había disipado, y Turner pudo divisar la costa. El cielo estaba despejado y el mar en calma.

Pero a la una de la tarde, sin que el capitán o la tripulación lo advirtieran, el comandante de un *U-Boot*, Walther Schwieger, avistó el barco. Y en el transcurso de la hora siguiente, Turner tomó dos decisiones inexplicables. La primera fue aumentar ligeramente la velocidad del barco, hasta los 18 nudos, pero no alcanzar su velocidad máxima de 21 nudos, pese a que tenía buena visibilidad, a que las aguas estaban tranquilas y que sabía que

---

[2] Larson, Erik, *Dead Wake: The Last Crossing of the Lusitania*, Broadway Books, Nueva York, 2016, p. 1. (Hay versión española de María Morés, *Lusitania: el hundimiento que cambió el rumbo de la historia*, Ariel, Barcelona, 2015).

podría haber submarinos al acecho. Durante la travesía había asegurado a los pasajeros que llevaría el barco rápido porque, a su velocidad máxima, este transatlántico podía dejar atrás fácilmente a cualquier submarino. La segunda fue que, alrededor de las 13:45 horas, y con el fin de calcular su posición, Turner llevó a cabo lo que se denomina la «marcación a cuatro cuartas», una maniobra que requería 45 minutos, en vez de ejecutar una maniobra de marcación más sencilla que solo habría requerido 5 minutos. Y a causa de la marcación a cuatro cuartas, Turner tuvo que conducir el barco en línea recta, en vez de seguir un rumbo en zigzag, que era la mejor forma de esquivar los *U-Boots* y sus torpedos.

A las 14:10 horas, un torpedo alemán hizo impacto en el barco por estribor, abriendo un enorme boquete. De él manó un géiser de agua marina que cayó como una lluvia sobre los equipos destruidos y los restos del barco en la cubierta. Minutos después, se inundó una sala de calderas, después otra. El destrozo provocó una segunda explosión. Turner salió disparado y cayó al mar. Los pasajeros gritaban y saltaban a botes salvavidas. Después, pasados tan solo 18 minutos del impacto, el barco se inclinó hacia su costado y empezó a hundirse.

Al ver el destrozo causado, Schwieger, el comandante del submarino, se alejó en el mar. Había hundido el *Lusitania*.

Perecieron cerca de 1 200 personas en el ataque, incluidos 123 de los 141 estadounidenses que iban a bordo. El incidente intensificó la Primera Guerra Mundial, reescribió las normas de combate naval y contribuyó más tarde a arrastrar a Estados Unidos a la guerra. Pero lo que ocurrió exactamente esa tarde de mayo hace un siglo sigue siendo en cierto modo un misterio. Dos investigaciones realizadas inmediatamente después del ataque no arrojaron resultados satisfactorios. Las autoridades británicas paralizaron la primera para no revelar secretos militares. La segunda, dirigida por John Charles Bigham, un jurista británico conocido como lord Mersey, que también había investigado el desastre del

Titanic, exoneró al capitán Turner y a la compañía naviera de cualquier negligencia. Sin embargo, unos días después de terminar las vistas, dimitió del caso y se negó a cobrar por sus servicios, diciendo: «El caso del *Lusitania* era un trabajo sucio y maldito».[3] A lo largo del siglo pasado, ha habido periodistas que han leído detenidamente los recortes de prensa y los diarios de los pasajeros, y submarinistas que han rastreado los pecios del barco en busca de pistas sobre lo que pasó realmente. Escritores y realizadores han seguido produciendo libros y documentales con un gran alarde especulativo.

¿Había puesto Gran Bretaña al *Lusitania* deliberadamente en la senda del peligro, o incluso conspirado para hundir el barco y así arrastrar a Estados Unidos a la guerra? El barco, que llevaba algunas municiones pequeñas, ¿se estaba utilizando en realidad para transportar un lote de armas mayor y más potente para el esfuerzo bélico británico? ¿Estaba involucrada de algún modo la máxima autoridad naval, un cuadragenario llamado Winston Churchill? ¿Era el capitán Turner, que sobrevivió al ataque, un simple títere de otras personas con más poder e influencia, «un tonto que invitaba al desastre», como lo calificó un pasajero superviviente? ¿O había sufrido un pequeño infarto que le había afectado el juicio, como afirmaron otros? ¿Guardan todavía las pesquisas e investigaciones, cuyos documentos aún no se han desclasificado, una serie de gigantescos encubrimientos?[4]

Nadie lo sabe con certeza. Más de cien años de periodismo de investigación, análisis histórico y pura especulación no han arrojado una respuesta definitiva. Pero quizá hay una explicación más sencilla que nadie ha considerado. Puede que, bajo el nuevo punto

---

3 Simpson, Colin, «A Great Liner with Too Many Secrets», *Life*, 13 de octubre de 1972, p. 58.

4 Fitch, Tad y Poirier, Michael, *Into the Danger Zone*, p. 118; Hoehling, Adolph A. y Hoehling, Mary, *The Last Voyage of the Lusitania*, Madison Books, Lanham, 1996, p. 247.

de vista de las ciencias de la conducta y la biología del siglo XXI, la explicación de uno de los desastres más importantes de la historia marítima sea menos siniestra. Puede que, simplemente, el capitán Turner tomara malas decisiones. Y puede que esas decisiones fuesen malas porque las había tomado por la tarde.

Este es un libro sobre el manejo de los tiempos. Sabemos que los tiempos lo son todo. El problema es que no sabemos demasiado sobre los propios tiempos. La vida nos presenta un flujo interminable de decisiones acerca del «cuándo»: cuándo cambiar de carrera profesional, dar malas noticias, programar una clase, terminar un matrimonio, salir a correr o tomarse en serio un proyecto o a una persona. Pero la mayoría de esas decisiones manan de una ciénaga humeante de intuiciones y conjeturas. Saber elegir el momento es un arte, pensamos.

Demostraré que el manejo de los tiempos es en realidad una ciencia; está surgiendo un cúmulo creciente de investigaciones multifacéticas y multidisciplinares que aportan nuevas ideas sobre la condición humana y una guía útil sobre cómo trabajar de manera más inteligente y vivir mejor. Si vas a cualquier librería o biblioteca, verás un estante (o 12) repleto de libros sobre *cómo* hacer diversas cosas, desde hacer amigos e influir en los demás hasta hablar tagalo en un mes. La producción de este tipo de libros es tan ingente que necesitan una categoría propia: «Cómo hacer...». Creo que este libro pertenece a un género completamente nuevo: «Cuándo hacer...».

En los dos últimos años, dos intrépidos investigadores y yo hemos leído y analizado más de setecientos estudios —de los ámbitos de la economía y la anestesiología; la antropología y la endocrinología; la cronobiología y la psicología social— para desentrañar la ciencia oculta del manejo de los tiempos. A lo largo de las siguientes trescientas páginas, me valdré de esa investigación para analizar

15

cuestiones que abarcan la experiencia humana, pero que a menudo permanecen ocultas a nuestra vista. ¿Por qué los comienzos —si nos precipitamos en la salida o hacemos una salida en falso— son tan importantes? ¿Y cómo podemos empezar de cero si tropezamos con los tacos de salida? ¿Por qué alcanzar el punto medio —de un proyecto, un partido o incluso la vida— nos hace a veces sentir hundidos y otras nos activa? ¿Por qué los finales nos dan energía para esforzarnos más y alcanzar la línea de meta, pero también nos hacen sentir la necesidad de bajar el ritmo y buscar un significado? ¿Cómo sincronizamos nuestros tiempos con los de otras personas, estemos diseñando un software o cantando en un coro? ¿Por qué algunos horarios escolares son un obstáculo para el aprendizaje pero cierto tipo de pausas hacen que los alumnos obtengan mejores resultados en los exámenes? ¿Por qué pensar en el pasado nos hace comportarnos de una manera, pero pensar en el futuro nos orienta en una dirección distinta? Y, por último, ¿cómo podemos construir organizaciones, escuelas y vidas que tengan en cuenta el poder invisible del manejo de los tiempos; que reconozcan, parafraseando a Miles Davis, que los tiempos no son lo más importante, sino todo? Este libro habla mucho de ciencia. Leerás acerca de numerosos estudios, todos ellos citados en las notas a pie de página para que puedas profundizar más (o verificar mi trabajo). Pero este es también un libro práctico. Al final de cada capítulo se encuentra lo que llamo «Manual del hacker del tiempo»: una colección de herramientas, ejercicios y trucos para ayudarte a poner las ideas en práctica.

Entonces, ¿por dónde empezamos?

El lugar por donde empezar es el propio tiempo. Si estudiamos la historia del tiempo —desde los primeros relojes solares del antiguo Egipto hasta los primeros relojes mecánicos de la Europa del siglo XVI y la aparición de las zonas horarias en el siglo XIX—, nos daremos cuenta enseguida de que gran parte de lo que asumimos como unidades de tiempo «naturales» son en realidad vallas que construyeron nuestros antepasados con el fin de encorralar el tiempo. Los segundos, las horas y las semanas son inventos humanos. Solo señalándolos —escribió el historiador Daniel Boorstin— «pudo la humanidad liberarse de la cíclica monotonía de la naturaleza».[5]

Pero hay una unidad de tiempo que sigue escapándose a nuestro control, el epítome de la monotonía cíclica a la que se refería Boorstin. Vivimos en un planeta que gira sobre su eje a una velocidad constante siguiendo un patrón regular, exponiéndonos a períodos regulares de luz y oscuridad. A cada rotación de la Tierra la llamamos día. El día es tal vez la forma más importante que tenemos de dividir, configurar y evaluar nuestro tiempo. Así que la primera parte de este libro inicia ahí nuestra exploración del tiempo. ¿Qué han aprendido los científicos sobre el ritmo de un día? ¿Cómo podemos usar ese conocimiento para mejorar nuestro rendimiento, nuestra salud y sentirnos más satisfechos? ¿Y por qué, como demostró el capitán Turner, nunca deberíamos tomar decisiones importantes por la tarde?

[5] Boorstin, Daniel Joseph, *The Discoverers: A History of Man's Search to Know His World and Himself*, Vintage, Nueva York, 3, 1985, p. 1. (Hay versión española de Susana Lijtmaer, *Los descubridores*, Crítica, Barcelona, 1998).

Primera parte
EL DÍA

1. El patrón oculto de la vida cotidiana

> «¡Cuánto hacen los hombres diariamente, sin saber lo que hacen!».
>
> WILLIAM SHAKESPEARE,
> *Mucho ruido y pocas nueces*

Si se quisiera medir el estado emocional del mundo, encontrar un anillo del humor suficientemente grande para circundar el planeta, lo mejor sería recurrir a Twitter. Cerca de mil millones de personas tienen una cuenta, y publican alrededor de 6 000 mensajes cada segundo.[1] El mero volumen de estos minimensajes —lo que la gente dice y cómo lo dice— ha generado un océano de datos por el que los científicos sociales pueden navegar para entender la conducta humana.

Hace unos años, dos sociólogos de la Universidad Cornell, Michael Macy y Scott Golder, analizaron más de 500 millones de tuits que 2.4 millones de usuarios de 84 países habían publicado durante un período de dos años. Esperaban utilizar este tesoro para medir las emociones de la gente; en particular, el «afecto positivo» (emociones como el entusiasmo, la confianza propia y el estado de alerta) y el «afecto negativo» (emociones como la ira,

[1] Smith, Kit, «44 Twitter Statistics for 2016», *Brandwatch*, 17 de mayo de 2016, disponible en <https://www.brandwatchorascom/2016/05/44-twitter-stats-2016>.

la apatía y el sentimiento de culpa) variaban a lo largo del tiempo. Los investigadores no leyeron uno por uno esos 500 millones de tuits, naturalmente. Lo que hicieron fue cargar los mensajes en un potente programa informático de análisis de texto, de uso muy extendido, llamado LIWC (Linguistic Inquiry and Word Count) que valoraba cada palabra en función de la emoción que transmitía.

Lo que Macy y Golder descubrieron, y publicaron en la prestigiosa revista *Science*, fue un patrón notablemente constante en las horas en que la gente se despertaba. El afecto positivo —el lenguaje que revelaba que los usuarios se sentían activos, participativos y optimistas— crecía generalmente por la mañana, se desplomaba por la tarde y remontaba de nuevo al anochecer. Que el usuario fuese estadounidense o asiático, musulmán o ateo, o blanco o negro o mulato, era irrelevante. «El patrón afectivo temporal adoptaba una forma similar entre distintas culturas y puntos geográficos», escriben. Tampoco importaba que la gente tuitease un lunes o un jueves. Todos los días laborables eran básicamente iguales. Los resultados del fin de semana diferían ligeramente. El afecto positivo estaba por lo general un poco más alto los sábados y los domingos —y el pico de la mañana empezaba unas dos horas más tarde que en los días laborables—, pero la forma general seguía siendo la misma.[2] Ya se midiera un país grande y diverso como Estados Unidos, o un país más pequeño y homogéneo como Emiratos Árabes Unidos, el patrón diario se mantenía extrañamente parecido. Tenía esta forma:

[2] Golder, Scott A. y Macy, Michael W, «Diurnal and Seasonal Mood Vary with Work, Sleep, and Daylength Across Diverse Cultures», *Science* 333, n.º 6051 (2011) pp. 1878-1881. Ten en cuenta que esta investigación se llevó a cabo antes de que Donald Trump fuese elegido presidente y sus tuits pasaran a formar parte de la conversación política.

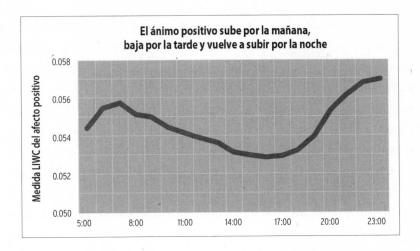

En distintos continentes y zonas horarias se producía, de forma tan predecible como el oleaje del océano, la misma oscilación: un pico, un valle y una recuperación. Bajo la superficie de nuestra vida cotidiana se oculta un patrón crucial, inesperado y revelador.

Para entender este patrón —de dónde surge y qué significa—, hay que empezar por una planta enmacetada, una *Mimosa pudica*, para ser exactos, que colgaba del alféizar de la ventana de una oficina de la Francia del siglo xviii. Tanto la oficina como la planta pertenecían a Jean-Jacques d'Ortous de Mairan, un eminente astrónomo de la época. Una tarde de verano de 1729, De Mairan estaba sentado en su escritorio haciendo lo que hacían los astrónomos franceses del siglo xviii, y los escritores estadounidenses del siglo xxi cuando tienen que acabar un trabajo importante: mirar por la ventana. Al caer la noche, De Mairan observó que las hojas de la planta que había en su alféizar se habían cerrado. Unas horas antes, cuando la luz del sol atravesaba la ventana, las hojas estaban abiertas. Este patrón —las hojas desplegadas durante la mañana soleada y replegadas al cernirse la oscuridad— hizo surgir algunas preguntas. ¿Cómo notaba la planta lo que ocurría a su alrededor? ¿Y qué pasaría si se alterara el patrón de luz y oscuridad?

23

Así, convirtiéndose en un acto de procrastinación históricamente productivo, De Mairan retiró la planta del alféizar, la metió en un armario y cerró la puerta para no dejar pasar la luz. A la mañana siguiente, abrió el armario para ver cómo estaba la planta y, ¡*mon Dieu*!: las hojas se habían desplegado a pesar de estar en completa penumbra. Siguió investigando algunas semanas más, colgando cortinas negras en las ventanas para impedir que entrara un solo rayo de luz en la oficina. El patrón se mantuvo. Las hojas de la *Mimosa pudica* se abrieron por la mañana y se cerraron por la noche. La planta no estaba reaccionando a la luz externa. Se atenía a su propio reloj interno.[3] Desde el descubrimiento de De Mairan hace casi tres siglos, los científicos han determinado que casi todos los seres vivos —desde los organismos unicelulares que habitan los charcos hasta los organismos pluricelulares que conducen monovolúmenes— tienen relojes biológicos. Estos cronómetros internos son esenciales para un funcionamiento correcto. Rigen sobre una colección de ritmos que llamamos circadianos (del latín *circa*, alrededor, y *diem*, día), que establecen la base rítmica de la vida de toda criatura. (De hecho, de la planta enmacetada de De Mairan acabó floreciendo una ciencia de los ritmos biológicos totalmente nueva, conocida como cronobiología).

Para ti y para mí, el Big Ben biológico es el núcleo supraquiasmático (NSQ), un cúmulo de aproximadamente 20 000 células del tamaño de un grano de arroz que se encuentra en el hipotálamo, en la parte central inferior del cerebro. El NSQ controla las subidas y bajadas de la temperatura corporal, regula las hormonas y nos ayuda a quedarnos dormidos por la noche y a despertar por la mañana. El temporizador diario del NSQ recorre un poco más de tiempo del que tarda la Tierra en hacer una rotación completa,

---

[3] Para leer una crónica más completa del descubrimiento de De Marian, ver Roenneberg, Till, *Internal Time: Chronotypes, Social Jet Lag, and Why You're So Tired*, Harvard University, Cambridge, 2012, pp. 31-35.

aproximadamente 24 horas y 11 minutos.[4] Así, nuestro reloj de serie utiliza marcas sociales (horarios de oficina y de autobuses) y señales medioambientales (amanecer y anochecer) para hacer pequeños ajustes que hacen que los ciclos internos y externos tengan una mayor sincronía, un proceso conocido como «encarrilamiento».

El resultado es que, como la planta en la ventana de De Mairan, los seres humanos se «abren» y se «cierran» metafóricamente a las mismas horas del día. Los patrones no son idénticos en cada persona, al igual que mi presión sanguínea y mi pulso no son exactamente los mismos que los tuyos, y ni siquiera los míos hace veinte años o dentro de veinte años. Pero, a grandes rasgos, son llamativamente similares. Y cuando no lo son, difieren de manera predecible.

Los cronobiólogos y otros investigadores empezaron estudiando funciones fisiológicas como la producción de melanina y la reacción metabólica, pero ese trabajo se ha ampliado ahora para incluir las emociones y la conducta. Su investigación está revelando algunos patrones sorprendentes, basados en el tiempo, en cómo nos sentimos y cómo funcionamos, lo que a su vez nos brinda una guía sobre cómo configurar nuestra propia vida diaria.

Cambios de humor y oscilaciones bursátiles

A pesar de su volumen, los cientos de millones de tuits no pueden proporcionar una visión perfecta de nuestra vida diaria. Aunque otros estudios que utilizan Twitter para medir el estado de ánimo han encontrado muchos de los mismos patrones que descubrieron Macy y Golder, tanto el medio como la metodología tienen sus

---

4 Cromie, William J., «Human Biological Clock Set Back an Hour», *Harvard University Gazette*, 15 de julio de 1999.

límites.[5] La gente utiliza a menudo las redes sociales para presentar una cara ideal al mundo que podría enmascarar sus verdaderas —y acaso menos ideales— emociones. Además, las herramientas analíticas de nivel industrial que se necesitan para interpretar tantos datos no siempre pueden detectar la ironía, el sarcasmo y otras sutiles artimañas humanas. Afortunadamente, los científicos de la conducta tienen otros métodos para entender qué pensamos y qué sentimos, y uno de ellos es especialmente bueno para trazar los cambios que se producen cada hora en cómo nos sentimos. Se llama «método de reconstrucción del día» (MRD), creado por un quinteto de investigadores, entre ellos Daniel Kahneman, premio Nobel de Economía, y Alan Krueger, que fue presidente del Consejo de Asesores Económicos de la Casa Blanca de Barack Obama. Con el MRD, los participantes en el estudio reconstruyen el día anterior, narrando todo lo que hicieron y cómo se sintieron mientras lo hacían. La investigación con el MRD ha demostrado, por ejemplo, que un día cualquiera la gente solía estar menos contenta en los desplazamientos y más contenta cuando se besa.[6] En 2006, Kahneman, Krueger y el resto del equipo incorporaron el MRD para medir «un atributo del afecto que a menudo se pasa por alto: su ritmicidad en el transcurso de un día». Pidieron a más de novecientas mujeres estadounidenses —de diversas razas, edades y niveles de ingresos y estudios— que pensaran en el día anterior «como una serie continua de escenas o episodios de una película», con una duración de entre 15 minutos y 2 horas cada uno.

5   Sheridan Dodds, Peter *et al.*, «Temporal Patterns of Happiness and Information in a Global Social Network: Hedonometrics and Twitter», *PloS ONE* 6, n.º 12 (2011): e26752. Ver también Fusaroli, Riccardo, *et al.*, «Timescales of Massive Human Entrainment», *PloS ONE* 10, n.º 4 (2015): e0122742.
6   Kahneman, Daniel *et al.*, «A Survey Method for Characterizing Daily Life Experience: The Day Reconstruction Method», *Science* 306, n.º 5702 (2004), pp. 1776-1780.

Las mujeres explicaban después lo que habían estado haciendo durante cada episodio y elegían de una lista de 12 adjetivos (feliz, frustrada, disfrutando, molesta, etcétera) los que representaban sus emociones durante ese tiempo.

Cuando los investigadores procesaron los datos numéricos, descubrieron un «patrón bimodal fuerte y constante» —un doble pico— durante el día. El afecto positivo de las mujeres ascendía en las horas matutinas hasta que llegaba a un «punto emocional óptimo» al mediodía, más o menos. Después, su buen humor se desplomaba rápidamente y permanecía bajo durante la tarde, y después volvía a subir en las primeras horas de la noche.[7]

He aquí tres gráficas, por ejemplo, correspondientes a tres emociones positivas: feliz, a gusto y disfrutando. (El eje vertical representa la medida del estado de ánimo de las participantes, en el que los valores más altos son más positivos y los más bajos son menos positivos. En el eje horizontal figuran las horas del día, desde las siete de la mañana hasta las nueve de la noche).

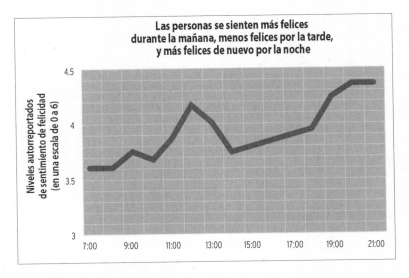

7 Stone, Arthur A. *et al.*, «A Population Approach to the Study of Emotion: Diurnal Rhythms of a Working Day Examined with the Day Reconstruction Method», *Emotion* 6, n.º 1 (2006), pp. 139-149.

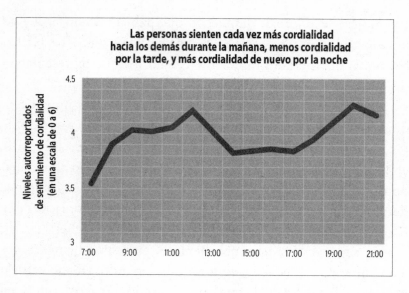

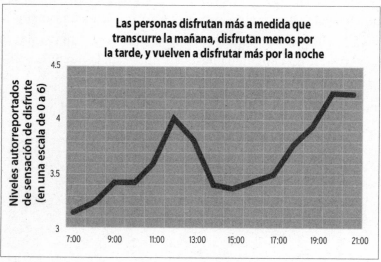

Las tres gráficas no son claramente idénticas, pero todas comparten la misma forma básica. Es más: esa forma —y el ciclo del día que representa— se parece mucho al de la página 23. Un pico temprano, una fuerte caída y una recuperación posterior.

En una materia tan escurridiza como la emoción humana, ningún estudio o metodología son definitivos. Este MRD observaba solo a mujeres. Además, también puede ser difícil desenredar el «qué» del «cuándo». Una razón por la que el «disfrute» está alto a mediodía y bajo a las 17:00 horas es que tendemos a profundizar en la socialización (lo que se suele hacer más o menos a la hora de comer) y detestamos lidiar con el tránsito (lo que se suele hacer a última hora de la tarde). Sin embargo, el patrón es tan regular, y se ha reproducido tantas veces, que es difícil ignorarlo.

Hasta ahora he explicado únicamente lo que descubrieron los investigadores que utilizaban el método MRD sobre el afecto positivo. Las subidas y bajadas de las emociones «negativas» —los sentimientos de frustración, preocupación o agobio— no eran tan pronunciadas, pero mostraban típicamente un patrón inverso: subían por la tarde y caían a medida que el día tocaba a su fin. La siguiente gráfica representa lo que se podría considerar un «buen humor neto». La gráfica toma los índices horarios de la felicidad y resta los índices de la frustración.

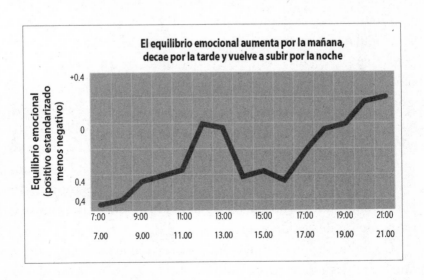

De nuevo, un pico, un valle y una recuperación.

Los estados de ánimo son estados internos, pero tienen un aspecto externo. Por mucho que intentemos ocultar nuestras emociones, se escapan inevitablemente, y eso es lo que determina cómo responden los demás a nuestras palabras y nuestros actos.

Lo que nos lleva inexorablemente a la sopa enlatada.

Si alguna vez te has preparado un plato de crema de jitomate para almorzar, puede que la razón haya sido Doug Conant. Desde 2001 hasta 2011, Conant fue el consejero delegado de la Campbell Soup Company, la emblemática marca de las emblemáticas latas. En el período en que ocupó ese cargo, Conant ayudó a revitalizar la empresa y a devolverla al constante crecimiento. Como todos los consejeros delegados, Conant hizo malabares con sus múltiples responsabilidades. Pero una que manejó con especial calma y aplomo fue ese rito de la vida empresarial conocido como la conferencia sobre resultados trimestrales.

Cada tres meses, Conant y dos o tres subalternos (normalmente el director financiero de la empresa, el *controller* y el director de relaciones con los inversionistas) entraban en la sala de juntas de Campbell en Camden, Nueva Jersey, donde está su sede. Cada persona tomaba asiento en uno de los lados de una larga mesa rectangular. En el centro de la mesa había un teléfono con altavoz: el escenario para una conferencia telefónica de una hora. Al otro lado del teléfono había aproximadamente un centenar de inversionistas, periodistas y, los más importantes, analistas bursátiles, cuyo trabajo era evaluar las fortalezas y las debilidades de una compañía. En la primera media hora, Conant informaba sobre los ingresos, gastos y ganancias del trimestre anterior. En la segunda media hora, los ejecutivos respondían a las preguntas formuladas por los analistas, que los interrogaban para obtener pistas sobre el rendimiento de la empresa.

Campbell Soup, y todas las empresas cotizadas, se juegan mucho en las conferencias sobre resultados. La reacción de los analistas —¿se sintieron optimistas o pesimistas tras las palabras del consejero delegado sobre las perspectivas de la compañía?— puede hacer que una acción se ponga por las nubes o se hunda. «Tienes que encontrar el equilibrio —me dijo Conant—. Tienes que ser responsable e imparcial, y reportar los datos. Pero también tienes una oportunidad para defender a la empresa y hacer algunas aclaraciones». Conant dice que su objetivo siempre fue «eliminar la incertidumbre de un mercado incierto. Para mí, esas llamadas introducían una sensación de certidumbre rítmica en mis relaciones con los inversionistas».

Los consejeros delegados son humanos, naturalmente, y por tanto están sujetos presumiblemente a los mismos cambios de humor que el resto de nosotros. Pero los consejeros delegados también son un grupo inquebrantable. Son tenaces y estratégicos. Saben que cada sílaba que pronuncian en esas llamadas lleva una carga de millones de dólares, así que llegan a esos encuentros tranquilos y bien preparados. ¿Seguro que no podría tener ningún efecto —en la presentación del consejero delegado o en las vicisitudes de la compañía— *cuándo* se producen esas llamadas?

Tres escuelas de negocios estadounidenses decidieron averiguarlo. En un estudio, el primero de este tipo, analizaron más de 26 000 conferencias telefónicas de más de 2 100 empresas cotizadas a lo largo de seis años y medio, utilizando algoritmos lingüísticos similares a los empleados en el estudio de Twitter. Investigaron si el momento del día influía en el tenor emocional de esas conversaciones cruciales y quizá, por consiguiente, incluso en el precio de las acciones de la compañía.

Las llamadas realizadas a primera hora de la mañana resultaban ser razonablemente optimistas y positivas. Pero a medida que avanzaba el día, «el tono se volvía más negativo y menos firme». En torno a la hora de comer, se recuperaba ligeramente el ánimo, probablemente porque los participantes cargaban sus baterías mentales y emocionales, conjeturaron los profesores. Por la tarde, sin embargo, aumentaba otra vez la negatividad, y el estado de ánimo no se recuperaba hasta después de la campanada de clausura del mercado. Además, este patrón se mantenía «incluso después de tener en cuenta factores como las normas de la industria, el estrés financiero, las oportunidades de crecimiento y las noticias que estaban transmitiendo las empresas».[8] Dicho de otro modo, incluso cuando los investigadores tuvieron en cuenta las noticias económicas (una ralentización en China que ponía trabas a las exportaciones de la compañía) o los datos fundamentales de la empresa (una compañía que reportara unos pésimos resultados trimestrales), las conferencias vespertinas «eran más negativas, irritadas y combativas» que las conferencias matutinas.[9]

Tal vez lo más importante, especialmente para los inversionistas, era que el momento en que se celebraba la conferencia y el subsiguiente estado de ánimo que este suscitaba, afectaba al precio de las acciones de las empresas. Las participaciones caían reaccionando a un tono negativo —de nuevo, incluso después de hacer ajustes por las buenas o las malas noticias— «dando lugar a una depreciación de las acciones de las empresas que celebraban conferencias en momentos más tardíos del día».

Aunque los precios de las participaciones acababan corrigiéndose por sí mismos, estos resultados son llamativos. Como apuntan los investigadores, «quienes participan en la conferencia representan casi la encarnación del idealizado *Homo economicus*». Tanto los analistas como los ejecutivos saben lo que hay en juego. No son solo los que participan en la conferencia los que están escuchando. Es todo el mercado. Una palabra equivocada, una respuesta torpe o poco convincente pueden provocar que el precio de la acción entre en una espiral descendente, poniendo en

---

8   Chen, Jing, Baruch, Lev y Demers Elizabeth, «The Dangers of Late-After-noon Earnings Calls», *Harvard Business Review*, octubre de 2013.

9   Ibíd.

peligro el porvenir de la compañía y los salarios de los ejecutivos. Esta gente de negocios, con una mentalidad práctica, tiene muchos incentivos para actuar de forma racional, y estoy seguro de que creen que lo hacen. Pero la racionalidad económica no tiene comparación con un reloj biológico formado durante millones de años de evolución. Incluso «los agentes económicos sofisticados que actúan en escenarios reales y altamente incentivados se ven afectados por los ritmos diurnos a la hora de desempeñar sus deberes profesionales».[10]

Estos descubrimientos conllevan grandes consecuencias, según los investigadores. Los resultados «indican un fenómeno mucho más generalizado, donde los ritmos diurnos afectan a las comunicaciones empresariales, la toma de decisiones y el rendimiento de los empleados en todos los niveles y empresas de todo el sector económico». Tan palmarios fueron los resultados que los autores hacen algo atípico en los artículos académicos: dan un consejo específico, práctico.

«Una moraleja importante de nuestro estudio para los ejecutivos empresariales es que las comunicaciones con los inversionistas, y probablemente otras decisiones de gestión y negociación deberían llevarse a cabo a una hora más temprana».[11]

¿Deberíamos los demás seguir este consejo? (Campbell, casualmente, solía celebrar sus conferencias de resultados por la mañana). Nuestro estado de ánimo funciona por ciclos que siguen un patrón regular y que, casi de forma invisible, afecta a cómo los ejecutivos realizan su trabajo. Por tanto, ¿deberíamos, los que no hemos llegado a altos ejecutivos, adelantar también

[10] Chen, Jing, Baruch, Lev y Demers Elizabeth, «Oh What a Beautiful Morning! Diurnal Variations in Executives' and Analysts' Behavior: Evidence from Conference Calls». Encontrado en: <http://dardenexeced.com/uploadedFiles/Darden_Web/Content/Faculty_Research/Seminars_and_Conferences/CDL_March_2016.pdf>.

[11] Ibíd.

nuestros días y acometer nuestras tareas más importantes por la mañana?

La respuesta es sí. Y no.

Vigilancia, inhibición y el secreto cotidiano del alto rendimiento

Te presento a Linda. Tiene 31 años, está soltera, y es muy directa y brillante. En la universidad, Linda se especializó en filosofía. En su época de estudiante, le preocupaban mucho las cuestiones de la discriminación y la justicia social, y participó en manifestaciones antinucleares.

Antes de que te cuente más cosas sobre Linda, permíteme hacerte una pregunta sobre ella. ¿Qué es más probable?

a) Linda es cajera en un banco.
b) Linda es cajera en un banco y participa activamente en el movimiento feminista.

Cuando se les hace esta pregunta, la mayoría responde *b)*. Intuitivamente, parece que tiene sentido, ¿verdad? ¿Una licenciada en filosofía que pide justicia y está en contra de las armas nucleares? Sin duda eso suena a que esta persona sería una feminista activa. Pero *a)* es —y debe ser— la respuesta correcta. La solución no se basa en hechos. Linda no es real. No se trata de una opinión. Es completamente una cuestión de lógica. Las cajeras de banco que también son feministas —al igual que los cajeros de banco que cantan a la tirolesa u odian el cilantro— son un subconjunto de todos los cajeros de banco, y los subconjuntos nunca pueden ser mayores que el conjunto completo del que forman parte.[12]

[12] Esto lo podemos explicar también con matemáticas sencillas. Supongamos

En 1983, Daniel Kahneman, el Premio Nobel famoso por su MRD, y su difunto colaborador, Amos Tversky, presentaron el problema de Linda para ilustrar lo que se denomina «falacia de la conjunción», una de las muchas formas en que se tuercen nuestros razonamientos.[13]

Cuando los investigadores han planteado el problema de Linda en diferentes momentos del día —por ejemplo, a las 9:00 y a las 20:00 horas, en un experimento muy famoso—, el momento elegido permitía predecir a menudo si los participantes darían con la respuesta correcta, o si resbalarían con una cáscara de plátano cognitiva. La gente era mucho más propensa a acertar en las primeras horas que en las últimas. Hubo una intrigante e importante excepción en los resultados (de la que hablaré más tarde). Pero al igual que los ejecutivos y las conferencias matutinas, el rendimiento en general era más alto al comienzo del día, y después empeoraba a medida que pasaban las horas.[14] El mismo patrón persistía en el caso de los estereotipos. Los investigadores pidieron a otros participantes que valoraran la culpabilidad de un acusado ficticio en un proceso penal. Todos los miembros del «jurado» leyeron la misma serie de hechos. Pero para la mitad de ellos, el acusado se llamaba Robert Garner, y para la otra mitad se llamaba Roberto García. Cuando tomaron sus decisiones por la mañana, los veredictos de culpable no variaban entre los dos acusados. Sin embargo, cuando emitieron sus veredictos más tarde, eran

---

que hay un 2% de probabilidad (0.02) de que Linda sea cajera de banco. Si hay una impresionante probabilidad del 99% (0.99) de que sea feminista, la probabilidad de que sea cajera de banco y también feminista es 0.0198 (0.02 × 0.99), que es menor del 2 por ciento.

13 Tversky, Amos y Kahneman, Daniel, «Extensional Versus Intuitive Reasoning: The Conjunction Fallacy in Probability Judgment», *Psychological Review* 90, n.º 4 (1983), pp. 293-315.

14 Bodenhausen, Galen V., «Stereotypes as Judgmental Heuristics: Evidence of Circadian Variations in Discrimination», *Psychological Science* 1, n.º 5 (1990), pp. 319-322.

mucho más propensos a creer que García era culpable y Garner inocente. La agudeza mental de este grupo de participantes era mucho mayor en las horas tempranas. Y la modorra mental, como se demostró recurriendo a los estereotipos, aumentaba a medida que avanzaba el día.[15]

Los científicos empezaron a medir el impacto del momento del día en la capacidad intelectual hace más de un siglo, cuando el pionero psicólogo alemán Hermann Ebbinghaus llevó a cabo una serie de experimentos que demostraron que las personas aprendían y recordaban secuencias de sílabas arbitrarias con mayor eficacia por la mañana que por la noche. Desde entonces, los investigadores han continuado ese trabajo aplicado a una variedad de esfuerzos mentales, y han llegado a tres conclusiones clave.

La primera, que nuestras capacidades cognitivas no se mantienen estáticas en el transcurso de un día. En las 16 horas aproximadas que estamos despiertos, estas cambian, a menudo de manera regular y predecible. Somos más listos, más rápidos, menos brillantes, más lentos y menos creativos en unos momentos del día que en otros. La segunda, que estas fluctuaciones diarias son más extremas de lo que percibimos. «La variación en el rendimiento entre el punto más alto del día y el punto más bajo puede equivaler al impacto sobre el rendimiento de beber por encima de la tasa de alcohol permitida», según Russell Foster, neurocientífico y cronobiólogo de la Universidad de Oxford.[16] Otra investigación ha demostrado que los efectos de los momentos del día pueden explicar el 20% de la varianza en el rendimiento humano en las tareas cognitivas.[17] La tercera conclusión es que, dependiendo de

---

[15] Ibíd.

[16] Foster, Russell G. y Kreitzman, Leon, *Rhythms of Life: The Biological Clocks That Control the Daily Lives of Every Living Thing*, Yale University Press, New Haven (2005), p. 11.

[17] Hines, Carolyn B., «Time-of-Day Effects on Human Performance», *Journal of Catholic Education* 7, n.º 3 (2004), pp. 390-413, citando a Kelly,

lo que estemos haciendo, se nos dará de una manera u otra. «Tal vez la principal conclusión que se podría extraer de los estudios del efecto del momento del día sobre el rendimiento —dice el psicólogo Simon Folkard— es que el mejor momento para realizar una determinada tarea depende de la naturaleza de dicha tarea».

El problema de Linda es una tarea analítica. Es una tarea peliaguda, sin duda. Pero no requiere ninguna creatividad o perspicacia especial. Tiene una única respuesta correcta, y se puede llegar a ella mediante la lógica. Hay amplias pruebas de que los adultos se desempeñan mejor en este tipo de razonamientos por la mañana. Al despertar, nuestra temperatura corporal va subiendo poco a poco. Esa temperatura en aumento va estimulando nuestro nivel de energía y nuestra lucidez, y eso, a su vez, mejora nuestro funcionamiento ejecutivo, nuestra capacidad para concentrarnos y nuestros poderes deductivos. En la mayoría de las personas, esas capacidades analíticas y de agudeza alcanzan un pico a última hora de la mañana o alrededor del mediodía.[18]

Uno de los motivos es que en las primeras horas nuestra mente está más vigilante. En la situación de Linda, los elementos sobre sus experiencias universitarias, teñidos de política, son una distracción. Son irrelevantes para resolver el problema en sí. Cuando la mente está en modo vigilante, como es frecuente por las mañanas, podemos impedir que esas distracciones crucen nuestras puertas cerebrales. Pero la vigilancia tiene sus límites. Después de estar vigilando una hora tras otra, sin pausa, nuestros guardias mentales se cansan. Salen por detrás, a hurtadillas, para echarse

---

Tamsin L., «Circadian Rhythms: Importance for Models of Cognitive Performance» *U.S. Naval Health Research Center Report*, n.º 96-1 (1996), pp. 1-24.

[18] Folkard, Simon, «Diurnal Variation in Logical Reasoning», *British Journal of Psychology* 66, n.º 1 (1975), pp. 1-8; Monk, Timothy Horas *et al.*, «Circadian Determinants of Subjective Alertness», *Journal of Biological Rhythms* 4, n.º 4 (1989), pp. 393-404.

un cigarro o ir al baño. Y cuando ellos no están, los intrusos —la lógica torpe, los estereotipos peligrosos, la información irrelevante— se cuelan. Los niveles de alerta y energía, que aumentan por la mañana y llegan a su pico en torno al mediodía, tienden a desplomarse por la tarde.[19] Y con esa caída llega el correspondiente descenso de nuestra capacidad para mantener la concentración y obligarnos a inhibirnos. Nuestros poderes analíticos, como las hojas de algunas plantas, se cierran.

Los efectos pueden ser considerables, pero a menudo van mucho más allá de nuestra comprensión. Por ejemplo, los estudiantes de Dinamarca, como los estudiantes de todas partes, se someten a una serie de exámenes estandarizados anuales para medir lo que están aprendiendo y el rendimiento en las escuelas. Los niños daneses realizan estos exámenes en computadoras. Pero como las escuelas tienen menos computadoras que alumnos, no pueden hacerlos todos al mismo tiempo. Por tanto, el momento en que se haga el examen depende del capricho de los horarios de clase y de la disponibilidad de los equipos de escritorio. Algunos alumnos hacen los exámenes por la mañana, otros los hacen más tarde.

Cuando Francesca Gino, de la Universidad de Harvard, y dos investigadores daneses observaron los resultados de los exámenes realizados en un período de cuatro años por dos millones de alumnos daneses, y las correspondencias entre las puntuaciones y las horas del día en que estos habían hecho el examen, encontraron una correlación interesante, aunque perturbadora. Los alumnos sacaban mejores calificaciones por la mañana que por la tarde. Es más: por cada hora que pasaba antes de hacerles el examen, las puntuaciones bajaban un poco más. Los efectos de hacer los exámenes a horas más tardías eran similares a tener unos padres con un nivel

---

[19] Matchock, Robert L. y Mordkoff, Toby, «Chronotype and Time-of-Day Influences on the Alerting, Orienting, and Executive Components of Attention», *Experimental Brain Research* 192, n.º 2 (2009), pp. 189-198.

de ingresos o estudios ligeramente menores, o a perder dos semanas de un año escolar.[20] Los tiempos no lo eran todo. Pero eran muy importantes. Lo mismo parecía ocurrir en Estados Unidos. Nolan Pope, economista de la Universidad de Chicago, analizó las puntuaciones de exámenes estandarizados y las calificaciones por grado de aproximadamente dos millones de estudiantes de Los Ángeles. Al margen de a qué hora empezaran las clases, «tener matemáticas en los dos primeros períodos de la jornada escolar, en vez de en los dos últimos, elevaba la calificación por grado de los alumnos de matemáticas», así como las calificaciones de los exámenes en todo el estado de California. Aunque Pope dice que no está exactamente claro por qué ocurre esto, «los resultados tienden a mostrar que los alumnos son más productivos en las primeras horas de la jornada escolar, especialmente en matemáticas», y que las escuelas deberían estimular el aprendizaje «cambiando simplemente el momento en que se realizan las tareas».[21] Pero antes de que cambies tus propios horarios de trabajo para encajar todas las cosas importantes en las horas antes de comer, ojo. No todo el trabajo cerebral es el mismo. Como ejemplo de ello, aquí va otra pregunta trampa.

> Ernesto comercia con monedas antiguas. Un día, le llevan una preciosa moneda de bronce. En una cara de la moneda se ve la efigie de un emperador y en la otra, la fecha 544 a.C. Ernesto examina la moneda, pero en vez de comprarla, llama a la policía. ¿Por qué?

Esto es lo que los científicos sociales llaman «problema de *insight*», o de comprensión súbita. El razonamiento por la vía

20 Sievertsen, Hans Henrik, Gino, Francesca y Piovesan, Marco, «Cognitive Fatigue Influences Students' Performance on Standardized Tests», *Proceedings of the National Academy of Sciences* 113, n.º 10 (2016), pp. 2621-2624.
21 Pope, Nolan G., «How the Time of Day Affects Productivity: Evidence from School Schedules», *Review of Economics and Statistics* 98, n.º 1 (2016), pp. 1-11.

metódica, algorítmica, no brinda una respuesta correcta. Con los problemas de *insight*, las personas empiezan típicamente con ese enfoque sistemático, por pasos. Pero acaban topándose con un muro. Algunos levantan los brazos en señal de impotencia y desisten, convencidos de que no pueden escalar el muro ni atravesarlo por la fuerza. Pero otros, sintiéndose obstaculizados y frustrados, terminan experimentando lo que se llama «fogonazo de iluminación» —¡ajá!— que les ayuda a ver los datos con una nueva luz. Reclasifican el problema y descubren rápidamente la solución.

(¿Aún desconcertado por el acertijo de la moneda? La respuesta te hará darte cabezazos. La fecha que aparece en la moneda es 544 a.C., o 544 años antes de Cristo. Esa designación no se podía haber utilizado entonces, porque Cristo no había nacido y, por supuesto, nadie sabía que iba a nacer medio milenio más tarde. La moneda es obviamente falsa).

Dos psicólogas estadounidenses, Mareike Wieth y Rose Zacks, plantearon este y otros problemas de *insight* a un grupo de personas que decían que pensaban mejor por la mañana. Las investigadoras realizaron la prueba a la mitad del grupo entre las 8:30 y las 9:30 horas, y a la otra mitad entre las 16:30 y las 17:30 horas. Los que pensaban mejor por la mañana eran más propensos a averiguar el problema de la moneda... por la tarde. «Los participantes que resolvían problemas de *insight* en su momento del día no óptimo [...] tenían más éxito que los participantes que los resolvían en su momento óptimo del día», descubrieron Wieth y Zacks.[22]

¿Qué es lo que pasa?

La respuesta nos lleva de nuevo a esos centinelas que hacían guardia ante nuestro castillo cognitivo. Para la mayoría de noso-

---

[22] Wieth, Mareike B. y Zacks, Rose T., «Time of Day Effects on Problem Solving: When the Non-optimal Is Optimal», *Thinking & Reasoning* 17, n.º 4 (2011), pp. 387-401.

tros, es por la mañana cuando esos guardias están alerta, preparados para repeler a cualquier invasor. Esa vigilancia —llamada a menudo «control inhibitorio»— ayuda al cerebro a resolver problemas analíticos manteniendo a raya las distracciones.[23] Pero los problemas de *insight* son diferentes. Necesitan que haya menos vigilancia y menos inhibiciones. Es más probable que ese «fogonazo de iluminación» se produzca cuando los guardias no están. En esos momentos más libres, un poco de distracción puede ayudarnos a ver conexiones que quizá nos habían pasado desapercibidas cuando nuestros filtros eran más estrictos. Para los problemas analíticos, la falta de control inhibitorio es un fallo del software. Para los problemas de *insight*, es una herramienta.

Algunos han llamado a este fenómeno «paradoja de la inspiración»; es la idea de que «la innovación y la creatividad son mayores cuando no estamos en nuestro mejor momento, al menos en lo que respecta a nuestros ritmos circadianos».[24] Y al igual que los estudios sobre rendimiento escolar en Dinamarca y Los Ángeles sugieren que a los estudiantes les iría mejor si les impartieran las materias analíticas, como las matemáticas, por la mañana, Wieth y Zacks dicen que su trabajo «sugiere que los alumnos que planifican sus horarios escolares podrían rendir mejor en sus momentos no óptimos del día que en los óptimos, en materias como el arte o la escritura creativa».[25]

En resumen, nuestros estados de ánimo y nuestro rendimiento oscilan a lo largo del día. Para la mayoría de nosotros, los

[23] Hasher, Lynn, Zacks, Rose T. y May, Cynthia P., «Inhibitory Control, Circadian Arousal, and Age», en Gopher, Daniel y Koriat Asher (ed.), *Attention and Performance XVII: Cognitive Regulation of Performance: Interaction of Theory and Application*, MIT Press, Cambridge (1999), pp. 653-675.

[24] May, Cindi, «The Inspiration Paradox: Your Best Creative Time Is Not When You Think», *Scientific American*, 6 de marzo de 2012.

[25] Wieth, Mareike B. y Zacks, Rose T., «Time of Day Effects on Problem Solving: When the Non-optimal Is Optimal», *Thinking & Reasoning* 17, n.º 4 (2011), pp. 387-401.

estados de ánimo siguen un patrón común: pico, valle y recuperación. Y eso ayuda a moldear un doble patrón de rendimiento.
Por las mañanas, durante el pico, la mayoría nos lucimos en
problemas como el de Linda: un trabajo analítico que requiere
agudeza, vigilancia y concentración. Más tarde, durante la recuperación, a la mayoría se nos dan mejor los problemas como el
de la moneda: un trabajo de *insight* o comprensión que necesita
menos inhibición y propósito. (Las depresiones de mediodía son
buenas para muy pocas personas, como explicaré en el siguiente
capítulo). Somos como versiones móviles de la planta de De
Mairan. Nuestras capacidades se abren y se cierran de acuerdo
con un reloj que no controlamos. Pero quizá hayas detectado
una ligera cautela en mi conclusión. Fíjate en que he dicho
«para la mayoría de nosotros». Hay una excepción al patrón
general, especialmente en el rendimiento, y es una excepción
importante.

Imagínate que estás de pie junto a tres personas que conoces.
Uno de ustedes cuatro es probablemente un tipo distinto de organismo con un tipo de reloj diferente.

Alondras, búhos y colibríes

Horas antes de un amanecer de 1879, Thomas Alva Edison se
encontraba en su laboratorio de Menlo Park (Nueva Jersey), so-
pesando un problema. Había averiguado los principios básicos
del foco eléctrico, pero no había encontrado un material que
funcionara como filamento de forma barata y duradera. A solas
en el laboratorio (sus colegas más sensatos estaban en casa durmiendo), tomó distraídamente un pellizco de una sustancia ho-
llinosa, con base de carbono, conocida como negro de humo, que
había apartado para otro experimento, y jugó con ella, haciéndola
rodar entre el pulgar y el índice: era el equivalente del siglo XIX

de apretar una pelota antiestrés o intentar atinar clips en un vaso a la primera.

Entonces, a Edison —perdón por esto, amigos— se le encendió el foco.

El fino hilo de carbono que se estaba formando al deslizar distraídamente los dedos quizá pudiera funcionar como filamento. Lo probó. Se encendió de manera luminosa y duradera, resolviendo así el problema. Y ahora estoy escribiendo esta frase, y quizá tú la estés leyendo, en una habitación que podría estar a oscuras de no ser por la iluminación del invento de Edison.

Thomas Edison era un ave nocturna que facilitó las cosas a otras aves nocturnas. «Era mucho más probable encontrárselo trabajando duro en su laboratorio a medianoche que a mediodía», escribió uno de sus primeros biógrafos.[26]

Los seres humanos no experimentan todos el día exactamente igual. Cada uno de nosotros tiene un «cronotipo», un patrón personal de ritmos circadianos que afecta a nuestra fisiología y psicología. Los Edison que hay entre nosotros son cronotipos tardíos. Se levantan mucho después del amanecer, detestan las mañanas y no empiezan a subir el pico hasta última hora de la tarde o primera de la noche. Otros son cronotipos tempranos. No les cuesta levantarse y se sienten con energía durante el día, pero por la noche se sienten agotados. Unos somos búhos, otros somos alondras.

Habrás oído hablar de la terminología de búhos y alondras. Proporciona un cómodo atajo para explicar los cronotipos: dos sencillas categorías aviarias en las que podemos agrupar las personalidades y proclividades de nuestra especie sin plumas. Pero la realidad de los cronotipos, como suele ocurrir con la realidad, tiene más matices.

[26] Canfield McFee, Inez Nellie, *The Story of Thomas A. Edison*, Barse & Hopkins, Nueva York, 1922.

El primer empeño sistemático de medir las diferencias en los relojes internos de los humanos se produjo en 1976, cuando dos científicos, uno sueco y el otro británico, publicaron un sistema de evaluación del cronotipo que constaba de 19 preguntas. Varios años después, dos cronobiólogos, la estadounidense Martha Merrow y el alemán Till Roenneberg, desarrollaron un sistema de evaluación aun más utilizado, el Cuestionario Múnich sobre el Cronotipo (MCTQ, por sus siglas en inglés), que distingue entre los patrones de sueño de las personas en los «días laborables» (cuando normalmente tenemos que estar despiertos a una determinada hora) y los «días libres» (cuando podemos despertarnos cuando queramos). La gente responde a las preguntas y después recibe una puntuación numérica. Por ejemplo, cuando yo hice el MCTQ, me salió la categoría más común: un tipo «ligeramente temprano».

No obstante, Roenneberg, el cronobiólogo más famoso del mundo, ha aportado una manera más sencilla aún de determinar el cronotipo. De hecho, lo puedes hacer ahora mismo.

Piensa en qué haces en los «días libres», los días en que no estás obligado a despertarte a una hora específica. Ahora responde estas tres preguntas:

1. ¿A qué hora te sueles ir a dormir?
2. ¿A qué hora te sueles levantar?
3. ¿Cuál es tu punto medio entre esos dos momentos? Es decir: ¿Cuál es tu punto medio entre el comienzo y el final del sueño? (Por ejemplo, si normalmente te quedas dormido en torno a las 11:30 y te levantas a las 7:30, tu punto medio son las 3:30).

Ahora busca tu posición en la siguiente gráfica, que he adaptado a partir de la investigación de Roenneberg.

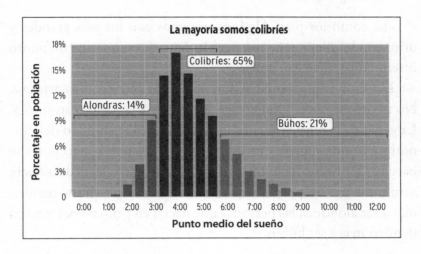

Lo más probable es que no seas completamente ni una alondra ni un búho, sino que estés en algún punto intermedio: el colibrí.[27] Roenneberg y otros han descubierto que «las horas de sueño y vigilia presentan una distribución casi gaussiana (normal) en una población determinada».[28] Es decir, que si trazas los cronotipos de la población en una gráfica, el resultado se asemeja a una curva de campana. La única diferencia, como se puede ver en la gráfica, es que los búhos extremos son más numerosos que las alondras extremas; los búhos tienen, desde el punto de vista estadístico, si no fisiológico, una cola más larga. Pero la mayoría de las personas no son ni búhos ni alondras. Según varios estudios sostenidos durante décadas en diferentes continentes, entre el 60 % y el 80 % de nosotros somos colibríes.[29]

[27] He aquí un método aún más sencillo. ¿A qué hora te levantas los fines de semana (o los días libres)? Si es a la misma hora que entre semana, probablemente seas una alondra. Si es un poco más tarde, probablemente seas un colibrí. Si es mucho más tarde —90 minutos o más— probablemente seas un búho.

[28] Roenneberg, Till *et al.*, «Epidemiology of the Human Circadian Clock», *Sleep Medicine Reviews* 11, n.º 6 (2007), pp. 429-438.

[29] Adan, Ana *et al.*, «Circadian Typology: A Comprehensive Review», *Chro-*

«Es como los pies. Algunos nacemos con los pies grandes y otros con los pies pequeños, pero la mayoría estamos en un punto intermedio», dice Roenneberg.[30]

Los cronotipos también son como los pies en otro aspecto. No podemos hacer gran cosa respecto a su tamaño o su forma. La genética explica al menos la mitad de la variabilidad del cronotipo, lo que sugiere que las alondras y los búhos nacen, no se hacen.[31] De hecho, el momento en que uno nace afecta de manera sorprendente. Las personas que nacen en otoño e invierno tienden más a ser alondras; las personas que nacen en primavera y verano tienden más a ser búhos.[32]

nobiology International 29, n.º 9 (2012), pp. 1153-1175; Preckel, Franzis et al., «Chronotype, Cognitive Abilities, and Academic Achievement: A Meta-Analytic Investigation», Learning and Individual Differences 21, n.º 5 (2011), pp. 483-492; Roenneberg, Till, Wirz-Justice, Anna y Merrow, Martha, «Life Between Clocks: Daily Temporal Patterns of Human Chronotypes», Journal of Biological Rhythms 18, n.º 1 (2003), pp. 80-90; Chelminski, Iwona et al., «Horne and Ostberg Questionnaire: A Score Distribution in a Large Sample of Young Adults», Personality and Individual Differences 23, n.º 4 (1997), pp. 647-652; Cavallera, G. M. y Giudici, S., «Morningness and Eveningness Personality: A Survey in Literature from 1995 up till 2006», Personality and Individual Differences 44, n.º 1 (2008), pp. 3-21.

30 Rayasam, Renuka, «Why Sleeping In Could Make You a Better Worker», BBC Capital, 25 de febrero de 2016.

31 Koskenvuo, Markku et al., «Heritability of Diurnal Type: A Nationwide Study of 8753 Adult Twin Pairs», Journal of Sleep Research 16, n.º 2 (2007), pp. 156-162; Hur, Yoon-Mi, Bouchard, Thomas J. y Lykken, David T., «Genetic and Environmental Influence on Morningness-Eveningness», Personality and Individual Differences 25, n.º 5 (1998), pp. 917-925.

32 Una posible explicación: los nacidos en estaciones con menos luz alcanzan su pico circadiano diario más pronto para poder aprovechar la limitada luz. Natale, Vincenzo y Adan, Ana, «Season of Birth Modulates Morning-Eveningness Preference in Humans», Neuroscience Letters 274, n.º 2 (1999), pp. 139-141; Caci, Hervé et al., «Transcultural Properties of the Composite Scale of Morningness: The Relevance of the 'Morning Affect' Factor», Chronobiology International 22, n.º 3 (2005), pp. 523-540.

Después de la genética, el factor más importante en el cronotipo es la edad. Como saben y lamentan quienes tienen hijos, los niños pequeños son por lo general alondras. Se levantan pronto, andan de trajín todo el día, pero no aguantan mucho más allá del final de la tarde. En torno a la pubertad, estas alondras empiezan a transformarse en búhos. Se levantan más tarde —al menos los días libres—, ganan energía durante la tarde y la noche, y se duermen mucho después que sus padres. Según algunos cálculos, el punto medio entre el comienzo y el final del sueño de los adolescentes son las 6:00 o incluso las 7:00 horas, no precisamente en sincronía con la mayoría de los horarios de comienzo de las clases. Llegan a su apogeo como búhos a los 20 años, aproximadamente, y después vuelven lentamente a la condición de alondras para el resto de su vida.[33] Los cronotipos entre hombres y mujeres también difieren, especialmente en la primera mitad de la vida. Los hombres tienden a la vespertinidad, y las mujeres a la matutinidad. Sin embargo, esas diferencias entre sexos empiezan a desaparecer más o menos a los 50 años de edad. Como señala Roenneberg: «Las personas mayores de 60 años se convierten, en promedio, en cronotipos más tempranos que cuando eran niños».[34]

En resumen, las personas en edad de ir a la preparatoria y la universidad son extremos búhos, igual que las personas mayores de 60 y menores de 12 son extremas alondras. Los hombres, por lo general, son más búhos que las mujeres. Pero al margen de la edad o el sexo, la mayoría de las personas no son ni tajantemente alondras ni tajantemente búhos, sino que están en el nido intermedio de los colibríes. Aun así, entre el 20% y el 25%

33 Roenneberg, Till *et al.*, «A Marker for the End of Adolescence», *Current Biology* 14 n.º 24 (2004), R1038–39.
34 Roenneberg, Till *et al.*, «Epidemiology of the Human Circadian Clock», *Sleep Medicine Reviews* 11, n.º 6 (2007), pp. 429–438; Ver también Adan, Ana *et al.*, «Circadian Typology: A Comprehensive Review», *Chronobiology International* 29 n.º 9 (2012), pp. 1153-1175.

aproximadamente de la población está compuesto por tipos sólidamente nocturnos, y presentan una personalidad y un conjunto de comportamientos que debemos tener en cuenta para entender el patrón oculto del día.

Empecemos por la personalidad, incluidos los «cinco grandes» rasgos, como los llaman los científicos: apertura mental, conciencia, extraversión, afabilidad y neuroticismo. Muchos estudios demuestran que las personas matutinas son gente agradable y productiva; hombres y mujeres «introvertidos, conscientes, afables, persistentes y emocionalmente estables» que toman la iniciativa, reprimen los impulsos desagradables y hacen planes para el futuro.[35] Los tipos matutinos también tienden a puntuar alto en los afectos positivos, es decir, que muchos están tan contentos como las alondras.[36]

Los búhos, entretanto, presentan algunas tendencias más oscuras. Son más abiertos y extrovertidos que las alondras. Pero también son más neuróticos, y a menudo son impulsivos, hedonistas que van en busca de sensaciones y de vivir el momento.[37] Son

[35] Adan, Ana *et al.*, «Circadian Typology: A Comprehensive Review», *Chronobiology International* 29, n.º 9 (2012), pp. 1153-1175. Ver también Walker, Ryan J. *et al.*, «Age, the Big Five, and Time-of-Day Preference: A Mediational Model», *Personality and Individual Differences* 56 (2014), pp. 170-174; Randler, Christoph, «Proactive People Are Morning People», *Journal of Applied Social Psychology* 39, n.º 12 (2009), pp. 2787-2797; Caci, Hervé, Robert, Philippe y Boyer, Patrice, «Novelty Seekers and Impulsive Subjects Are Low in Morningness», *European Psychiatry* 19, n.º 2 (2004): 79-84; Stolarski, Maciej, Ledzińska, Maria y Matthews, Gerald, «Morning Is Tomorrow, Evening Is Today: Relationships Between Chronotype and Time Perspective», *Biological Rhythm Research* 44, n.º 2 (2013), pp. 181-196.
[36] Biss, Renée K. y Hasher, Lynn, «Happy as a Lark: Morning-Type Younger and Older Adult Are Higher in Positive Affect», *Emotion* 12, n.º 3 (2012), pp. 437-441.
[37] Walker, Ryan J. *et al.*, «Age, the Big Five, and Time-of-Day Preference: A Mediational Model», *Personality and Individual Differences* 56 (2014), pp. 170-174; Randler, Christoph, «Morningness-Eveningness, Sleep-Wake

más propensos que las alondras al consumo de nicotina, alcohol y cafeína, por no hablar de la mariguana, el éxtasis y la cocaína.[38] Son también más proclives a las adicciones, a los trastornos alimentarios, la diabetes, la depresión y la infidelidad.[39] Es normal que no den mucho la cara durante el día. Y es normal que los jefes consideren a los empleados que llegan temprano como personas dedicadas y competentes, y que califiquen peor el rendimiento de los que empiezan más tarde.[40] Benjamin Franklin lo entendió bien: acostarse temprano y levantarse temprano hace a las personas más sanas, más ricas y más sabias.

Bueno, no exactamente. Cuando los investigadores pusieron a prueba la «sabiduría gnómica» de Franklin, no encontraron «justificación alguna para que los que se levantan temprano afecten

Variables and Big Five Personality Factors», *Personality and Individual Differences* 45, n.º 2 (2008), pp. 191-196.

[38] Adan, Ana, «Chronotype and Personality Factors in the Daily Consumption of Alcohol and Psychostimulants», *Addiction* 89, n.º 4 (1994), pp. 455-462.

[39] Yu, Ji Hee *et al.*, «Evening Chronotype Is Associated with Metabolic Disorders and Body Composition in Middle-Aged Adults», *Journal of Clinical Endocrinology & Metabolism* 100, n.º 4 (2015), pp. 1494-1502; Ju Kim, Seog Ju Kim *et al.*, «Age as a Moderator of the Association Between Depressive Symptoms and Morningness-Eveningness», *Journal of Psychosomatic Research* 68, n.º 2 (2010), pp. 159-164; Chelminski, Iwona *et al.*, «Horne and Ostberg Questionnaire: A Score Distribution in a Large Sample of Young Adults», *Personality and Individual Differences* 23, n.º 4 (1997), pp. 647-652; Drennan, Michael D. *et al.*, «The Effects of Depression and Age on the Horne-Ostberg Morningness- Eveningness Score», *Journal of Affective Disorders* 23, no. 2 (1991), pp. 93-98; Randler, Christoph *et al.*, «Eveningness Is Related to Men's Mating Success», *Personality and Individual Differences* 53, n.º 3 (2012), pp. 263-267; Kasof, J., «Eveningness and Bulimic Behavior», *Personality and Individual Differences* 31, n.º 3 (2001), pp. 361-369.

[40] Yam, Kai Chi, Fehr, Ryan, y Barnes, Christopher M., «Morning Employees Are Perceived as Better Employees: Employees' Start Times Influence Supervisor Performance Ratings», *Journal of Applied Psychology* 99, n.º 6 (2014), pp. 1288-1299.

su superioridad moral».[41] Estos viles búhos tienden ciertamente a mostrar una mayor creatividad, una memoria de trabajo superior y a obtener puntuaciones más altas en tests de inteligencia como el GMAT (Graduate Management Admission Test).[42] Tienen incluso más sentido del humor.[43] El problema es que nuestras culturas empresariales, gubernamentales y educativas están configuradas para el 75% o el 80%, que son alondras o colibríes. Los búhos son como los zurdos en un mundo de diestros, obligados a utilizar tijeras y escritorios y guantes de beisbol diseñados para otros. Su forma de responder es la última pieza del rompecabezas para averiguar los ritmos del día.

La sincronía y el día de tres fases

Volvamos al problema de Linda. La lógica básica sostiene que es menos probable que Linda sea cajera de banco y también feminista que solo cajera de banco. La mayoría de las personas resuelven los problemas como el de Linda más fácilmente a las 8:00 que a las 20:00 horas. Pero algunas personas han mostrado la tendencia inversa. Eran más propensas a no caer en la falacia de la conjunción y dar la respuesta correcta a las 20:00 que a las 8:00 horas. ¿Quiénes

[41] Gale, Catharine y Martyn, Christopher, «Larks and Owls and Health, Wealth, and Wisdom», *British Medical Journal* 317, n.º 7, 174 (1998), pp. 1675-1677.

[42] Roberts, Richard D. y Kyllonen, Patrick C., «Morning-Eveningness and Intelligence: Early to Bed, Early to Rise Will Make You Anything but Wise!», *Personality and Individual Differences* 27 (1999), pp. 1123-1233; Piffer, Davide *et al.*, «Morning-Eveningness and Intelligence Among High-Achieving US Students: Night Owls Have Higher GMAT Scores than Early Morning Types in a Top-Ranked MBA Program», *Intelligence* 47 (2014), pp. 107-112.

[43] Randler, Christoph, «Evening Types Among German University Students Score Higher on Sense of Humor After Controlling for Big Five Personality Factors», *Psychological Reports* 103, n.º 2 (2008), pp. 361-370.

eran estos bichos raros? Búhos: personas con cronotipos nocturnos. Lo mismo ocurría cuando los búhos hacían las veces de jurado en el juicio simulado. Mientras que los tipos matutinos e intermedios cayeron en los estereotipos —declarando a García culpable y a Garner inocente basándose en los mismos datos— a una hora más tardía, los búhos mostraron la tendencia contraria. Cayeron en los estereotipos en las horas más tempranas, pero estuvieron más atentos y fueron más justos y lógicos con el transcurso de las horas.[44]

La capacidad de resolver problemas de *insight*, como el de averiguar que una moneda fechada en el año 544 a.C. debe ser falsa, también tenía una excepción. Las alondras y los colibríes tenían sus fogonazos de iluminación en horas más tardías, durante su fase de recuperación menos óptima, cuando su nivel de inhibición era bajo. Pero los búhos como Edison detectaron el fraude con mayor facilidad en las horas matutinas, las que son su momento menos óptimo.[45]

De modo que, al final, lo que importa es que el tipo, la tarea y el momento coincidan; lo que los científicos llaman «efecto de sincronía».[46] Por ejemplo, aunque es obviamente más peligroso conducir por la noche, los búhos conducen peor en horas más tempranas, porque las mañanas no están en sincronía con su ciclo natural de vigilancia y alerta.[47] Los que son más jóvenes tienen

44 Bodenhausen, Galen V., «Stereotypes as Judgmental Heuristics: Evidence of Circadian Variations in Discrimination», *Psychological Science* 1, n.º 5 (1990), pp. 319-322.

45 Wieth, Mareike B. y Zacks, Rose T., «Time-of-Day Effects on Problem Solving: When the Non-optimal is Optimal», *Thinking & Reasoning* 17, n.º 4 (2011), pp. 387-401.

46 May, Cynthia P. y Hasher, Lynn, «Synchrony Effects in Inhibitory Control over Thought and Action», *Journal of Experimental Psychology: Human Perception and Performance* 24, n.º 2 (1998), pp. 363-379; Adan, Ana *et al.*, «Circadian Typology: A Comprehensive Review», *Chronobiology International* 29, n.º 9 (2012), pp. 1153-1175.

47 Correa, Ángel, Molina, Enrique y Sanabria, Daniel, «Effects of Chronotype and Time of Day on the Vigilance Decrement During Simulated

más capacidad retentiva que los que son mayores. Pero muchas de esas diferencias cognitivas relacionadas con la edad se debilitan, y a veces desaparecen, cuando se tiene en cuenta la sincronía. De hecho, algunos estudios han demostrado que para realizar tareas relacionadas con la memoria los adultos utilizan las mismas regiones cerebrales que los adultos jóvenes cuando operan por la mañana, pero utilizan regiones diferentes (y menos eficaces) en horas más tardías.[48]

La sincronía afecta incluso a nuestra conducta ética. En 2014, dos investigadores identificaron lo que denominaron «efecto de moralidad matutina», según el cual las personas son menos propensas a mentir y hacer trampas en las tareas por la mañana que más tarde. Pero posteriores investigaciones revelaron que una explicación del efecto podría ser que, simplemente, la mayoría de las personas son cronotipos matutinos o intermedios. Si se tiene en cuenta la condición de búho, el efecto es más matizado. Sí: los que se levantan temprano presentan el efecto de moralidad matutina. Pero los búhos nocturnos son más éticos por la noche que por la mañana. «El encaje entre el cronotipo de una persona y el momento del día ofrece un predictor más completo de la eticidad que el que ofrece únicamente el momento del día», escriben estos investigadores.[49]

En resumen, todos experimentamos el día en tres fases: un pico, un valle y una recuperación. Y unas tres cuartas partes (alon-

---

Driving», *Accident Analysis & Prevention* 67 (2014), pp. 113-118.

[48] Anderson, John A. E. *et al.*, «Timing Is Everything: Age Differences in the Cognitive Control Network Are Modulated by Time of Day», *Psychology and Aging* 29, n.º 3 (2014), pp. 648-658.

[49] Gunia, Brian C., Barnes, Christopher M. y Sah, Sunita «The Morality of Larks and Owls: Unethical Behavior Depends on Chronotype as Well as Time of Day», *Psychological Science* 25, n.º 12 (2014), pp. 2272-2274; Kouchaki, Maryam y Smith, Isaac Horas, «The Morning Morality Effect; The Influence of Time of Day on Unethical Behavior», *Psychological Science* 25, n.º 1 (2013), pp. 95-102.

dras y colibríes) lo experimentan en ese orden. Pero una de cada cuatro personas, cuyos genes o edades los convierten en búhos nocturnos, experimentan el día de forma más parecida al orden inverso: recuperación, valle y pico.

Para indagar más acerca de esta idea, le pedí a un colega, el investigador Cameron French, que analizara los ritmos diarios de una serie de artistas, escritores e inventores. Su fuente fue un extraordinario libro, editado por Mason Currey, titulado *Rituales cotidianos. Cómo trabajan los artistas* (Turner, Madrid, 2014), que narra los patrones de trabajo y descanso de 161 creadores, desde Jane Austen hasta Jackson Pollock, pasando por Anthony Trollope y Toni Morrison. French leyó sus horarios de trabajo y codificó cada elemento como trabajo muy intenso, nulo o menos intenso, algo que se asemeja al patrón de pico, valle y recuperación.

Por ejemplo, el compositor Piotr Ilich Chaikovski se despertaba normalmente entre las 7:00 y las 8:00 horas, y después leía, tomaba un té y daba un paseo. A las 9:30 se sentaba al piano a componer durante unas horas. Después hacía una pausa para comer y daba otra vuelta por la tarde. (Él pensaba que los paseos, a veces de dos horas, eran esenciales para la creatividad). A las 17:00, regresaba al trabajo unas horas más antes de cenar a las 20:00 horas. Ciento cincuenta años después, la escritora Joyce Carol Oates funciona con un ritmo similar. Ella «escribe por lo general desde las 8:00 u 8:30 hasta las 13:00 horas. Después come y se toma un descanso por la tarde antes de reanudar el trabajo desde las 16:00 hasta la cena, alrededor de las 19:00 horas».[50] Tanto Chaikovski como Oates son del tipo pico-valle-recuperación.

Otros creadores marchaban al son de un tambor diurno distinto. El novelista Gustave Flaubert, que pasó gran parte de su

---

[50] Currey, Mason (ed.), *Daily Rituals: How Artists Work*, Knopf, Nueva York, 2013, pp. 62-63. (Hay versión en español de José Adrián Vitier, *Rituales cotidianos: cómo trabajan los artistas*, Turner, Madrid, 2014).

vida adulta en casa de su madre, solía despertarse hasta las 10:00 horas, y después pasaba una hora bañándose, acicalándose y dando caladas a su pipa. Sobre las 11:00, «se unía a la familia en el comedor para tomar un almuerzo a última hora de la mañana que servía como desayuno y comida». Después daba un rato clase a su sobrina, y dedicaba la mayor parte de la tarde a descansar y leer. A las 19:00 horas cenaba, y después, «se sentaba y charlaba con su madre» hasta que esta se iba a la cama, alrededor de las 21:00. Y entonces se ponía a escribir. El día del búho Flaubert transcurría en dirección contraria: de la recuperación al valle y al pico.[51]

Tras codificar los horarios cotidianos de estos creadores y tabular qué hacía qué y cuándo, French descubrió lo que ahora sabemos que es una distribución predecible. En torno al 62% de los creadores seguían el patrón pico-valle-recuperación, donde el trabajo muy intenso tenía lugar por la mañana, a continuación apenas se trabajaba, y después había un arranque más breve de trabajo menos exigente. Alrededor del 20% de la muestra presentó el patrón inverso: recuperación por la mañana y manos a la obra mucho más tarde, *à la* Flaubert. Y aproximadamente el 18% era más idiosincrásico o se carecía de datos suficientes y por tanto no presentaban ningún patrón. Si separamos a este tercer grupo, el ratio del cronotipo se sostiene. Por cada tres patrones pico-valle-recuperación, hay un patrón recuperación-valle-pico.

¿Qué supone esto para ti, entonces?

Al final de este capítulo se encuentra el primero de seis «Manuales del hacker del tiempo», que proporciona tácticas, hábitos y rutinas para poder aplicar la ciencia de los tiempos a tu vida cotidiana. Pero lo esencial está muy claro. Averigua cuál es tu tipo, entiende cuál es tu tarea y después elige el momento apropiado. ¿Es el de pico-valle-recuperación tu patrón oculto diario? ¿O es el de recuperación-valle-pico? Después, busca la sincronía. Si tienes

[51] Ibíd., pp. 29-32, 62-63.

un control, aunque sea modesto, sobre tu horario, intenta encajar tu trabajo más importante, el que habitualmente requiere vigilancia y pensamiento claro, en el pico, y retrasa tu segundo trabajo más importante, o las tareas que se benefician de la desinhibición, para el período de recuperación. Hagas lo que hagas, no dejes que las tareas mundanas se cuelen en tu período de pico. Si eres jefe, comprende estos dos patrones y permite a los demás proteger su pico. Por ejemplo, Till Roenneberg llevó a cabo una serie de experimentos en una planta automovilística y una fábrica de acero alemanas, donde reorganizó los horarios para hacer coincidir los cronotipos de los empleados con sus horarios laborales. Los resultados fueron una mayor productividad, una reducción del estrés y una mayor satisfacción profesional.[52] Si eres docente, has de saber que no todos los tiempos fueron creados igual: reflexiona sobre qué clases y tipos de trabajo programas para la mañana, y qué programas para la tarde.

De manera igualmente importante, no importa si te pasas el día fabricando coches o dando clases a los niños: cuidado con el período intermedio. El valle, como estamos a punto de aprender, es más peligroso de lo que la mayoría somos conscientes.

[52] Vetter, Céline *et al.*, «Aligning Work and Circadian Time in Shift Workers Improves Sleep and Reduces Circadian Disruption», *Current Biology* 25, n.º 7 (2015), pp. 907-911.

Manual del hacker del tiempo
CAPÍTULO 1

Cómo averiguar cuál es tu momento diario:
un método de tres pasos

En este capítulo hemos explorado la ciencia que explica nuestros patrones cotidianos. Y aquí tenemos una sencilla técnica de tres pasos —llamémosla método tipo-tarea-tiempo— para utilizar esa ciencia y guiar tus decisiones diarias sobre los tiempos. Primero, determina tu cronotipo utilizando el método de tres preguntas de la página 44 o rellenando el cuestionario MCTQ online <http://www.danpink.com/MCTQ>. Segundo, determina qué tienes que hacer. ¿Implica hacer un análisis concienzudo, o es un trabajo de *insight*, con la cabeza en las nubes? (Por supuesto, no todas las tareas se dividen limpiamente en un eje análisis-*insight*, así que simplemente decide). ¿Estás intentando causar una buena impresión en una entrevista de trabajo, sabiendo que la mayoría de tus entrevistadores estarán probablemente de mejor humor por la mañana? ¿O estás intentando tomar una decisión (si deberías aceptar el trabajo que te acaban de ofrecer), en cuyo caso debería regir tu propio cronotipo? Tercero, consulta esta gráfica para averiguar cuál es tu momento óptimo del día:

Tu tabla para el «cuándo» diario

	Alondra	Colibrí	Búho
Tareas analíticas	Temprano por la mañana	Entre temprano y media mañana	Final de la tarde y noche
Tareas de *insight*	Final de la tarde/principio de la noche	Final de la tarde/principio de la noche	Mañana
Causar buena impresión	Mañana	Mañana	Mañana (lo siento, búhos)
Tomar una decisión	Temprano por la mañana	Entre temprano y media mañana	Final de la tarde y noche

Por ejemplo, si eres un abogado más bien alondra que está redactando un informe, haz tus investigaciones y escribe bastante temprano por la mañana. Si eres un ingeniero de software más bien búho, pasa tus tareas menos esenciales a la mañana y empieza las más importantes a última hora de la tarde hasta la noche. Si estás reuniendo un grupo para una tormenta de ideas, fíjala a última hora de la tarde, ya que probablemente la mayoría de los miembros de tu equipo serán colibríes. Una vez que sabes cuál es tu tipo y tu tarea, es más fácil averiguar el momento.

Cómo averiguar cuál es tu momento perfecto diario: versión avanzada

Para tener un sentido más exacto de tu momento perfecto diario, lleva un seguimiento sistemático de tu comportamiento durante una semana. Pon la alarma de tu teléfono para que suene cada 90 minutos. Cada vez que oigas la alarma, responde estas tres preguntas:

1 . ¿Qué estás haciendo?
2 . En una escala del 1 al 10, ¿en qué nivel de alerta mental te sientes ahora mismo?
3 . En una escala del 1 al 10, ¿en qué nivel de energía física te sientes ahora mismo?

Haz esto durante una semana, y después elabora una tabla con los resultados. Quizá veas algunas desviaciones personales del patrón general. Por ejemplo, tu valle podría llegar más pronto por la tarde que a otras personas, o que empieces a notar la recuperación más tarde.

Para llevar un seguimiento de tus respuestas, puedes escanear y copiar estas páginas, o descargar una versión en pdf de mi web: <http://www.danpink.com/chapter1 supplement>.

7:00 horas
Qué estoy haciendo:
Alerta mental: 1 2 3 4 5 6 7 8 9 n/a
Energía física: 1 2 3 4 5 6 7 8 9 n/a

8:30 horas
Qué estoy haciendo:
Alerta mental: 1 2 3 4 5 6 7 8 9 n/a
Energía física: 1 2 3 4 5 6 7 8 9 n/a

10:00 horas
Qué estoy haciendo:
Alerta mental: 1 2 3 4 5 6 7 8 9 n/a
Energía física: 1 2 3 4 5 6 7 8 9 n/a

11:30 horas
Qué estoy haciendo:
Alerta mental: 1 2 3 4 5 6 7 8 9 n/a
Energía física: 1 2 3 4 5 6 7 8 9 n/a

13:00 horas
Qué estoy haciendo:
Alerta mental: 1 2 3 4 5 6 7 8 9 n/a
Energía física: 1 2 3 4 5 6 7 8 9 n/a

14:30 horas
Qué estoy haciendo:
Alerta mental: 1 2 3 4 5 6 7 8 9 n/a
Energía física: 1 2 3 4 5 6 7 8 9 n/a

16:00 horas
Qué estoy haciendo:
Alerta mental: 1 2 3 4 5 6 7 8 9 n/a
Energía física: 1 2 3 4 5 6 7 8 9 n/a

17:30 horas
Qué estoy haciendo:
Alerta mental: 1 2 3 4 5 6 7 8 9 n/a
Energía física: 1 2 3 4 5 6 7 8 9 n/a

19:00 horas
Qué estoy haciendo:
Alerta mental: 1 2 3 4 5 6 7 8 9 n/a
Energía física: 1 2 3 4 5 6 7 8 9 n/a

20:30 horas
Qué estoy haciendo:
Alerta mental: 1 2 3 4 5 6 7 8 9 n/a
Energía física: 1 2 3 4 5 6 7 8 9 n/a

22:00 horas
Qué estoy haciendo:
Alerta mental: 1 2 3 4 5 6 7 8 9 n/a
Energía física: 1 2 3 4 5 6 7 8 9 n/a

Qué hacer si no tienes el control sobre tu horario diario

La cruda realidad del trabajo —hagamos lo que hagamos, sea cual sea nuestro puesto— es que muchos de nosotros no controlamos plenamente nuestro tiempo. Así que, ¿qué puedes hacer cuando los ritmos de tu patrón diario no coinciden con las exigencias de tu horario diario? No puedo ofrecer un remedio mágico, pero puedo sugerir dos estrategias para minimizar el daño.

1. **Sé consciente**

   Saber simplemente que estás operando en un momento subóptimo puede ayudar, porque puedes hacer pequeñas pero potentes correcciones en tu cronotipo.

   Supongamos que eres un búho obligado a asistir a una reunión temprano por la mañana. Toma algunas medidas preventivas. La noche antes, haz una lista de todo lo que necesitarás para la reunión. Antes de sentarte a la mesa de conferencias, sal y da un paseo rápido, de 10 minutos o así. O haz una buena obra por un compañero: invítale un café o ayúdale a llevar cajas: eso te subirá el ánimo. Durante la reunión, mantente más vigilante que de costumbre. Por ejemplo, si alguien hace una pregunta, repítela antes de responder, para asegurarte de que la has entendido bien.

2. **Trabaja con los márgenes**

   En el caso de que no puedas controlar las grandes cosas, quizá si puedas moldear las pequeñas. Si eres una alondra o un colibrí y tienes una hora libre por la mañana, no la malgastes con el correo electrónico. Dedica esos 60 minutos a hacer tu trabajo más importante. Intenta gestionar tu rendimiento, también. Coméntale a tu superior, con delicadeza, cuándo trabajas mejor, pero exprésalo desde la perspectiva de lo que beneficia a la organización. («Por

63

las mañanas termino más cosas del gran proyecto que me asignaste, así que tal vez debería ir a menos reuniones antes del mediodía»). Y empieza por lo pequeño. Habrás oído hablar de los *casual Fridays*, los «viernes informales». Quizá puedas sugerir los «viernes del cronotipo»: un viernes al mes en el que cada uno puede trabajar en su horario de preferencia. O tal vez declarar tu propio viernes del cronotipo. Por último, aprovecha esos momentos en que sí tienes control sobre tu propio horario. En los fines de semana o las vacaciones, confecciona un horario que maximice el efecto de la sincronía. Por ejemplo, si eres una alondra y estás escribiendo una novela, levántate temprano, escribe hasta las 13:00 horas, y deja las compras del día y la recogida de la tintorería para la tarde.

Cuándo hacer ejercicio: la guía definitiva

Me he centrado sobre todo en los aspectos emocionales y cognitivos de la vida. ¿Pero qué hay de los físicos? En particular, ¿cuál es el mejor momento para hacer ejercicio? La respuesta depende en parte de tus objetivos. Aquí va una sencilla guía, basada en las investigaciones sobre el ejercicio físico, para ayudarte a decidir.

Haz ejercicio por la mañana para:

- **Perder peso**: Cuando nos levantamos, después de no haber comido durante al menos ocho horas, nuestro nivel de azúcar en sangre está bajo. Como necesitamos azúcar en sangre como combustible para funcionar, el ejercicio matutino utilizará la grasa almacenada en nuestros tejidos como suministro de la energía que necesitamos. (Cuando hacemos ejercicio después de comer, utilizamos la energía de la comida que acabamos de consumir). En muchos casos, el ejercicio matutino puede quemar un 20% más de grasa que los entrenamientos después de haber comido.[1]

- **Mejorar el estado de ánimo**: Los ejercicios de cardio —nadar, correr o incluso pasear al perro— pueden subir el ánimo. Cuando hacemos ejercicio por la mañana, disfrutamos de los efectos todo el día. Si esperas a hacer ejercicio hasta la tarde, acabarás perdiéndote algunas buenas sensaciones al estar durmiendo.

- **Mantener la rutina**: Algunos estudios sugieren que somos más propensos a adherirnos a nuestra rutina de ejercicios cuando los hacemos por la mañana.[2] Así que si ves que te cuesta seguir un plan, el ejercicio matutino, especialmente si reclutas a alguien que te acompañe de forma habitual, te puede ayudar a crear el hábito.

- **Ganar fuerza**: Nuestra fisiología cambia a lo largo del día. Un ejemplo: la hormona de la testosterona, cuyos niveles alcanzan el pico por la mañana. La testosterona ayuda a formar músculo, así que si estás haciendo entrenamiento con pesas, programa tus ejercicios para esas primeras horas de la mañana.

Haz ejercicio al final de la tarde o por la noche para:

- **Evitar lesiones**: Cuando los músculos están calientes, son más elásticos y menos propensos a sufrir lesiones. Por eso, a lo que hacemos al comienzo de nuestros entrenamientos lo llaman «calentamiento». Al levantarnos, la temperatura corporal está baja, sube gradualmente a lo largo del día y

[1] Van Proeyen, Karen *et al.*, «Training in the Fasted State Improves Glucose Tolerance During Fat-Rich Diet», *Journal of Physiology* 588, n.º 21 (2010), pp. 4289-4302.

[2] Deschenes, Michael R. *et al.*, «Chronobiological Effects on Exercise: Performance and Selected Physiological Responses», *European Journal of Applied Physiology and Occupational Physiology* 77, n.º 3 (1998), pp. 249-560.

alcanza un pico a última hora de la tarde y primera de la noche. Eso significa que en los ejercicios al final del día los músculos están más calientes y las lesiones son menos comunes.[3]

- **Dar lo mejor de ti**: Ejercitarse por las tardes no solo supone que es menos probable que te lesiones, también te ayuda a correr más rápido y a levantar más peso. La función pulmonar está en su nivel más alto en este momento del día, así que el sistema circulatorio puede distribuir más oxígeno y nutrientes.[4] Este es también el momento del día en que la fuerza alcanza un pico, los tiempos de reacción se acortan, la coordinación ojo-mano se agudiza, y el ritmo cardíaco y la presión sanguínea descienden. Estos factores hacen que sea un momento estupendo para dar lo mejor de tu rendimiento atlético. De hecho, una cantidad desproporcionada de récords olímpicos, especialmente en atletismo y natación, se han logrado a última hora de la tarde y primera de la noche.[5]

- **Disfrutar un poco más del ejercicio**: Las personas suelen percibir que hacen menos ejercicio por la tarde que cuando hacen exactamente la misma pauta de ejercicios por la mañana.[6] Esto sugiere que por las tardes los entrenamientos

[3] Facer-Childs, Elise y Brandstaetter, Roland, «The Impact of Circadian Phenotype and Time Since Awakening on Diurnal Performance in Athletes», *Current Biology* 25, n.º 4 (2015), pp. 518-522.

[4] Medarov, Boris I., Pavlov, Valentin A., y Rossoff, Leonard, «Diurnal Variations in Human Pulmonary Function», *International Journal of Clinical Experimental Medicine* 1, n.º 3 (2008), pp. 267-273.

[5] Drust, Barry *et al.*, «Circadian Rhythms in Sports Performance: An Update» *Chronobiology International* 22, n.º 1 (2005), pp. 21-44; P. Rosa, João Paulo *et al.*, «2016 Rio Olympic Games: Can the Schedule of Events Compromise Athletes' Performance?», *Chronobiology International* 33, n.º 4 (2016), pp. 435-440.

[6] American Council on Exercise, «The Best Time to Exercise», *Fit Facts* (2013), disponible en <https://www.acefitness.org/fitfacts/pdfs/fitfacts/itemid_2625.pdf>.

pueden parecer un poco menos difíciles para la mente y para el alma.

Cuatro trucos para que las mañanas sean mejores

1. **Toma un vaso de agua cuando te despiertes**

   ¿Cuántas veces en un día pasas ocho horas sin tomar nada en absoluto? Sin embargo, eso es lo que la mayoría hacemos durante la noche. Entre el agua que exhalamos y la que se evapora por la piel, sin contar un par de visitas al baño, nos despertamos levemente deshidratados. Toma un vaso de agua antes de nada, para rehidratarte, controlar las punzadas del hambre matutina y ayudarte a despertar.

2. **No tomes café inmediatamente después de despertar**

   En el momento en que despertamos, nuestro cuerpo empieza a producir cortisol, una hormona del estrés que activa nuestras almas somnolientas. Pero resulta que la cafeína interfiere con la producción de cortisol, así que empezar el día con una inmediata taza de café apenas estimula la vigilia. Y lo que es peor: el café a primera hora de la mañana aumenta nuestra tolerancia a la cafeína, lo que significa que debemos consumir cada vez más para obtener sus beneficios. Lo mejor es beber esa primera taza una hora o 90 minutos después de haber despertado, una vez que la producción de cortisol ha alcanzado su pico y la cafeína puede obrar sus milagros.[7] Si lo que quieres es un empujón por la tarde, ve a la cafetería entre las 14:00 y las 16:00 horas, cuando los niveles de cortisol bajan otra vez.

---

7   Debono, Miguel *et al.*, «Modified-Release Hydrocortisone to Provide Circadian Cortisol Profiles», *Journal of Clinical Endocrinology & Metabolism* 94, n.º 5 (2009), pp. 1548-1554.

3. **Date un baño de luz solar**

Si estás perezoso por la mañana, recibe toda la luz solar que puedas. El sol, a diferencia de la mayoría de los focos, emite una luz que cubre una amplia franja del espectro visible. Cuando esa longitud de onda adicional llega a los ojos, estos lanzan una señal al cerebro para que deje de producir hormonas del sueño y empiece a producir hormonas de alerta.

4. **Programa las sesiones de psicoterapia por la mañana**

La investigación en el campo emergente de la psiconeuroendocrinología ha demostrado que las sesiones terapéuticas pueden ser más eficaces por la mañana.[8] La razón vuelve a ser el cortisol. Sí, es una hormona del estrés. Pero también facilita el aprendizaje. Durante las sesiones terapéuticas matutinas, cuando los niveles de cortisol están más altos, los pacientes están más concentrados y asimilan mejor los consejos.

---

[8] Meuret, Alicia E. *et al.*, «Timing Matters: Endogenous Cortisol Mediates Benefits from Early-Day Psychotherapy», *Psychoneuroendocrinology* 74 (2016), pp. 197-202.

2. Tardes y cucharadas de café
El poder de las pausas, el prometedor almuerzo y un alegato en favor de la siesta moderna

«La tarde conoce lo que la mañana jamás sospechó».

ROBERT FROST

Acompáñame un momento al Hospital de la Muerte. En este hospital es tres veces más probable que en otros hospitales que los pacientes reciban una dosis de anestesia potencialmente letal, y bastante más probable que mueran en un período de cuarenta días tras la operación. Aquí, los gastroenterólogos encuentran menos pólipos en las colonoscopias que otros de sus colegas más escrupulosos, así que el cáncer se desarrolla sin ser detectado. Es 26 veces más probable que aquí los médicos internistas prescriban antibióticos innecesarios para infecciones virales, facilitando así el crecimiento de supervirus resistentes a los fármacos. En el edificio, los enfermeros y cuidadores son diez veces menos propensos a lavarse las manos después de atender a los pacientes, incrementando la probabilidad de que estos contraigan una infección en el hospital que no tenían cuando ingresaron.

Si yo fuese un abogado especializado en negligencias médicas —y doy las gracias por no serlo—, pondría el negocio en la acera de enfrente de un lugar así. Si yo fuese marido y padre —y doy gracias por serlo—, no dejaría que ninguno de mis familiares cruzara las puertas de ese hospital. Y si yo estuviese aconsejándote sobre cómo conducir tu vida —lo que, para bien o para mal, estoy haciendo en estas páginas—, te daría el siguiente consejo: mantente alejado. Puede que el Hospital de la Muerte no sea un nombre real. Pero es un lugar real. Todo lo que he descrito es lo que ocurre en los centros médicos modernos por las tardes en relación con las mañanas. La mayoría de los hospitales y profesionales de la atención sanitaria hacen un trabajo heroico. Las desgracias médicas son excepciones, no la norma. Pero las tardes son un momento peligroso para ser paciente.

Algo ocurre durante el valle, que suele llegar unas siete horas después de levantarnos, que la hace mucho más peligrosa que cualquier otro momento del día. En este capítulo analizaré por qué muchos de nosotros —desde los anestesistas y los estudiantes hasta el capitán del *Lusitania*— cometemos errores por la tarde. Después veremos algunas soluciones al problema; en particular, dos sencillos remedios que pueden hacer que los pacientes estén más seguros, mejorar las calificaciones de los estudiantes en los exámenes y quizá hacer que el sistema judicial sea más justo. De paso, aprenderemos por qué el almuerzo (y no el desayuno) es la comida más importante del día, cómo dormir una siesta perfecta y por qué resucitar una práctica milenaria puede ser lo que hoy necesitamos para estimular la productividad individual y el rendimiento empresarial.

Pero primero vayamos a un hospital de verdad, donde se ha prevenido la muerte con unas tarjetas laminadas de color verde lima.

Triángulos de las Bermudas y rectángulos de plástico: el poder de los descansos de la vigilancia

Es una tarde nublada de martes en Ann Arbor, Michigan, y por primera —y seguramente única— vez en mi vida, llevo puesto el típico uniforme verde de hospital y estoy lavándome las manos para una operación. A mi espalda está el doctor Kevin Tremper, anestesista y profesor que dirige el Departamento de Anestesiología de la Facultad de Medicina de la Universidad de Michigan.

«Cada año, dormimos a 90 000 personas y las despertamos —me cuenta—. Las paralizamos y después empezamos a abrirlas». Tremper supervisa a 150 médicos y a otros 150 médicos residentes que ejercen estos poderes mágicos. En 2010, Tremper les cambió su forma de trabajar.

Tendido en la mesa de operaciones, se encuentra un hombre de veintitantos años con la mandíbula rota y que necesita una urgente reparación. En una pared cercana hay una gran pantalla de televisión donde aparecen los nombres de las otras cinco personas que visten el uniforme verde —enfermeros, médicos y un técnico— y rodean la mesa. En la parte superior de la pantalla, en letras de color maíz sobre un fondo azul, figura el nombre del paciente. El cirujano, un hombre serio y enjuto, está ansioso por empezar. Pero antes de que nadie haga nada, como si este equipo estuviese jugando basquetbol en el Crisler Center de la universidad, a 3 km de allí, piden tiempo muerto.

Casi imperceptiblemente, cada uno de ellos da un paso atrás. Después, mirando o bien a la pantalla o bien a una tarjeta de plástico tamaño cartera que llevan colgada en la cintura, se presentan los unos a los otros por el nombre de pila, y proceden a recorrer los nueve pasos de una «lista de verificación antes de la inducción de la anestesia», para asegurarse de que tienen al paciente correcto, saber si tiene alguna enfermedad o alergia, entienden la medicación que usará el anestesista y disponen de cualquier equipamiento que puedan necesitar. Cuando todos han terminado de presentarse y responder las preguntas —el proceso completo lleva unos 3 minutos—, termina el tiempo muerto y el joven médico anestesista abre unas bolsas selladas que contienen los suministros y empieza a dormir completamente al paciente, ya parcialmente sedado. No es fácil. La mandíbula del paciente está en tan mal estado que el médico tiene que entubarlo por la nariz en vez de por la boca, lo que resulta molesto. Tremper, que tiene unos largos y esbeltos dedos de pianista, interviene y conduce el tubo por la cavidad nasal hasta la garganta del paciente. Este se desvanece enseguida, sus constantes vitales son estables y la operación puede comenzar.

Después, el equipo vuelve a apartarse de la mesa de operaciones.

Cada uno de ellos revisa los pasos en la tarjeta de «pausa quirúrgica antes de la incisión», para asegurarse de que todos están preparados. Vuelven a su foco individual y colectivo. Y solo entonces vuelven a acercarse a la mesa de operaciones y el cirujano empieza a reparar la mandíbula.

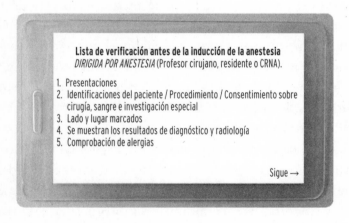

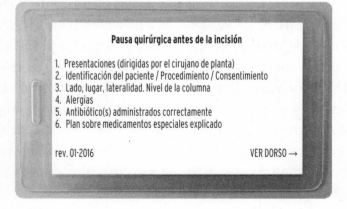

A estos tiempos muertos los llamo «descansos de la vigilancia»: pausas breves antes de los partidos importantes para repasar las instrucciones y precaverse de los errores. Los descansos de la vigilancia llevan un largo tiempo impidiendo que el Centro Médico de la Universidad de Michigan se transmute en el Hospital de la Muerte durante el valle de la tarde. Tremper dice que en el tiempo que lleva poniendo en práctica estos descansos, ha mejorado la calidad de la atención, se han reducido las complicaciones, y tanto los doctores como los pacientes están más relajados.

Las tardes son los Triángulos de las Bermudas de nuestros días. En numerosos ámbitos, el valle representa una zona peligrosa para la productividad, la ética y la salud. La anestesia es un ejemplo de ello. Los investigadores del Centro Médico de Duke revisaron unas 90 000 operaciones que se habían hecho en el hospital e identificaron lo que denominaron «eventos adversos de la anestesia»: los errores que cometen los anestesistas, los daños que causan a los pacientes, o ambos. El momento del valle era especialmente traicionero. Los eventos adversos fueron considerablemente «más frecuentes en los casos que empezaban a las 15:00 y las 16:00 horas». La probabilidad de un problema a las 9:00 horas era del 1%. A las 16:00 horas, del 4.2%. Es decir, la probabilidad de que algo saliera mal cuando alguien administraba los fármacos para dejarte inconsciente era cuatro veces mayor durante el valle que durante el pico. En cuanto a los daños propiamente dichos —no ya un desliz, sino algo que hiere al paciente—, la probabilidad a las 8:00 horas era del 0.3%, tres décimas del 1%. Pero a las 15:00 horas, la probabilidad era del 1%, un caso de cada cien, lo que supone un aumento del triple. Las bajadas circadianas de la tarde, concluyeron los investigadores, disminuyen la vigilancia del médico y «afecta al rendimiento humano en tareas complejas como las requeridas para el tratamiento con anestesia».[1]

---

[1] Clay Wright, Melanie *et al.*, «Time of Day Effects on the Incidence of Anesthetic Adverse Events», *Quality and Safety in Health Care* 15, n.º 4

O fijémonos en las colonoscopias. He llegado a la edad en que la prudencia aconseja someterme a este procedimiento para detectar la presencia o posibilidad de un cáncer de colon. Pero, ahora que he investigado, jamás aceptaría una cita que no fuese antes de mediodía. Por ejemplo, un estudio muy citado sobre más de 1 000 colonoscopias reveló que la probabilidad de que los endoscopistas detecten pólipos —pequeños tumores en el colon— disminuye a medida que avanza el día. Cada hora que pasaba suponía una reducción de casi el 5 % en la detección de pólipos. Algunas de las diferencias específicas entre las mañanas y las tardes eran muy acusadas. Por ejemplo, a las 11:00 horas, los médicos encontraban en promedio más de 1:1 pólipos en cada examen. A las 14:00 horas, sin embargo, apenas detectaban la mitad de esa cifra, a pesar de que los pacientes de la tarde no eran distintos a los de la mañana.[2] Observa esos números y dime cuándo pedirías cita tú para una colonoscopia.[3] Es más: otra investigación ha demostrado que es incluso menos probable que los médicos hagan la colonoscopia completa cuando la realizan por la tarde.[4]

(2006), pp. 258-263. La cita al final del párrafo es de la principal autora del artículo y aparece en «Time of Surgery Influences Rate of Adverse Health Events Due to Anesthesia», *Duke News*, 3 de agosto de 2006.

[2] Lee, Alexander *et al.*, «Queue Position in the Endoscopic Schedule Impacts Effectiveness of Colonoscopy», *American Journal of Gastroenterology* 106, n.º 8 (2011), pp. 1457-1465.

[3] Un estudio encontró una diferencia de género, y llegó a la conclusión de que «las colonoscopias realizadas por la tarde tendían a tener una tasa menor de detección de pólipos y adenomas [...] [pero] la tasa de detección de adenomas menor en las colonoscopias de la tarde parece afectar principalmente a las pacientes femeninas». Singh, Shailendra *et al.*, «Differences Between Morning and Afternoon Colonoscopies for Adenoma Detection in Female and Male Patients», *Annals of Gastroenterology* 29, n.º 4 (2016), pp. 497-501. Otros pocos estudios se han mostrado más circunspectos respecto al efecto del momento del día. Ver, p. ej., Waye, Jerome D., «Should All Colonoscopies Be Performed in the Morning?», *Nature Reviews: Gastroenterology & Hepatology* 4, n.º 7 (2007), pp. 366-367.

[4] Sanaka, Madhusudhan R. *et al.*, «Afternoon Colonoscopies Have Higher

La atención médica también se resiente cuando sus practicantes surcan el Triángulo de las Bermudas del día. Por ejemplo, es mucho menos probable que los médicos prescriban antibióticos, incluidos los no necesarios, para infecciones agudas respiratorias por las tardes que por las mañanas.[5] A medida que el efecto acumulativo de atender a un paciente tras otro va minando la resolución del médico para tomar decisiones, es mucho más fácil escribir la receta que esclarecer si los síntomas indican una infección bacteriológica, para la cual lo apropiado podrían ser los antibióticos, o viral, sobre la que no tendrían ningún efecto.

Esperamos que los encuentros con profesionales experimentados como los médicos dependan de quién es el paciente y cuál es el problema. Pero muchos resultados dependen aún más forzosamente de cuándo se tiene la cita.

Lo que ocurre es que la vigilancia se deteriora. En 2015, Hengchen Dai, Katherine Milkman, David Hoffman y Bradley Staats dirigieron un extenso estudio sobre la higiene de manos en más de tres decenas de hospitales estadounidenses. Utilizando los datos de los dispensadores de gel antiséptico provistos de identificación por radiofrecuencia (RFID), para comunicarse con el chip RFID que llevan incorporado las credenciales de los empleados, los investigadores podían observar quién se lavaba las manos y quién no. En total, analizaron a más de 4000 cuidadores (dos terceras partes eran personal de enfermería), que en el transcurso de la investigación habían tenido alrededor de 14 millones de «oportunidades para la higiene de manos». Los resultados no tenían buena pinta. En promedio, estos empleados se lavaron las manos

Failure Rates Than Morning Colonoscopies, *American Journal of Gastroenterology* 101, n.º 12 (2006), pp. 2726-2730; Waye, Jerome D., «Should All Colonoscopies Be Performed in the Morning?» *Nature Reviews: Gastroenterology & Hepatology* 4, n.º 7 (2007), pp. 366-367.

5 Linder, Jeffrey A. *et al.*, «Time of Day and the Decision to Prescribe Antibiotics» *JAMA Internal Medicine* 174, n.º 12 (2014), pp. 2029-2031.

la mitad de veces que pudieron y tuvieron el deber profesional de hacerlo. Peor aún, la mayoría de los que empezaban su turno por la mañana, eran todavía menos propensos a lavarse las manos por la tarde. Este descenso de la relativa diligencia de las mañanas a la relativa negligencia de las tardes era de nada menos que un 38 %. Es decir, que por cada diez veces que se lavaban las manos por la mañana, solo lo hacían seis veces por la tarde.[6]

Esto tiene graves consecuencias. «Este menor cumplimiento de la higiene de manos que detectamos durante un turno de trabajo contribuía a que se produjeran aproximadamente 7 500 infecciones evitables al año, con un costo anual de alrededor de 150 millones de dólares en los 34 hospitales incluidos en este estudio», escriben los autores. Si se extiende esa tasa al número anual de ingresos hospitalarios en todo Estados Unidos, el costo del valle es descomunal: 600 000 infecciones evitables, 12.5 millones de dólares en costos añadidos y hasta 3 500 muertes evitables.[7]

Las tardes también pueden ser letales más allá de los blancos muros de un hospital. En Reino Unido, los accidentes de tránsito relacionados con la somnolencia alcanzan dos picos en cada período de 24 horas. Uno es entre las 2:00 y las 6:00 horas, a mitad de la noche. El otro es entre las 14:00 y las 16:00, a mitad de la tarde. Los investigadores han descubierto el mismo patrón en los accidentes de tránsito en Estados Unidos, Israel, Finlandia, Francia y otros países.[8]

---

6   Dai, Hengchen *et al.*, «The Impact of Time at Work and Time Off from Work on Rule Compliance: The Case of Hand Hygiene in Health Care», *Journal of Applied Psychology* 100, n.º 3 (2015), pp. 846-862. La cifra del 38 % representa las «probabilidades ajustadas de cumplimiento en el transcurso de un turno de 12 horas o un descenso de 8.7 puntos porcentuales en la tasa de cumplimiento para un cuidador medio en el transcurso de un turno de 12 horas».

7   Ibíd.

8   Horne, Jim y Reyner, Louise, «Vehicle Accidents Related to Sleep: A Re-

Una encuesta británica fue aún más precisa cuando reveló que un trabajador corriente llega a su momento menos productivo del día a las 14:55 horas.[9] A menudo, cuando entramos en esta región del día, nos desorientamos. En el primer capítulo hablé brevemente del «efecto de moralidad matutina», según el cual las personas son más propensas a ser menos honradas por la tarde, porque la mayoría «somos más capaces de resistirnos a las oportunidades de mentir, hacer trampas y adoptar otros comportamientos no éticos por la mañana que por la tarde».[10] Este fenómeno dependía en parte del cronotipo, donde los búhos muestran un patrón distinto al de las alondras o los colibríes. Pero en ese estudio, los tipos nocturnos resultaron ser más éticos entre la medianoche y la 1:30 horas, no durante la tarde.

Al margen de nuestro cronotipo, la tarde puede mermar nuestro juicio profesional y ético.

La buena noticia es que los descansos de la vigilancia pueden aflojar las garras del valle sobre nuestra conducta. Como demuestran los médicos de la Universidad de Michigan, insertar descansos de la vigilancia obligatorios y regulares entre las tareas nos ayuda a recuperar la concentración necesaria para acometer un trabajo difícil que se deba realizar por la tarde. Imaginemos que el capitán Turner, que no había dormido la noche anterior a sus fatídicas decisiones, hubiese tomado un breve descanso de la

---

view», *Occupational and Environmental Medicine* 56, n.º 5 (1999), pp. 289-294.

9   Caba, Justin, «Least Productive Time of the Day Officially Determined to Be 2:55 PM: What You Can Do to Stay Awake?», *Medical Daily*, 4 de junio de 2013, disponible en <http://www.medicaldaily.com/least-productive-time-day-officially-determined-be-255-pm-what-you-can-do-stay-awake-246495>.

10   Kouchaki, Maryam y Smith, Isaac Horas, «The Morning Morality Effect: The Influence of Time of Day on Unethical Behavior», *Psychological Science* 25, n.º 1 (2014), pp. 95-102; Kouchaki, Maryam, «In the Afternoon, the Moral Slope Gets Slipperier», *Harvard Business Review*, mayo de 2014.

vigilancia con otros miembros de la tripulación para revisar cuál era la velocidad que necesitaba el *Lusitania* para viajar, y cómo calcular mejor la posición del barco a fin de evitar a los *U-Boots*.

Esta sencilla intervención está corroborada por alentadoras pruebas basadas en la práctica. Por ejemplo, el mayor sistema de atención médica de Estados Unidos, la Administración de la Salud para Veteranos (Veterans Health Administration), gestiona unos 170 hospitales en todo el país. Para atajar la persistencia de los errores médicos (muchos de los cuales se producían por la tarde), un equipo de médicos de la Administración puso en marcha un sistema de formación integral en todos los hospitales (que el de Michigan tomó como modelo para su propia campaña) construido en torno a la idea de más pausas intencionadas y frecuentes, e incluía herramientas como «tarjetas de verificación plastificadas, pizarrones, formularios en papel y carteles instalados en las paredes». Al cabo de un año de haber iniciado la campaña de formación, la tasa de mortalidad quirúrgica (la frecuencia con la que moría la gente durante la operación o poco tiempo después) se redujo un 18 por ciento.[11]

No obstante, el trabajo de la mayoría de la gente no consiste en dormir a otras personas y abrirlas, ni en otras responsabilidades donde hay vidas en juego, como la de pilotar un avión de 27 toneladas o guiar a las tropas en la batalla. Para los demás, otro tipo de pausas nos ofrecen una manera más sencilla de conducirnos entre los peligros del valle. Llamémoslas «pausas reconstituyentes». Para entenderlas, dejemos el medio oeste estadounidense y dirijámonos a Escandinavia y Medio Oriente.

---

[11] Neily, Julia *et al.*, «Association Between Implementation of a Medical Team Training Program and Surgical Mortality», *JAMA* 304, n.º 15 (2010), pp. 1693-1700.

De la escuela a los juzgados:
el poder de las pausas reconstituyentes

En el primer capítulo conocimos algunos curiosos resultados de los exámenes nacionales estandarizados en Dinamarca. Los alumnos que realizan las pruebas por la tarde sacan calificaciones considerablemente peores que los que las hacen más temprano. Para el director de una escuela o el responsable de las políticas educativas, la respuesta parece obvia: cueste lo que cueste, hay que pasar todos los exámenes a la mañana. Sin embargo, los investigadores también descubrieron otro remedio, cuyas aplicaciones van más allá de la escuela y los exámenes, sumamente fácil de explicar y poner en marcha.

Cuando los estudiantes daneses tuvieron un descanso de entre 20 y 30 minutos «para comer, jugar y charlar» antes de un examen, sus calificaciones no bajaban. Es más: subían. Como señalan los investigadores: «Un descanso provoca una mejoría superior al deterioro que se produce con el transcurso de las horas».[12] Es decir, que las calificaciones bajan después de mediodía. Pero suben en una medida mayor tras los descansos.

Someterse a un examen por la tarde sin haber descansado produce unas calificaciones equivalentes a pasar menos tiempo en la escuela cada año y tener unos padres con menor nivel adquisitivo y cultural. Pero someterse al mismo examen tras un descanso de entre 20 y 30 minutos da lugar a unas calificaciones equivalentes a haber pasado tres semanas adicionales en clase y tener unos padres algo más ricos y cultos. Y quienes se beneficiaban más eran los estudiantes que menos rendían.

Desafortunadamente, las escuelas danesas, como muchas en todo el mundo, solo establecen dos descansos al día. Y lo que es

[12] Sievertsen, Hans Henrik, Gino, Francesca y Piovesan, Marco, «Cognitive Fatigue Influences Students' Performance on Standardized Tests», *Proceedings of the National Academ of Sciences* 113, n.º 10 (2016), pp. 2621-2624.

peor: muchos sistemas educativos están recortando los recreos y otras pausas reconstituyentes de los alumnos en aras del rigor y —atención a la ironía— unas calificaciones más altas. Pero como dice Francesca Gino, de Harvard, y una de las autoras del estudio: «En realidad, si hubiese una pausa cada hora, las calificaciones de los exámenes mejorarían con el transcurso del día».[13]

Muchos estudiantes jóvenes rinden por debajo de su capacidad durante el valle, lo que puede llevar a los profesores a tener una percepción inexacta de su progreso, y a los administradores a atribuir al qué y al cómo aprenden los alumnos, lo que en realidad es una cuestión de cuándo llevan a cabo un examen. «Creemos que estos resultados tienen dos implicaciones importantes en lo relativo a la elaboración de políticas», dicen los investigadores que analizaron la experiencia danesa. «La primera es que hay que tener en cuenta la fatiga cognitiva cuando se decide la duración de la jornada escolar y de los descansos. Nuestros resultados demuestran que alargar los días puede estar justificado si se incluye un número adecuado de descansos. La segunda es que los sistemas de evaluación escolar deberían tener en cuenta en las calificaciones de los exámenes los factores externos [...] una manera más directa de abordarlo podría ser fijar los exámenes lo más cerca posible de un descanso».[14]

Quizá sea lógico que un vaso de jugo de manzana y unos minutos para dar una vuelta hagan maravillas con los niños de 8 años que resuelven problemas de aritmética. Pero las pausas reconstituyentes tienen un poder similar en los adultos que tienen responsabilidades más importantes.

[13] Gino, Francesca, «Don't Make Important Decisions Late in the Day», *Harvard Business Review*, 23 de febrero de 2016.
[14] Sievertsen, Hans Henrik, Gino, Francesca y Piovesan, Marco, «Cognitive Fatigue Influences Students' Performance on Standardized Tests», *Proceedings of the National Academy of Sciences* 113, n.º 10 (2016), pp. 2621-2624.

En Israel, dos consejos judiciales procesan aproximadamente el 40% de las peticiones de libertad condicional. Están dirigidos por jueces cuyo trabajo es escuchar, uno detrás de otro, los argumentos de los presos y tomar decisiones sobre su destino. ¿Habría que poner en libertad a esta presa porque ya ha cumplido una parte suficiente de su condena y ha demostrado suficientes síntomas de rehabilitación? ¿Se debería permitir a ese, al que ya se le concedió la libertad condicional, moverse sin su dispositivo de seguimiento?

Los jueces aspiran a ser racionales, deliberativos y sensatos, a administrar una justicia basada en los hechos y en la ley. Pero los jueces también son seres humanos sometidos a los mismos ritmos diarios que los demás. Sus togas negras no los blindan ante el valle. En 2011, tres científicos sociales (dos israelíes y un estadounidense) utilizaron los datos de esos dos consejos para analizar el proceso de toma de decisiones judiciales.

Descubrieron que, en general, los jueces eran más propensos a emitir fallos favorables —conceder libertad condicional o permitir la retirada de un dispositivo de control del tobillo— por la mañana que por la tarde. (El estudio tenía en cuenta el tipo de preso, la gravedad de su delito y otros factores). Pero el patrón de la toma de decisiones era más complejo, y más interesante, que una mera división entre horarios matutinos y vespertinos.

La siguiente gráfica muestra lo que ocurría. En las primeras horas del día, los jueces fallaban a favor de los presos en el 65% de las veces. Pero a medida que pasaba la mañana, ese porcentaje disminuía. Y en la última hora de la mañana, sus fallos favorables caían casi a cero. Así que un preso al que se le hubiese fijado la comparecencia a las 9:00 horas tenía más opciones de obtener la condicional, mientras que a otro al que se le hubiese fijado a las 11:45 horas no tenía básicamente opciones, al margen de los hechos concretos del caso. Explicado de otra manera, como la decisión habitual por defecto de los consejos es no conceder la condicional, los jueces se desviaban del *statu quo* durante algunas horas y lo confirmaban durante otras.

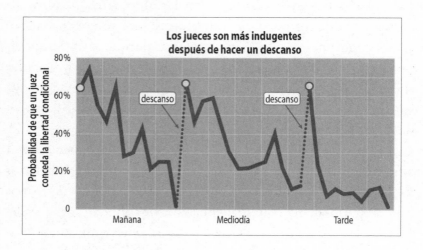

Pero observemos lo que pasa después de que los jueces hagan una pausa. Inmediatamente después de esa primera pausa para comer, se vuelven más indulgentes —más dispuestos a desviarse del estándar— para dejarse caer en una actitud de línea más dura al cabo de unas pocas horas. Pero, como ocurría en las escuelas danesas, veamos qué pasa cuando esos jueces tienen un segundo descanso, una pausa reconstituyente a media tarde para tomarse un jugo o subirse a los columpios del juzgado. Vuelven al mismo ritmo de decisiones favorables que presentaron a primera hora de la mañana. Sopesemos las consecuencias: si tienes que comparecer ante una junta para pedir la condicional justo antes de una pausa, en vez de después, probablemente pasarás unos años más en la cárcel, no por los hechos del caso, sino por el momento del día. Los investigadores dicen que no pueden identificar con precisión qué motiva este fenómeno. Puede que, al comer, los jueces restablecieran sus niveles de glucosa y repusieran sus reservas mentales. Puede que pasar un rato lejos el estrado los pusiera de mejor humor. Puede ser que los jueces estuviesen cansados y que al descansar se redujera la fatiga (otro estudio sobre los tribunales federales de EEUU reveló que los lunes después del cambio al horario de verano, cuando las personas pierden en promedio unos 40 minutos de sueño, los jueces dictaban sentencias de cárcel aproximadamente un 5% más largas que las dictadas los lunes del resto del año).[15]

Sea cual fuere la explicación, un factor que debería ser más bien superfluo para la toma de decisiones judiciales e irrelevante para la propia justicia —que un juez deba hacer una pausa, y cuándo— resultó crucial al decidir quién debía quedar en libertad o seguir entre rejas. Y este fenómeno en general —que las pausas puedan mitigar muchas veces los efectos del valle— afecta probablemente «a otras decisiones secuenciales o juicios importantes, como las decisiones sobre leyes [...], economía y de admisión en las universidades».[16]

Así que, si el valle es el veneno y las pausas reconstituyentes el antídoto, ¿cómo deberían ser esas pausas? No hay una única respuesta, pero la ciencia ofrece cinco principios rectores.

1. Algo es mejor que nada

Un problema de las tardes es que si hacemos una misma tarea durante demasiado tiempo, perdemos de vista el objetivo que intentamos cumplir, un proceso conocido como «habituación». Hacer pausas breves en una tarea puede prevenir la habituación, ayudarnos a mantener la concentración y a reactivar nuestro empeño en un objetivo.[17] Y las pausas breves frecuentes son más eficaces que

---

[15] Cho, Kyoungmin, Barnes, Christopher M. y Guanara, Cristiano L., «Sleepy Punishers Are Harsh Punishers: Daylight Saving Time and Legal Sentences», *Psychological Science* 28, n.º 2 (2017), pp. 242-247.

[16] Danziger, Shai, Levav, Jonathan y Avnaim-Pesso, Liora, «Extraneous Factors in Judicial Decisions», *Proceedings of the National Academy of Sciences* 108, n.º 17 (2011), pp. 6889-6892.

[17] Ariga, Atsunori y Lleras, Alejandro, «Brief and Rare Mental 'Breaks' Keep

las pausas puntuales.[18] DeskTime, una empresa que crea software para el control de la productividad, dice que: «Lo que tienen en común el 10% de nuestros usuarios más productivos es su habilidad para hacer pausas eficaces». En concreto, tras analizar sus propios datos, DeskTime afirma haber descubierto la proporción áurea del trabajo y el descanso. Las personas con un alto rendimiento, según las conclusiones de su investigación, trabajan 52 minutos y después descansan 17. DeskTime nunca ha publicado los datos en una revista que haga revisiones por pares, así que tu kilometraje podría variar. Pero hay abundantes pruebas de que las pausas breves son eficaces y de que son una pequeña inversión que brinda considerables beneficios. Incluso las «micropausas» pueden ayudar.[19]

2. Moverse es mejor que estar parado

Sentarse, nos dicen, es el nuevo tabaco: un riesgo claro y presente para la salud. Pero también nos hace más susceptibles a los peligros del valle, por lo que simplemente levantarnos y caminar 5 minutos cada hora durante la jornada laboral puede resultar muy eficaz. Un estudio demostró que caminar 5 minutos cada hora elevaba los niveles de energía, aguzaba la concentración, «mejoraba el estado de ánimo a lo largo del día, y reducía la sensación de fatiga al final de la tarde». Estos «microestallidos de actividad», como los llaman los investigadores, también eran más efi-

You Focused: Deactivation and Reactivation of Task Goals Preempt Vigilance Decrements», *Cognition* 118, n.º 3 (2011), pp. 439-443.

[18] Hunter, Emily M. y Wu, Cindy, «Give Me a Better Break: Choosing Workday Break Activities to Maximize Resource Recovery», *Journal of Applied Psychology* 101, n.º 2 (2016), pp. 302-311.

[19] Zacher, Hannes, Brailsford, Holly A. y Parker, Stacey L., «Micro-Breaks Matter: A Diary Study on the Effects of Energy Management Strategies on Occupational Well-Being», *Journal of Vocational Behavior* 85, n.º 3 (2014), pp. 287-297.

caces que una sola pausa de 30 minutos caminando; tanto, que los investigadores sugieren a las empresas «introducir pausas para la actividad física en la rutina diaria».[20] Las pausas periódicas para caminar en el lugar de trabajo también elevan la motivación y la concentración y potencian la creatividad.[21]

3. En compañía es mejor que solo

Pasar tiempo a solas puede ser regenerador, especialmente para los que somos introvertidos. Pero gran parte de la investigación sobre las pausas reconstituyentes apuntan a un mayor poder en la compañía de los demás, en particular cuando tenemos la libertad de elegir con quién pasamos el tiempo. En profesiones con un alto estrés como la enfermería, las pausas reconstituyentes sociales y colectivas no solo minimizan el estrés físico y los errores médicos, también reducen las sustituciones; los enfermeros que hacen este tipo de pausas son más propensos a quedarse en sus trabajos.[22] Asimismo, los estudios sobre puestos de trabajo en Corea del Sur demuestran que las pausas sociales —hablar con los compañeros sobre algo que no sea trabajo— son más eficaces para reducir el estrés y mejorar el estado

---

[20] Bergouignan, Audrey *et al.*, «Effect of Frequent Interruptions of Prolonged Sitting on Self-Perceived Levels of Energy, Mood, Food Cravings and Cognitive Function», *International Journal of Behavioral Nutrition and Physical Activity* 13, n.º 1 (2016), pp. 13-24.

[21] Wu, Li-Ling *et al.*, «Effects of an 8-Week Outdoor Brisk Walking Program on Fatigue in Hi-Tech Industry Employees: A Randomized Control Trial», *Workplace Health & Safety* 63, n.º 10 (2015), pp. 436-445; Oppezzo, Marily y Schwartz, Daniel L., «Give Your Ideas Some Legs: The Positive Effect of Walking on Creative Thinking», *Journal of Experimental Psychology: Learning, Memory, and Cognition* 40, n.º 4 (2014), pp. 1142-1152.

[22] Wendsche, Johannes *et al.*, «Rest Break Organization in Geriatric Care and Turnover: A Multimethod Cross-Sectional Study», *International Journal of Nursing Studies* 51, n.º 9 (2014), pp. 1246-1257.

de ánimo que otras pausas cognitivas (responder el correo electrónico) o nutricionales (tomar un tentempié).[23]

4. Fuera es mejor que dentro

Los descansos en la naturaleza pueden recargarnos al máximo.[24] Estar cerca de árboles, plantas, ríos y arroyos es un poderoso reconstituyente mental, cuya potencia, la mayoría de nosotros, no apreciamos.[25] Por ejemplo, las personas que dan breves paseos al aire libre vuelven con un mejor estado de ánimo y más recargadas que quienes pasean en interiores. Es más: aunque predijeran que iban a sentirse mejor fuera, infravaloraban cuánto mejor.[26] Tomarse unos minutos para estar en la naturaleza es mejor que pasar esos minutos en un edificio. Contemplar la naturaleza a través de la ventana es una micropausa mejor que mirar a la pared en tu cubículo. Incluso tomarse una pausa entre plantas de interior es mejor que hacerlo en una zona sin vegetación.

---

[23] Kim, Sooyeol, Park, Young Ah, y Niu, Qikun, «Micro-Break Activities at Work to Recover from Daily Work Demands», *Journal of Organizational Behavior* 38, n.º 1 (2016), pp. 28-41.

[24] Finkbeiner, Kristen M., Russell, Paul N., y Helton, William S., «Rest Improves Performance, Nature Improves Happiness: Assessment of Break Periods on the Abbreviated Vigilance Task», *Consciousness and Cognition* n.º 42 (2016), pp. 277-285.

[25] Barton, Jo y Pretty, Jules, «What Is the Best Dose of Nature and Green Exercise for Improving Mental Health? A Multi-Study Analysis», *Environmental Science & Technology* 44, n.º 10 (2010), pp. 3947-3955.

[26] Nisbet, Elizabeth K. y Zelenski, John M., «Underestimating Nearby Nature: Affective Forecasting Errors Obscure the Happy Path to Sustainability», *Psychological Science* 22, n.º 9 (2011), pp. 1101-1106; Finkbeiner, Kristen M., Russell, Paul N. y Helton, William S., «Rest Improves Performance, Nature Improves Happiness: Assessment of Break Periods on the Abbreviated Vigilance Task», *Consciousness and Cognition* 42 (2016), pp. 277-285.

5. **Distanciarse completamente es mejor que distanciarse a medias**

A estas alturas, sabemos perfectamente que el 99% de nosotros no podemos hacer varias tareas a la vez. Sin embargo, cuando hacemos un descanso, solemos intentar combinarlo con otra actividad cognitivamente exigente; quizá revisar los mensajes de texto o hablar con un compañero sobre un asunto de trabajo. Es un error. En el estudio de Corea del Sur antes mencionado, las pausas para relajarse (estirar las piernas o pensar en las musarañas) aliviaron el estrés y mejoraron el estado de ánimo como no se logra con las pausas multitarea.[27] Las pausas sin tecnología también «mejoran el vigor y reducen el agotamiento emocional».[28] O, como dicen los investigadores, «el distanciamiento psicológico del trabajo, además del distanciamiento físico, es fundamental, ya que seguir pensando en las exigencias del trabajo durante los descansos puede provocar estrés».[29]

Así que si estás buscando el ideal platónico de las pausas reconstituyentes, la combinación perfecta de bufanda, gorro y guantes para aislarte del frío de la tarde, considera salir a dar un breve paseo con un amigo con el que hables de algo que no sea el trabajo.

Los descansos de la vigilancia y las pausas reconstituyentes nos brindan la oportunidad de recargarnos y reponernos, estemos

---

[27] Kim, Sooyeol, Ah Park, Young, and Niu, Qikun, «Micro-Break Activities at Work to Recover from Daily Work Demands», *Journal of Organizational Behavior* 38, n.º 1 (2016), pp. 28-41.

[28] Rhee, Hongjai y Kim, Sudong, «Effects of Breaks on Regaining Vitality at Work: An Empirical Comparison of 'Conventional' and 'Smartphone' Breaks», *Computers in Human Behavior* 57 (2016), pp. 160-167.

[29] Sianoja, Marjaana *et al.*, «Recovery During Lunch Breaks: Testing Long-Term Relations with Energy Levels at Work», *Scandinavian Journal of Work and Organizational Psychology* 1, n.º 1 (2016), pp. 1-12.

realizando una operación quirúrgica o corrigiendo un texto publicitario. Pero también vale la pena considerar otros dos tipos de respiro. Ambos fueron una vez sólidos distintivos de nuestra vida profesional y personal, que se vienen rechazando últimamente por considerarlos indulgentes, frívolos y poco éticos para el espíritu del trabajo intenso, constante e inmediato del siglo XXI. Ahora están dispuestos a volver.

La comida más importante del día

Después de levantarte esta mañana, un poco antes de empezar una jornada de rellenar informes, hacer entregas o perseguir a los niños, seguramente desayunaste. Puede que no te sentaras a tomar un desayuno completo como es debido; un pan tostado, tal vez, o un yogur pequeño, que quizá ayudaras a bajar con café o té. El desayuno fortalece el cuerpo y da combustible al cerebro. Es también una valla de contención para el metabolismo: desayunar impide que nos atiborremos el resto del día, manteniendo así nuestro peso y colesterol a raya. Estas verdades son tan autoevidentes, y sus beneficios tan manifiestos, que el principio se ha convertido en un catecismo nutricional. Repite conmigo: el desayuno es la comida más importante del día.

Como devoto desayunador, suscribo este principio. Pero como me pagan para trastear con las revistas científicas, me he vuelto más escéptico. La mayoría de las investigaciones que demuestran el poder redentor de una comida matutina y el pecado de saltársela, son estudios observacionales en vez de experimentos controlados aleatorizados. Los investigadores siguen a la gente por ahí, observan lo que hace, pero no la compara con un grupo de control.[30] Eso significa que sus resultados muestran una co-

88   [30] Ver, p. ej., McCrory, Megan A., «Meal Skipping and Variables Related to

rrelación (las personas que desayunan pueden estar más sanas), pero no necesariamente una causalidad (a lo mejor es que los que están más sanos son más propensos a desayunar). Cuando los investigadores han aplicado métodos científicos más rigurosos, los beneficios del desayuno han sido mucho más difíciles de detectar. «La recomendación de desayunar o no [...], contradiciendo puntos de vista muy propugnados [...] no tiene efectos discernibles sobre la pérdida de peso», dice uno de ellos.[31] «La creencia (en el desayuno) [...] supera el rigor de la evidencia científica», dice otro.[32] Si a esto le añadimos que varios estudios que demuestran las virtudes del desayuno fueron financiados por grupos industriales, el escepticismo se intensifica.

¿Deberíamos todos desayunar? La visión convencional es un hojaldrado y delicioso sí. Pero como dice un destacado nutricionista y estadístico británico: «La evidencia científica, en su estado actual, significa que, por desgracia, la respuesta sencilla es: no lo sé».[33]

Energy Balance in Adults: A Brief Review, with Emphasis on the Breakfast Meal», *Physiology & Behavior* 134 (2014), pp. 51-54; y Szajewska, Hania y Ruszczyński, Marek, «Systematic Review Demonstrating That Breakfast Consumption Influences Body Weight Outcomes in Children and Adolescents in Europe», *Critical Reviews in Food Science and Nutrition* 50, n.º 2 (2010), pp. 113-119, donde los autores advierten sobre que «los resultados deberían intepretarse con un grado sustancial de cautela debido a los deficientes reportes del proceso de revisión y la falta de información sobre la calidad de los estudios incluidos».

31 Dhurandhar, Emily J. *et al.*, «The Effectiveness of Breakfast Recommendations on Weight Loss: A Randomized Controlled Trial», *American Journal of Clinical Nutrition* 100, n.º 2 (2014), pp. 507-513.

32 Brown, Andrew W., Bohan Brown, Michelle M. y Allison, David B., «Belief Beyond the Evidence: Using the Proposed Effect of Breakfast on Obesity to Show 2 Practices That Distort Scientific Evidence», *American Journal of Clinical Nutrition* 98, n.º 5, (2013), pp. 1298-1308; Levitsky, David A. y Pacanowski, Carly R., «Effect of Skipping Breakfast on Subsequent Energy Intake», *Physiology & Behavior* 119 (2013), pp. 9-16.

33 Chowdhury, Enhad y Betts, James, «Should I Eat Breakfast? Health Experts on Whether It Really Is the Most Important Meal of the Day», *In-*

Así que desayuna, si quieres. O no, si lo prefieres. Pero si te preocupan los peligros de la tarde, empieza a tomarte más en serio la comida, tan vilipendiada y fácilmente descartada, que llamamos almuerzo. («El almuerzo es para gente desocupada», dijo célebremente el supervillano del cine de los ochenta Gordon Gekko). Según un cálculo, el 62% de los empleados de oficina estadounidenses engullían el almuerzo en el mismo lugar donde trabajaban todo el día. Estas escenas deprimentes —el celular en una mano, un bocadillo en la otra, y la desesperación flotando sobre el cubículo— tiene incluso nombre: *sad desk lunch*, o triste almuerzo de escritorio. Ese nombre ha dado lugar a un pequeño movimiento en internet donde la gente publica fotografías de sus tan patéticas comidas de mediodía.[34] Pero es hora de que prestemos más atención al almuerzo, porque los científicos sociales están descubriendo que es mucho más importante para nuestro rendimiento de lo que somos conscientes.

Por ejemplo, un estudio de 2016 observó a más de ochocientos trabajadores (la mayoría, de los sectores de las tecnologías de la información, la educación y los medios de comunicación) de 11 organizaciones distintas, de los cuales algunos solían hacer pausas para comer alejados de sus mesas y otros no. Los que no comían en la mesa de trabajo eran más capaces de lidiar con el estrés laboral y presentaban un menor agotamiento y un mayor vigor no solo durante el resto del día, sino nada menos que un año después.

«Las pausas para comer —dicen los investigadores— proporcionan un marco de recuperación importante para promover la salud ocupacional y el bienestar», en particular para los «emplea-

---

dependent, 15 de febrero de 2016. Ver también Mohammadi, Dara, «Is Breakfast Really the Most Important Meal of the Day?» *New Scientist*, 22 de marzo de 2016.

34 Ver, p. ej., <http://saddesklunchorascom>, la fuente de la quizá dudosa cifra del 62% en ese párrafo.

dos con trabajos cognitiva o emocionalmente exigentes».[35] Para los colectivos que requieren altos niveles de cooperación —los bomberos, por ejemplo—, comer en grupo también potencia el rendimiento del equipo.[36] No sirve para cualquier almuerzo, sin embargo. Las pausas para comer más potentes tienen dos ingredientes clave: la autonomía y el distanciamiento. La autonomía —ejercer cierto control sobre lo que haces y cómo, cuándo y con quién lo haces— es fundamental para un alto rendimiento, especialmente en tareas complejas. Pero es igualmente fundamental cuando nos tomamos un descanso de las tareas complejas. «La medida en que los empleados pueden determinar cómo utilizan sus pausas para comer pueden ser igual de importantes que lo que hacen los empleados en su hora de comida», dice un grupo de investigadores.[37]

El distanciamiento —tanto psicológico como físico— es también fundamental. Seguir concentrado en el trabajo durante el almuerzo, o incluso usar el celular para visitar las redes sociales, puede intensificar el cansancio, según múltiples estudios, pero desviar la atención de la oficina produce el efecto contrario. Unas pausas para comer más largas y alejadas de la oficina pueden tener un efecto profiláctico contra los peligros de la tarde. Algunos de estos investigadores sugieren que «las organizaciones deberían promover la recuperación del almuerzo dando opciones para pasar las horas de comida en lugares distintos que faciliten el distanciamiento, como hacer el descanso en un entorno no laboral,

---

35 Sianoja, Marjaana *et al.*, «Recovery During Lunch Breaks: Testing Long-Term Relations with Energy Levels at Work», *Scandinavian Journal of Work and Organizational Psychology* 1, n.º 1 (2016), pp. 1-12.

36 Kniffin, Kevin M. *et al.*, «Eating Together at the Firehouse: How Workplace Commensality Relates to the Performance of Firefighters», *Human Performance* 28, n.º 4 (2015), pp. 281-306.

37 Trougakos, John P. *et al.*, «Lunch Breaks Unpacked: The Role of Autonomy as a Moderator of Recovery During Lunch», *Academy of Management Journal* 57, n.º 2 (2014), pp. 405-421.

ofreciendo un espacio para actividades de relajación».[38] Lentamente, las empresas están reaccionando. Por ejemplo, en Toronto, CBRE, la gran empresa inmobiliaria, ha prohibido comer en la mesa con la esperanza de que los empleados descansen para comer como es debido.[39]

Ante la evidencia, y los peligros del valle, es cada vez más obvio que debemos revisar algunos consejos que se oyen con frecuencia. Repitan conmigo, hermanos y hermanas: el almuerzo es la comida más importante del día.

Dormir en el trabajo

Odio las siestas. Puede que las disfrutara cuando era niño. Pero a partir de los 5 años, las he considerado el equivalente conductual de las tazas para bebés: perfectas para los niños pequeños, patéticas para los mayores. No es que nunca me haya echado la siesta de adulto. A veces lo he hecho a propósito, la mayoría sin darme cuenta. Pero cuando me despierto de esos duermevelas, suelo sentirme atontado, mareado y confuso; envuelto en una neblina de abotargamiento bajo una mayor niebla de vergüenza. Para mí, las siestas no son tanto un elemento de atención a uno mismo como de odio a mí mismo. Son un síntoma de fracaso personal y debilidad moral.

Pero hace poco he cambiado de opinión. Y, en consecuencia, he cambiado mis costumbres. Bien hechas, las siestas pueden ser

---

[38] Sianoja, Marjaana *et al.*, «Recovery During Lunch Breaks: Testing Long-Term Relations with Energy Levels at Work», *Scandinavian Journal of Work and Organizational Psychology* 1, n.º 1 (2016), pp. 1-12. Ver también Rhee, Hongjai y Kim, Sudong, «Effects of Breaks on Regaining Vitality at Work: An Empirical Comparison of 'Conventional' and 'Smartphone' Breaks», *Computers in Human Behavior* 57 (2016), pp. 160-167.

[39] Immen, Wallace, «In This Office, Desks Are for Working, Not Eating Lunch», *Globe and Mail*, 27 de febrero de 2017.

una respuesta astuta al valle, y un valioso descanso. Los estudios demuestran que las siestas brindan dos beneficios: mejoran el rendimiento cognitivo y mejoran la salud mental y física.

En muchos aspectos, las siestas son como pulidoras de hielo para el cerebro. Liman los cortes, marcas y arañazos que un día típico deja en nuestro hielo mental. Un estudio muy famoso de la NASA, por ejemplo, descubrió que los pilotos que dormían una siesta de hasta 40 minutos mostraban después una mejora del 34% en los tiempos de reacción y su estado de alerta aumentaba al doble.[40] El mismo beneficio redunda en los controladores aéreos: tras una breve siesta, su estado de alerta se agudiza y su rendimiento crece.[41] Los policías italianos que se echaban la siesta inmediatamente después de sus turnos de tarde y noche tenían un 48% menos accidentes que los que no sesteaban.[42]

Sin embargo, los réditos de dormir van más allá de la vigilia. Una siesta vespertina amplía la capacidad del cerebro para aprender, según un estudio de la Universidad de California en Berkeley. Los que dormían la siesta superaban a los que no la dormían en la capacidad para retener información.[43] En otro experimento, los que se echaban la siesta eran el doble de propensos a resolver un problema complejo que los que no habían dormido o habían de-

[40] Rosekind, Mark R. *et al.*, «Crew Factors in Flight Operations 9: Effects of Planned Cockpit Rest on Crew Performance and Alertness in Long-Haul Operations», *NASA Technical Reports Server*, 1994, disponible en: <https://ntrs.nasa.gov/searchorasjsp?R=19950006379>.

[41] Leigh Signal, Tracey *et al.*, «Scheduled Napping as a Countermeasure to Sleepiness in Air Traffic Controllers», *Journal of Sleep Research* 18, n.º 1 (2009), pp. 11-19.

[42] Garbarino, Sergio *et al.*, «Professional Shift-Work Drivers Who Adopt Prophylactic Naps Can Reduce the Risk of Car Accidents During Night Work», *Sleep* 27, n.º 7 (2004), pp. 1295-1302.

[43] Beijamini, Felipe *et al.*, «After Being Challenged by a Video Game Problem, Sleep Increases the Chance to Solve It», *PloS ONE* 9, n.º 1 (2014), e84342.

dicado el tiempo a otras actividades.[44] Dormir la siesta estimula la memoria a corto plazo, así como la memoria asociativa, el tipo de memoria que nos permite unir un nombre a una cara.[45] Los beneficios generales de dormir la siesta son enormes para nuestra capacidad mental, especialmente a medida que nos hacemos mayores.[46] Como se explica en un repaso académico a la bibliografía sobre la siesta, «incluso las personas que por lo general duermen lo que necesitan cada noche, dormir la siesta puede generar considerables beneficios respecto al estado de ánimo y de alerta, y el rendimiento cognitivo [...]. Es particularmente beneficioso para el rendimiento en tareas como la suma, el razonamiento lógico, el tiempo de reacción y el reconocimiento de los símbolos».[47] Dormir la siesta eleva incluso el *flow*, el «fluir», esa poderosa fuente de dedicación y creatividad.[48]

[44] Mander, Bryce A. *et al.*, «Wake Deterioration and Sleep Restoration of Human Learning», *Current Biology* 21, n.º 5 (2011), R183-184; Beijamini, Felipe *et al.*, «After Being Challenged by a Video Game Problem, Sleep Increases the Chance to Solve It», *PloS ONE* 9, n.º 1 (2014), e84342.

[45] Lovato, Nicole y Lack, Leon, «The Effects of Napping on Cognitive Functioning», *Progress in Brain Research* 185 (2010), pp. 155-166; Studte, Sara, Bridger, Emma y Mecklinger, Axel, «Nap Sleep Preserves Associative but Not Item Memory Performance», *Neurobiology of Learning and Memory* 120 (2015), pp. 84-93.

[46] Milner, Catherine E. y Cote, Kimberly A., «Benefits of Napping in Healthy Adults: Impact of Nap Length, Time of Day, Age, and Experience with Napping», *Journal of Sleep Research* 18, n.º 2 (2009), pp. 272-281; Campbell, Scott S. *et al.*, «Effects of a Month-Long Napping Regimen in Older Individuals», *Journal of the American Geriatrics Society* 59, n.º 2 (2011), pp. 224-232; Li, Junxin *et al.*, «Afternoon Napping and Cognition in Chinese Older Adults: Findings from the China Health and Retirement Longitudinal Study Baseline Assessment», *Journal of the American Geriatrics Society* 65, n.º 2 (2016), pp. 373-380.

[47] Milner, Catherine E. y Cote, Kimberly A., «Benefits of Napping in Healthy Adults: Impact of Nap Length, Time of Day, Age, and Experience with Napping», Journal of Sleep Research 18, n.º 2 (2009), pp. 272-281.

[48] Esto ocurre especialmente cuando se acompaña de luz brillante. Ver Kaida, Kosuke, Takeda, Yuji y Tsuzuki, Kazuyo, «The Relationship Between Flow,

La siesta también mejora nuestra salud general. Un amplio estudio realizado en Grecia, que observó a 23 000 personas a lo largo de seis años, reveló que, teniendo en cuenta otros factores de riesgo, las personas que dormían la siesta eran hasta un 37% menos propensas que otras a morir de una enfermedad cardíaca, «un efecto del mismo orden de magnitud que tomarse una aspirina o hacer ejercicio cada día».[49] Dormir la siesta refuerza nuestro sistema inmune.[50] Y un estudio británico descubrió que simplemente hacer una siesta puede reducir la presión sanguínea.[51]

Sin embargo, después de asimilar estas pruebas, seguía siendo un escéptico de la siesta. Una razón por la que no me gustaba la siesta es que al despertar me sentía como si alguien me hubiese inyectado harina de avena en la sangre y hubiese sustituido mi cerebro por trapos grasientos. Después descubrí algo fundamental: lo estaba haciendo mal.

Aunque las siestas de entre 30 y 90 minutos pueden producir algunos beneficios a largo plazo, tienen algunos costos excesivos. Las siestas ideales —las que combinan eficacia con eficiencia— son mucho más cortas, normalmente de entre 10 y 30 minutos.

Sleepiness and Cognitive Performance: The Effects of Short Afternoon Nap and Bright Light Exposure», Industrial Health 50, n.º 3 (2012), pp. 189-196.

49 Bakalar, Nicholas, «Regular Midday Snoozes Tied to a Healthier Heart», *The New York Times*, 13 de febrero de 2007, informando de Naska, Androniki *et al.*, «Siesta in Healthy Adults and Coronary Mortality in the General Population», *Archives of Internal Medicine* 167, n.º 3 (2007), pp. 296-301. Nota de advertencia: este estudio mostró una correlación entre la siesta y un menor riesgo de padecer enfermedades cardíacas, no que la siesta tuviese necesariamente ese beneficio.

50 Faraut, Brice *et al.*, «Napping Reverses the Salivary Interleukin-6 and Urinary Norepinephrine Changes Induced by Sleep Restriction», *Journal of Clinical Endocrinology & Metabolism* 100, n.º 3 (2015), E416-426.

51 Zaregarizi, Mohammad *et al.*, «Acute Changes in Cardiovascular Function During the Onset Period of Daytime Sleep: Comparison to Lying Awake and Standing», *Journal of Applied Physiology* 103, n.º 4 (2007), pp. 1332-1338.

Por ejemplo, un estudio australiano publicado en la revista *Sleep* reveló que las siestas de 5 minutos no ayudaban mucho a reducir el cansancio, aumentar el vigor o la agudeza mental. Pero las siestas de 10 minutos tenían unos efectos positivos que duraban cerca de tres horas. Las siestas más cortas también eran eficaces. Pero una vez que la siesta se alargaba más allá de la marca de los 20 minutos, el cuerpo y el cerebro empezaban a pagar un precio.[52] Ese precio se conoce como «inercia del sueño», la sensación confusa y pantanosa que yo solía tener al despertar. Tener que recuperarse de la inercia del sueño —todo el tiempo gastado en salpicarme agua en la cara, en agitar el torso como un golden retriever empapado, y buscar en los cajones del escritorio dulces para meter algo de azúcar en el organismo— merma los beneficios de la siesta, como explica esta gráfica.

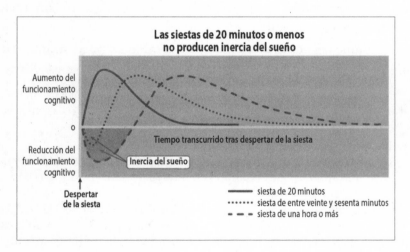

Con siestas de entre 10 y 20 minutos, el efecto sobre el funcionamiento cognitivo es positivo desde el momento de despertar. Pero, con cabezadas ligeramente más largas, la siesta entra en te-

[52] Brooks, Amber y Lack, Leon C., «A Brief Afternoon Nap Following Nocturnal Sleep Restriction: Which Nap Duration Is Most Recuperative?», *Sleep* 29, n.º 6 (2006), pp. 831-840.

rritorio negativo —es decir, en la inercia del sueño— y tiene que subir hasta encontrar la salida. Y con siestas de más de una hora, el funcionamiento cognitivo disminuye durante más tiempo antes de que alcance un estado anterior al de la siesta y acabe volviéndose positivo.[53] En general, según la conclusión de un análisis fruto de más de veinte años de investigación, para los adultos sanos «lo ideal sería dormir una siesta de entre 10 y 20 minutos». Esas siestas breves «son perfectas en entornos laborales, donde se suele requerir un rendimiento inmediato tras despertar».[54]

Pero también me enteré de que estaba cometiendo otro error. No solo estaba durmiendo el tipo equivocado de siesta, tampoco estaba utilizando un potente fármaco (legal) que mejorara los beneficios de una siesta corta. Parafraseando a T.S. Eliot, deberíamos medir nuestras siestas con cucharadas de café.

Un estudio respalda este argumento. Los investigadores dividieron a los participantes del experimento en tres grupos y les dejaron hacer una pausa de 35 minutos a media tarde antes de pedirles que se sentaran en un simulador de conducción. El primero tomó una píldora placebo. El segundo tomó 200 mg de cafeína. El tercero tomó esos mismos 200 mg de cafeína y durmió una breve siesta. Cuando llegó el momento de actuar, el grupo que solo había tomado la cafeína superó al grupo que había tomado el placebo. Pero el grupo que había ingerido la cafeína y después había dormido una siesta ganó con facilidad a los otros dos.[55] Puesto que la cafeína tarda unos 25 minutos en llegar al flujo sanguíneo,

53 Tietzel, Amber J. y Lack, Leon C., «The Recuperative Value of Brief and Ultra-Brief Naps on Alertness and Cognitive Performance», *Journal of Sleep Research* 11, n.º 3 (2002), pp. 213-218.
54 Milner, Catherine E. y Cote, Kimberly A., «Benefits of Napping in Healthy Adults: Impact of Nap Length, Time of Day, Age, and Experience with Napping», *Journal of Sleep Research* 18, n.º 2 (2009), pp. 272-281.
55 Reyner, Luise A. y Horne, James A., «Suppression of Sleepiness in Drivers: Combination of Caffeine with a Short Nap», *Psychophysiology* 34, n.º 6 (1997), pp. 721-725.

la pastilla actuaba como un segundo estímulo en el momento de terminar la siesta. Otros investigadores se han encontrado los mismos resultados: que la cafeína, normalmente en forma de café, seguida de una siesta de entre 10 y 20 minutos, es la técnica ideal para prevenir la somnolencia y mejorar el rendimiento.[56]

En cuanto a mí, después de haber experimentado algunos meses con siestas vespertinas de 20 minutos, me he convertido. He pasado de ser un detractor de la siesta a un devoto, de ser una persona que se avergüenza de la siesta a ser una que disfruta de la mezcla del café seguido de una siesta conocida como *napuccino* [del inglés *nap*, siesta, y capuccino].[57]

Una defensa de la siesta moderna

Hace una década, el gobierno de España tomó una medida que parecía claramente antiespañola: suprimió oficialmente la siesta. Durante siglos, los españoles habían disfrutado de un descanso vespertino, a menudo volviendo a casa para comer con la familia e incluso echar una cabezadita. Pero España, con su aletargada economía, estaba decidida a afrontar las realidades del siglo XXI. Ahora que trabajan los dos progenitores, y la globalización endurece la competición llevándola a escala mundial, esta adorable práctica estaba sofocando la prosperidad española.[58] Los estadounidenses

---

[56] Hayashi, Mitsuo, Masuda, Akiko, y Hori, Tadao, «The Alerting Effects of Caffeine, Bright Light and Face Washing After a Short Daytime Nap», *Clinical Neurophysiology* 114, n.º 12 (2003), pp. 2268-2278.

[57] Ver en el «Manual del hacker del tiempo» de este capítulo las instrucciones de la *napuccino* y cómo echarse una siesta perfecta.

[58] McLean, Renwick, «For Many in Spain, Siesta Ends», *The New York Times*, 1 de enero de 2006; Yardley, Jim, «Spain, Land of 10 P.M. Dinners, Asks If It's Time to Reset Clock», *The New York Times*, 17 de febrero de 2014; Mayo, Margarita, «Don't Call It the 'End of the Siesta': What Spain's New Work Hours Really Mean», *Harvard Business Review*, 13 de abril de 2016.

aplaudieron la medida. España estaba por fin tratando el trabajo con suficiente seriedad y austeridad. Por fin, la vieja Europa se estaba modernizando.

Pero ¿y si esta práctica ahora eliminada fuese en realidad un golpe de ingenio, y no tanto una reliquia indulgente como una innovación que estimula la productividad? En este capítulo hemos visto que los descansos son importantes, que incluso los pequeños descansos pueden tener un gran efecto. Los descansos de la vigilancia previenen errores letales. Las pausas reconstituyentes mejoran el rendimiento. Los almuerzos y las siestas nos ayudan a sortear el valle y a sacar más y mejor trabajo por la tarde. Un creciente *corpus* científico lo atestigua: las pausas no son una señal de pereza, sino de fortaleza.

Así que en vez de celebrar la muerte de la siesta, quizá debiéramos considerar resucitarla, aunque en un formato más apropiado para la vida laboral contemporánea. La palabra «siesta» proviene del latín *hora sexta*. Era en la sexta hora del día desde el amanecer cuando solían empezar estos descansos. En la Antigüedad, cuando la mayoría de la gente trabajaba al aire libre y aún faltaban algunos miles de años para la llegada de la climatización interior, escapar del sol de mediodía era un imperativo fisiológico.

Asimismo, el Corán, que hace mil años identificó las etapas del sueño en sintonía con la ciencia moderna, también llama al descanso a mediodía. Es «una práctica profundamente arraigada en la cultura musulmana, y adquiere una dimensión religiosa (*Sunna*) para algunos musulmanes», dice un estudioso.[59]

Quizá los descansos puedan arraigar como práctica organizacional con una dimensión científica y laica.

La siesta moderna no significa darle a todo el mundo dos o tres horas libres a mitad del día. Eso no es realista. Pero sí tratar

---

[59] BaHammam, Ahmed S., «Sleep from an Islamic Perspective», *Annals of Thoracic Medicine* 6, n.º 4 (2011), pp. 187-192.

los descansos como un componente esencial de la arquitectura de una organización; entender los descansos no como una concesión generosa, sino como una decisión práctica. Significa desincentivar los tristes almuerzos de escritorio y animar a la gente a salir 45 minutos. Significa proteger y ampliar los recreos de los niños en la escuela, en vez de eliminarlos. Quizá signifique, incluso, seguir el ejemplo de Ben & Jerry's, Zappos, Uber y Nike, que han creado espacios para que sus empleados duerman la siesta en sus oficinas. (Por desgracia, seguramente no signifique regular por ley una hora de descanso semanal para que los empleados vayan a casa a tener sexo, como ha propuesto un ayuntamiento sueco).[60]

Sobre todo, significa cambiar nuestro modo de pensar sobre lo que hacemos y cómo podemos hacerlo de manera eficaz. Hasta hace aproximadamente diez años, admirábamos a los que podían sobrevivir durmiendo solo 4 horas y a esos incondicionales que trabajaban por la noche. Eran héroes, personas cuya extrema devoción y compromiso exponían la ineficiencia y fragilidad de los demás. Después, a medida que la ciencia del sueño fue consolidándose, empezamos a cambiar de parecer. Ese tipo en vela no era un héroe. Era un idiota. Seguramente estaba haciendo un trabajo de menor calidad y quizá perjudicándonos a los demás por sus malas decisiones.

Los descansos están en el lugar donde estaba antes el sueño. Saltarse el almuerzo era un distintivo honorífico y echarse la siesta una marca de oprobio. Ya no. La ciencia de los tiempos afirma ahora lo que el viejo continente ya había entendido: que debemos darnos un descanso.

---

[60] Bilefsky, Dan y Anderson, Christina, «A Paid Hour a Week for Sex? Swedish Town Considers It», *The New York Times*, 23 de febrero de 2017.

Manual del hacker del tiempo
CAPÍTULO 2

Haz una lista de pausas

Probablemente tendrás una lista de tareas pendientes. Ahora toca crear una «lista de pausas», prestarle la misma atención y tratarla con idéntico respeto. Cada día, junto a tu lista de tareas que debes completar, reuniones a las que asistir y fechas límite que cumplir, haz una lista de las pausas que vas a hacer.

Para empezar, prueba con tres pausas al día. Haz una lista de los momentos en que vas a hacer esas pausas, cuánto van a durar y qué vas a hacer en cada una de ellas. Aún mejor: pon las pausas en el calendario de tu teléfono o tu computadora para que te avise con uno de esos molestos pitidos metálicos. Recuerda: lo que queda agendado queda hecho.

Cómo echarse la siesta perfecta

Como he explicado, he descubierto algunos errores en mi forma de dormir la siesta y he aprendido los secretos de la siesta perfecta. Simplemente sigue estos pasos:

1. **Encuentra tu valle de la tarde.** La Clínica Mayo dice que el mejor momento para dormir la siesta es entre las 14:00 y las 15:00 horas.[1] Pero si quieres ser más preciso, tómate una semana para registrar tu estado y tus niveles de energía por la tarde, como se explica en las páginas 59-62. Seguramente verás un bloque de tiempo fijo en el que la cosa decae; para muchas personas es unas siete horas después de levantarse. Ese es tu momento óptimo para dormir la siesta.

2. **Crea un entorno apacible.** Desactiva las notificaciones de tu teléfono. Si tienes una puerta, ciérrala. Si tienes un sofá, úsalo. Para aislarte del ruido y de la luz, utiliza tapones o cascos y antifaz.

3. **Tómate un café.** En serio. La siesta más eficaz es el *napuccino*. La cafeína tardará unos 25 minutos en entrar del todo en el flujo sanguíneo, así que tómatelo justo antes de echarte. Si no sueles tomar café, busca en internet una bebida alternativa que proporcione unos 200 mg de cafeína. (Si no quieres tomar cafeína, sáltate este paso. Y reconsidera tus decisiones personales).

4. **Pon una alarma en el teléfono a los 25 minutos.** Si duermes la siesta durante más de media hora, la inercia del sueño se apodera y necesitas más tiempo para recuperarte. Si duermes menos de 25 minutos, no obtienes mucho beneficio. Pero las siestas de entre 10 y 20 minutos estimulan de manera cuantificable el estado de alerta y la función cognitiva, y no te deja más somnoliento que antes. Como la mayoría de la gente tarda unos 7 minutos en quedarse dormida, el contador de 25 minutos es ideal. Y, por supuesto, para cuando despiertas, la cafeína está empezando a surtir efecto.

---

[1] Personal de la Clínica Mayo, «Napping: Do's and Don'ts for Healthy Adults», disponible en <https://www.mayoclinic.org/healthy-lifestyle/adult-health/in-depth/napping/art-20048392>.

5. **Mantén la constancia.** Se ha demostrado que las personas que duermen la siesta de forma habitual obtienen un mayor beneficio que quienes la duermen con menos frecuencia. Así que, si tienes flexibilidad para dormir regularmente la siesta, plantéate convertirlo en un ritual. Si no tienes flexibilidad, elige los días en que estás realmente que te caes: cuando no has dormido lo suficiente la noche anterior, o el estrés y las exigencias del día son más pesadas de lo normal. Notarás la diferencia.

Cinco tipos de pausas reconstituyentes: un menú

Ahora ya entiendes la ciencia de las pausas y por qué son tan eficaces tanto para combatir el valle como para estimular el ánimo y el rendimiento. Ya tienes incluso una lista de pausas preparada. Pero ¿qué tipo de pausas deberías hacer? No hay una respuesta correcta. Simplemente elige uno de los siguientes menús o combina algunos, comprueba qué tal funcionan y diseña las pausas que mejor te funcionen:

1. **Micropausas:** Una pausa para recobrar fuerza no tiene por qué ser larga. Incluso las pausas que duran un minuto o menos —lo que los investigadores llaman «micropausas»— pueden dar dividendos.[2] Consideremos estas:
   - *La regla de oro de* 20-20: Antes de iniciar una tarea, pon un temporizador. Entonces, cada 20 minutos, dirige la mirada a algo que está a unos 6 metros durante 20 segundos. Si trabajas con una computadora, esta micro-

2 Zacher, Hannes, Brailsford, Holly A., y Parker, Stacey L., «Micro-Breaks Matter: A Diary Study on the Effects of Energy Management Strategies on Occupational Well-Being», *Journal of Vocational Behavior* 85, n.º 3 (2014), pp. 287-297.

pausa te hará descansar la vista y corregir la postura, y ambas cosas pueden combatir la fatiga.

- *Hidratación*: Seguramente ya tienes una botella de agua. Toma una mucho más pequeña. Cuando se acabe —que se acabará, por su tamaño— ve a la fuente y rellénala. Es un tres en uno: hidratación, movimiento y reconstitución.
- *Sacude el cuerpo para reiniciar la cabeza*: Una de las pausas más sencillas de todas: ponte en pie durante 60 segundos, agita los brazos y las piernas, flexiona los músculos, gira el torso y siéntate otra vez.

2. **Pausas de movimiento:** La mayoría de nosotros pasamos demasiado tiempo sentados y no nos movemos mucho. Así que incorpora más movimiento a tus pausas. Algunas opciones:

- *Da un paseo de 5 minutos cada hora*: Como hemos aprendido, las pausas para pasear 5 minutos son muy poderosas. Son factibles para la mayoría de la gente. Y son especialmente útiles durante el valle.
- *Yoga de oficina*: Puedes hacer posturas de yoga en tu escritorio —ejercicios en la silla de ruedas, relajación de muñecas, flexiones hacia delante— para aliviar la tensión del cuello y la zona lumbar, calentar los dedos después de tanto teclear y relajar los hombros. Quizá esto no le funcione a todo el mundo, pero todo el mundo puede probarlo. Simplemente teclea «yoga de oficina» en un buscador.
- *Flexiones*: Sí, flexiones. Haz dos al día durante una semana. Después, cuatro al día la siguiente semana y seis al día en lo sucesivo. Estimularás el ritmo cardíaco, te quitarás las telarañas cognitivas y quizá te pongas un poco más fuerte.

3. **Pausa en la naturaleza:** Esto puede sonar un poco ecologista, pero un estudio tras otro han demostrado los efectos

reponedores de la naturaleza. Es más: las personas subestiman constantemente lo bien que la naturaleza las hace sentir. Elige:

- *Salir a dar un paseo*: Si tienes unos minutos y estás cerca de un parque, vete a dar una vuelta. Si trabajas en casa y tienes perro, sácalo a dar una vuelta.
- *Sal a la calle*: Si hay árboles y un banco detrás de tu edificio, siéntate en él durante unos minutos.
- *Haz como si estuvieses en la calle*: Si lo único que puedes hacer es mirar alguna planta de interior o a los árboles que se ven por la ventana, en fin: los estudios sugieren que eso también ayudará.

4. **Pausa social:** No la hagas solo. Al menos, no siempre. Las pausas sociales son eficaces, especialmente cuando eres tú quien decide con quién y cómo. Algunas ideas:

- *Comunícate y contacta con alguien*: Llama a alguien con quien no hayas hablado desde hace un tiempo y ponte al día en 5 o 10 minutos. Reavivar esos «vínculos dormidos» también es una forma estupenda de fortalecer tus redes.[3] O aprovecha el momento para dar las gracias —mediante una nota, un correo electrónico o una visita— a alguien que te haya ayudado. La gratitud —que es una potente mezcla de sentido y conexión social— es un reconstituyente poderoso.[4]
- *Prográmala*: Planea un paseo habitual o ve a la máquina de café o a la sesión semanal de chismes con compañeros que te caigan bien. Un beneficio adicional de las pausas

---

3   Levin, Daniel Z., Walter, Jorge y Murnighan, J. Keith, «The Power of Reconnection: How Dormant Ties Can Surprise You», *MIT Sloan Management Review* 52, n.º 3 (2011), pp. 45-50.
4   Peterson, Christopher *et al.*, «Strengths of Character, Orientations to Happiness, and Life Satisfaction», *Journal of Positive Psychology* 2, n.º 3 (2007), pp. 149-156.

sociales es que es más probable que la hagas si alguien está contando contigo. O hazte el sueco y prueba lo que los suecos llaman *fika*: una pausa para el café en toda regla que es la supuesta clave de los altos niveles de satisfacción y productividad entre los trabajadores suecos[5]

- *No la programes*: Si tu horario es tan apretado para hacer algo regularmente, invita un café a alguien esta semana. Llévaselo. Siéntate y habla sobre algo distinto al trabajo durante 5 minutos.

5. **Pausa para hacer un cambio de marcha mental**: El cerebro sufre fatiga tanto como el cuerpo, y ese es un factor muy importante en el valle. Dale un respiro a tu cerebro probando esto:

- *Medita*: La meditación es una de las pausas —y micropausas— más eficaces.[6] Consulta el material de la UCLA <http://marc.ucla.edu/mindful-meditations>, que ofrece guías de meditación de incluso 3 minutos.

- *Respiración controlada*: ¿Tienes 45 segundos? Entonces, como explica *The New York Times*: «Respira hondo, inflando el abdomen. Mantén. Cuenta hasta cinco y después espira lentamente. Repítelo cuatro veces».[7] A esto se le llama «respiración controlada» y puede apisonar las hormonas del estrés, afilar el pensamiento e incluso estimular tu sistema inmune: todo en menos de un minuto.

[5] Ver Brones, Anna y Kindvall, Johanna, Fika: *The Art of the Swedish Coffee Break*, Ten Speed Press, Berkeley, 2015; Quito, Anne, «This Four-Letter Word Is the Swedish Key to Happiness at Work», *Quartz*, 14 de marzo de 2016.

[6] Fritz, Charlotte, Fu Lam, Chak y Spreitzer, Gretchen M., «It's the Little Things That Matter: An Examination of Knowledge Workers' Energy Management», *Academy of Management Perspectives* 25, n.º 3 (2011), pp. 28-39.

[7] Alderman, Lesley, «Breathe. Exhale. Repeat: The Benefits of Controlled Breathing», *The New York Times*, 9 de noviembre de 2016.

- *Tómatelo menos en serio*: Escucha un *podcast* cómico. Lee un libro de humor. Si no puedes tener un poco de privacidad, ponte los auriculares y expláyate durante un par de canciones. Un estudio aportó pruebas incluso sobre los efectos reponedores de ver videos de perros.[8] (Sí, en serio).

Crea tu propio tiempo muerto dentro y fuera de la lista de tareas

A veces no es posible desconectarse del todo de una tarea o proyecto importante para hacer una pausa reconstituyente. Cuando tu equipo y tú tienen que seguir sin parar para sacar un trabajo aunque estén en el valle, es el momento de hacer un descanso de la vigilancia que combina una pausa con una lista de tareas.

Esta es la forma de planificarlo:

Si tienes una tarea o un proyecto que va a necesitar que estés vigilante y concentrado constantemente, incluso a lo largo del valle, busca una etapa en mitad de la tarea para programar una pausa. Planifícala creando una lista de tareas para el valle, parecida a las tarjetas verde lima utilizadas en el Centro Médico de la Universidad de Michigan.

Por ejemplo, imagina que tu equipo tiene que entregar una propuesta importante antes de las 17:00 horas de hoy. Nadie puede permitirse salir a dar una vuelta. En vez de eso, programa una pausa dos horas antes de la hora límite para que todo el mundo se reúna. La lista de tareas debería decir:

---

[8] Finkbeiner, Kristen M., Russell, Paul N. y Helton, William S., «Rest Improves Performance, Nature Improves Happiness: Assessment of Break Periods on the Abbreviated Vigilance Task», *Consciousness and Cognition,* 42 (2016), pp. 277-285.

1. Todo el mundo deja lo que está haciendo, da un paso atrás y respira hondo.

2. Cada miembro del equipo se toma 30 segundos para informar de sus progresos.

3. Cada miembro del equipo se toma 30 segundos para explicar su próximo paso.

4. Cada miembro del equipo responde esta pregunta: ¿Qué nos está faltando?

5. Decide quién se encargará de las cosas que faltan.

6. Programa otra pausa, si es necesario.

Haz las pausas como un profesional

Anders Ericsson es «el experto mundial en expertos mundiales».[9] Ericsson, un psicólogo que estudia a las personas con un rendimiento extraordinario, descubrió que entre la élite del rendimiento hay un elemento común: son muy buenos haciendo pausas. La mayoría de los músicos y atletas expertos empiezan a practicar en serio sobre las nueve de la mañana, alcanzan su pico a última hora de la mañana, descansan por la tarde y practican unas horas más por la noche. Por ejemplo, el patrón de práctica de los violinistas más consumados tiene este aspecto:

---

[9] Duckworth, Angela, *Grit: The Power of Passion and Perseverance*, Scribner, Nueva York, 2016, p. 118. (Hay versión española de Núria Martí, *Grit: el poder de la pasión y la perseverancia*, Urano, Barcelona, 2016).

¿Reconoces la forma?

En el estudio de Ericsson, un factor que distinguía a los mejores de los demás es que hacían pausas completas durante la tarde (muchos tenían incluso la costumbre de dormir la siesta), mientras que los no expertos eran menos rigurosos con los descansos. Podríamos pensar que las superestrellas funcionan todo el día seguido, sin cesar. En realidad, practican con más concentración en arranques que duran entre 45 y 90 minutos, y después hacen importantes pausas reconstituyentes.

Tú puedes hacer lo mismo. Haz pausas como un profesional y quizás acabes siéndolo.

Dejen que los niños descansen: una obstinada defensa del recreo

Las escuelas se están poniendo duras. Especialmente en Estados Unidos, están adoptando un sistema donde los exámenes son muy decisivos, las evaluaciones de los profesores muy estrictas y el enfoque sobre la rendición de cuentas muy exigente. Algunas de estas medidas tienen sentido, pero la guerra contra la debilidad ha cobrado una víctima importante: el recreo.

Alrededor del 40% de las escuelas estadounidenses (en particular las escuelas con un gran número de estudiantes de color con bajos ingresos) han eliminado el recreo o lo han unido a la comida.[10] El razonamiento que se sigue es que, cuando hay futuros en juego, las escuelas no pueden permitirse la frivolidad del recreo. Por ejemplo, en 2016, la Asamblea Legislativa de Nueva Jersey aprobó un proyecto de ley con el apoyo de los dos grandes partidos que estipulaba solo 20 minutos de recreo al día para los grados entre preescolar y quinto en las escuelas públicas. Pero el gobernador Chris Christie lo vetó, explicando con un lenguaje que recordaba al patio de una escuela: «Era un proyecto de ley tonto».[11]

Toda esta supuesta firmeza es un error de concepto. Las pausas y los recreos no son desviaciones del aprendizaje. Son parte del aprendizaje.

Años de investigación han demostrado los beneficios del recreo para los alumnos en casi todos los ámbitos de sus cortas vidas. Los niños que tienen recreo trabajan más duro, se enredan menos y se concentran con mayor intensidad.[12] A menudo sacan mejores calificaciones que los que tienen menos recreos.[13] Desarrollan

[10] Pappas, Stephanie, «As Schools Cut Recess, Kids' Learning Will Suffer, Experts Say», *Live Science* (2011). Disponible en <https://www.livescience.com/15555-schools-cut-recess-learning-suffers.html>.

[11] Brodesser-Akner, Claude, «Christie: 'Stupid' Mandatory Recess Bill Deserved My Veto» NJ.com, 20 de enero de 2016, disponible en <http://www.nj.com/politics/index..ssf/2016/01/christie_stupid_law_assuring_kids_recess_deserved.html>.

[12] Jarrett, Olga S. *et al.*, «Impact of Recess on Classroom Behavior: Group Effects and Individual Differences», *Journal of Educational Research* 92, n.º 2 (1998), pp. 121-126.

[13] Rasberry, Catherine N. *et al.*, «The Association Between School-Based

mejor las habilidades sociales, muestran más empatía y provocan menos interrupciones.[14] Incluso comen de forma más sana.[15] En resumen: si quieres que tus hijos prosperen, déjalos salir de clase.

¿Qué pueden hacer las escuelas para aprovechar las ventajas del recreo? Aquí van seis puntos orientativos:

1. **Programa el recreo para antes de comer.** Un descanso de 15 minutos es suficiente, y es el momento más propicio para la concentración de los niños. También les abre el apetito, así que comen mejor a la hora del almuerzo.

2. **Pásate al minimalismo.** Los recreos no tienen que estar fuertemente estructurados, ni necesitan un equipamiento especializado. Los niños extraen beneficios de negociar sus propias normas.

3. **No tacañees.** En Finlandia, un país con uno de los sistemas educativos con mayor tasa de rendimiento del mundo, los alumnos tienen una pausa de 15 minutos cada hora. Algunas escuelas estadounidenses —por ejemplo, la escuela primaria de Eagle Mountain de Fort Worth, Texas— han seguido el modelo finés y han mejorado el aprendizaje al dar cuatro recreos al día a los alumnos más pequeños.[16]

Physical Activity, Including Physical Education, and Academic Performance: A Systematic Review of the Literature», *Preventive Medicine* 52 (2011), S10–20.

14 Barros, Romina M., Silver, Ellen J., y Stein, Ruth E. K., «School Recess and Group Classroom Behavior», *Pediatrics* 123, n.º 2 (2009), pp. 431-436; Pellegrini, Anthony D. y Bohn, Catherine M., «The Role of Recess in Children's Cognitive Performance and School Adjustment», *Educational Researcher* 34, n.º 1 (2005), pp. 13-19.

15 Alvarez Boyd, Sophia, «Not All Fun and Games: New Guidelines Urge Schools to Rethink Recess», National Public Radio, 1 de febrero de 2017.

16 Walker, Timothy D., «How Kids Learn Better by Taking Frequent Breaks Throughout the Day», *KQED News Mind Shift*, 18 de abril de 2017; Connelly, Christopher, «More Playtime! How Kids Succeed with Recess

4. **Dales un respiro a los profesores.** Programa descansos en los turnos para que los profesores puedan alternar las tareas de vigilancia con pausas para sí mismos.

5. **No sustituyas la educación física.** Una educación física estructurada es una parte distinta del aprendizaje, no una sustituta del recreo.

6. **Todos los niños, todos los días.** Evita privarlos del recreo como forma de castigo. Es fundamental para el éxito de cada niño, también de los que meten la pata. Asegúrate de que todos los niños tienen recreo todos los días de clase.

Four Times a Day at School», *KQED News*, 4 de enero de 2016.

Segunda parte
COMIENZOS, FINALES Y MITADES

3. Comienzos
Empezar bien, empezar otra vez y empezar juntos

«Todo es comenzar a ser venturosas».

MIGUEL DE CERVANTES,
DON QUIJOTE

Cada viernes, los Centros para el Control y la Prevención de Enfermedades (CCPE) de Estados Unidos, el organismo del gobierno responsable de proteger a los ciudadanos estadounidenses de las amenazas para la salud, publican un documento llamado *Morbidity and Mortality Weekly Report* [*Informe semanal sobre morbidez y mortalidad*, MMWR]. Aunque el MMWR tiene la prosa poco ágil de muchos documentos gubernamentales, sus contenidos pueden ser tan terroríficos como una novela de Stephen King. Cada edición ofrece un fresco menú de amenazas; no solo hitos de la cartelera como el ébola, la hepatitis y el virus del Nilo Occidental, sino también peligros menos conocidos como la peste neumónica humana, la rabia en los perros importados de Egipto y los elevados niveles de monóxido de carbono en las pistas de patinaje cubiertas. Los contenidos íntegros del MMWR en la primera semana de agosto de 2015 no eran más alarmantes de lo habitual. Pero para los padres estadounidenses, el principal artículo, de cinco páginas, era escalofriante. Los CCPE habían identificado una enfermedad que amenazaba a aproximadamente 26 millones de adolescentes estadounidenses. Esta amenaza, mostraba el informe, estaba bombardeando a los jóvenes con una granizada de peligros:

- Aumento de peso y una mayor probabilidad de tener sobrepeso.
- Síntomas de depresión clínica.
- Menor rendimiento académico.
- Mayor propensión a «adoptar conductas de riesgo insalubres como beber, fumar tabaco y consumir drogas ilegales».[1]

Mientras, unos investigadores de la Universidad de Yale estaban muy atareados identificando una amenaza para algunos de los hermanos y hermanas mayores de estos atribulados adolescentes. Este peligro no afectaba a su salud física o emocional —al menos por el momento—, pero estaba disminuyendo su esperanza de vida. Estos hombres y mujeres, con edades comprendidas entre los 25 y los 30 años, estaban estancados. Aunque se habían graduado en la universidad, estaban ganando menos de lo que hubieran esperado con un título de bachillerato, y bastante menos que otras personas que se habían graduado unos años antes. Y este no era un problema a corto plazo. Iban a sufrir unos salarios más reducidos durante una década, quizá más tiempo. Este grupo de veinteañeros no era tampoco el único. Algunos de sus padres, que se habían graduado a principios de la década de 1980, habían sufrido la misma situación y estaban intentando sacudirse sus residuos.

¿Qué salió mal para tantas personas?

La respuesta completa es una mezcla compleja de biología, psicología y políticas públicas. Pero la explicación básica es sencilla: estaban sufriendo porque habían partido en un mal comienzo.

---

[1] Wheaton, Anne G., Ferro, Gabrielle A. y Croft, Janet B., «School Start Times for Middle School and High School Students-United States, 2011-2012 School Year», Morbidity and Mortality Weekly Report 64, n.º 3 (7 de agosto de 2015), pp. 809-813.

En el caso de los adolescentes, estaban empezando la jornada escolar demasiado pronto, y eso estaba perjudicando su capacidad de aprendizaje. En el caso de los veinteañeros, e incluso algunos de sus padres, habían empezado sus carreras, sin tener ninguna culpa, durante un período de recesión, y eso estaba mermando sus ingresos muchos años después de su primer trabajo.

Cuando nos enfrentamos a problemas tan irritantes como los adolescentes que no rinden o unos sueldos recortados, solemos buscar soluciones en el ámbito del *qué*. ¿Qué está haciendo mal la gente? ¿Cómo pueden hacerlo mejor? ¿Qué pueden hacer los demás para ayudar? Pero con mayor frecuencia de la que creemos, las respuestas más poderosas merodean en el ámbito del *cuándo*. En particular, cuándo empezamos —la jornada escolar, una carrera profesional— puede ser un factor muy influyente en nuestra suerte personal y colectiva. Para los adolescentes, empezar las clases antes de las 8:30 horas puede ser perjudicial para su salud y afectar a sus calificaciones, lo que, a su vez, puede limitar sus posibilidades y alterar la trayectoria de sus vidas. Para las personas algo más mayores, empezar una carrera profesional en una economía débil puede restringir sus oportunidades y reducir su poder adquisitivo hasta bien entrada la madurez. El impacto de los comienzos es mucho mayor de lo que la mayoría entendemos. Los comienzos, de hecho, pueden ser importantes para el final.

Aunque no siempre podemos determinar cuándo empezamos, podemos influir en cierta medida en los comienzos, y bastante en las consecuencias cuando estos no son los más ideales. La receta es clara. En la mayoría de nuestras iniciativas, deberíamos prestar atención al poder de los comienzos y apuntar hacia un comienzo fuerte. Si eso falla, podemos intentar empezar de nuevo. Si el comienzo no depende de nosotros, podemos sumarnos a otros e intentar hacer un comienzo de grupo. Estos son los tres principios de los comienzos exitosos: empieza bien. Empieza otra vez. Empiecen juntos.

Empezar bien

En la preparatoria estudié francés cuatro años. No recuerdo mucho de lo que aprendí, pero un aspecto de la clase de francés que sí recuerdo podría explicar algunas de mis deficiencias. La clase de *mademoiselle* Inglis era a primera hora, sobre las 7:55 horas, creo. Solía hacernos entrar en calor con la pregunta que los profesores de francés —desde las academias de idiomas europeas del siglo XVII hasta mi propia escuela pública en el centro de Ohio en los años ochenta— siempre les han hecho a sus alumnos: *Comment allez-vous?*, «¿Cómo están?».

En la clase de Mlle. Inglis todas las respuestas de todos los alumnos todas las mañanas eran la misma: *Je suis fatiguée*, «Estoy cansado». Richard estaba *fatigué*. Lori estaba *fatigué*. Yo mismo estaba muchas veces *très fatigué*. Para un francoparlante que viniera a vernos, mis 26 compañeros y yo daríamos probablemente la impresión de estar sufriendo una extraña forma de narcolepsia colectiva. *Quelle horreur! Tout le mond est fatigué!*

Pero la explicación es menos exótica. Solo éramos adolescentes intentando utilizar el cerebro antes de las ocho de la mañana.

Como expliqué en el primer capítulo, los jóvenes empiezan a experimentar los cambios más profundos en la cronobiología de sus vidas alrededor de la pubertad. Se quedan dormidos más tarde por la noche y, dejados de la mano de sus imperativos biológicos, se despiertan más tarde por la mañana; una fase de típico búho que se alarga hasta poco después de cumplir los 20 años.

Sin embargo, la mayoría de las escuelas de secundaria de todo el mundo obligan a estos extremos búhos a tener unos horarios diseñados para alegres alondras de 7 años. El resultado es que los estudiantes adolescentes sacrifican horas de sueño y sufren las consecuencias. «Los adolescentes que duermen menos de lo que necesitan corren un mayor riesgo de depresión, suicidio, consumo de drogas y accidentes de coche», según la revista *Pediatrics*. «La evidencia también vincula dormir pocas horas con la obesidad y el debilitamiento del sistema inmune».[2] Mientras que los alumnos más jóvenes sacan mejores puntuaciones en las pruebas estandarizadas por la mañana, los adolescentes lo hacen mejor unas horas más tarde. Los arranques tempranos guardan una fuerte correlación con unas calificaciones y puntuaciones más bajas en los exámenes, especialmente en matemáticas y lengua.[3] De hecho, un estudio de la Universidad McGill y el Instituto Universitario de Salud Mental Douglas, ambos en Montreal, reveló que la cantidad de horas de sueño explicaba una gran parte de las diferencias en el rendimiento escolar en —¿adivinan?— las clases de francés.[4]

La evidencia de los perjuicios es tan significativa que en 2014 la Academia Americana de Pediatría (AAP) hizo una declaración normativa instando a las escuelas de secundaria y preparatorias a que no empezaran las clases antes de las 8:30 horas.[5] Unos años después, se sumó la voz de los CCPE, con la conclusión de que «retrasar los horarios de comienzo de las clases podía tener el máximo impacto en la población» estimulando el aprendizaje y bienestar de los adolescentes.

Muchos distritos escolares —desde Dobbs Ferry, Nueva York y Houston, Texas, hasta Melbourne, Australia— han tomado nota y han presentado unos resultados impresionantes. Por

2 Weintraub, Karen, «Young and Sleep Deprived», Monitor on Psychology 47, n.º 2 (2016), p. 46, citando a Keyes, Katherine M. et al., «The Great Sleep Recession: Changes in Sleep Duration Among US Adolescents, 1991-2012», Pediatrics 135, n.º 3 (2015), pp. 460-468.

3 Edwards, Finley, «Early to Rise? The Effect of Daily Start Times on Academic Performance», Economics of Education Review 31, n.º 6 (2012), pp. 970-983.

4 Gruber, Reut et al., «Sleep Efficiency (But Not Sleep Duration) of Healthy School-Age Children Is Associated with Grades in Math and Languages», Sleep Medicine 15, n.º 12 (2014), pp. 1517-1525.

5 Grupo de Trabajo sobre Sueño Adolescente, «School Start Times for Adolescents», Pediatrics 134, n.º 3 (2014), pp. 642-649.

ejemplo, en un estudio se analizaron los datos de tres años sobre 9 000 estudiantes de ocho preparatorias de Minnesota, Colorado y Wyoming que habían pasado sus horarios de inicio a las 8:35 horas. En estas escuelas creció la asistencia a clase y bajó la impuntualidad. Los alumnos sacaban mejores calificaciones «en las asignaturas básicas de matemáticas, inglés, ciencias y estudios sociales», y mejoró el rendimiento en los exámenes estandarizados en el nivel estatal y el nacional. En una escuela, el número de accidentes de coche entre conductores adolescentes cayó un 70% después de que se retrasara la hora de inicio de las clases de las 7:35 horas a las 8:55 horas.[6]

Otro estudio sobre 30 000 estudiantes de siete estados reveló que dos años después de retrasar la hora de comienzo de las clases, la tasa de graduación en las preparatorias creció más del 11%.[7] Un repaso a la bibliografía sobre los tiempos de inicio permite concluir que los comienzos más tardíos corresponden con «mejores tasas de asistencia, menos retrasos [...] y mejores calificaciones».[8] De manera igualmente importante, a los alumnos no solo les iba mejor en clase, sino también en muchos otros ámbitos de la vida. Un volumen considerable de estudios revela que retrasar los hora-

[6] Wahlstrom, Kyla et al., «Examining the Impact of Later High School Start Times on the Health and Academic Performance of High School Students: A Multi-Site Study», Center for Applied Research and Educational Improvement (2014). Ver también Vorona, Robert Daniel et al., «Dissimilar Teen Crash Rates in Two Neighboring Southeastern Virginia Cities with Different High School Start Times», Journal of Clinical Sleep Medicine 7, n.º 2 (2011), pp. 145-151.

[7] Malaspina McKeever, Pamela y Clark, Linda, «Delayed High School Start Times Later than 8:30 AM and Impact on Graduation Rates and Attendance Rates», Sleep Health 3, n.º 2 (2017), pp. 119-125; Crist, Carolyn, «Later School Start Times Catch on Nationwide», District Administrator, 28 de marzo de 2017.

[8] Wheaton, Anne G., Chapman, Daniel P. y Croft, Janet B., «School Start Times, Sleep, Behavioral, Health, and Academic Outcomes: A Review of the Literature», Journal of School Health 86, n.º 5 (2016), pp. 363-381.

rios de inicio de las clases mejora la motivación, estimula el bienestar emocional, reduce la depresión y disminuye la impulsividad.[9]

Los beneficios no solo son para los alumnos de preparatoria: se extienden también a los estudiantes universitarios. En la Academia de las Fuerzas Aéreas de Estados Unidos, retrasar el comienzo de las clases 50 minutos mejoró el rendimiento académico; cuanto más tarde empezaba ese primer período, más altas eran las calificaciones de los alumnos.[10] De hecho, un estudio sobre universitarios en Estados Unidos y Reino Unido, publicado en *Frontiers in Human Neuroscience*, concluye que el momento óptimo para la mayoría de las clases universitarias es después de las 11:00 horas.[11]

[9] Owens, Judith A., Belon, Katherine y Moss, Patricia, «Impact of Delaying School Start Time on Adolescent Sleep, Mood, and Behavior», Archives of Pediatrics & AdolescentMedicine 164, n.º 7 (2010), pp. 608-614; Perkinson-Gloor, Nadine, Lemola, Sakari y Grob, Alexander, «Sleep Duration, Positive Attitude Toward Life, and Academic Achievement: The Role of Daytime Tiredness, Behavioral Persistence, and School Start Times», Journal of Adolescence 36, n.º 2 (2013), pp. 311-318; Morgenthaler, Timothy I. *et al.*, «High School Start Times and the Impact on High School Students: What We Know, and What We Hope to Learn», Journal of Clinical Sleep Medicine 12, n.º 12 (2016), pp. 168-189; Boergers, Julie, Gable, Christopher J. y Owens, Judith A., «Later School Start Time Is Associated with Improved Sleep and Daytime Functioning in Adolescents», Journal of Developmental & Behavioral Pediatrics 35, n.º 1 (2014), pp. 11-17; Wahlstrom, Kyla, «Changing Times: Findings from the First Longitudinal Study of Later High School Start Times», NASSP Bulletin 86, n.º 633 (2002), pp. 3-21; Lufi, Dubi, Tzischinsky, Orna y Hadar, Stav, «Delaying School Starting Time by One Hour: Some Effects on Attention Levels in Adolescents», Journal of Clinical Sleep Medicine 7, n.º 2 (2011), pp. 137-143.
[10] Carrell, Scott E., Maghakian, Teny y West, James E., «A's from Zzzz's? The Causal Effect of School Start Time on the Academic Achievement of Adolescents», American Economic Journal: Economic Policy 3, n.º 3 (2011), pp. 62-81.
[11] Evans, M.D.R., Kelley, Paul y Kelley, Johnathan, «Identifying the Best Times for Cognitive Functioning Using New Methods: Matching University

Incluso el costo está bien. Cuando un economista analizó el sistema escolar de Wake County (Carolina del Norte), descubrió que «una hora de retraso en el comienzo de las clases hacía aumentar las puntuaciones de los exámenes estandarizados en matemáticas y lectura en tres puntos percentiles», con un mayor efecto en los estudiantes menos aventajados.[12] Pero como era economista, también calculó la proporción entre costo y beneficio de cambiar el horario, y llegó a la conclusión de que cuando se empezaba más tarde, la rentabilidad de la inversión educativa era mayor que casi cualquier otra iniciativa que pudiesen aplicar los legisladores, un punto de vista también reflejado en un análisis de la Brookings Institution.[13]

Sin embargo, los alegatos de los pediatras y las máximas autoridades sanitarias del país, así como las experiencias de las escuelas que han contravenido el *statu quo*, han sido ampliamente ignorados. Hoy, menos de una de cada cinco escuelas de secundaria y preparatoria estadounidenses siguen la recomendación de la Academia Americana de Pediatría de empezar las clases después de las 8:30 horas. El inicio medio del horario lectivo de los adolescentes estadounidenses sigue siendo las 8:03 horas, lo que significa que muchísimas escuelas empiezan las clases a las 7:00 horas.[14]

Times to Undergraduate Chronotypes», Frontiers in Human Neuroscience, 11 (2017), p. 188.

[12] Edwards, Finley, «Early to Rise? The Effect of Daily Start Times on Academic Performance», Economics of Education Review 31, n.º 6 (2012), pp. 970-983.

[13] Jacob, Brian A. y Rockoff, Jonah E., «Organizing Schools to Improve Student Achievemen Start Times, Grade Configurations, and Teacher Assignments», Education Digest 77, n.º 8 (2012), pp. 28-34.

[14] Wheaton, Anne G., Ferro, Gabrielle A. y Croft, Janet B., «School Start Times for Middle School and High School Students-United States, 2011-2012 School Year», Morbidity and Mortality Weekly Report 64, n.º 30 (7

¿Por qué esa resistencia? Una razón fundamental es que a los adultos les afectaría que se empiece más tarde. Los gobernadores tienen que reconfigurar el horario de los autobuses. Los padres quizá no puedan llevar a sus hijos de camino al trabajo. Los profesores deben quedarse más tiempo por la tarde. Los entrenadores tendrían menos tiempo para las prácticas deportivas.

Pero detrás de esas excusas hay una explicación más profunda e igualmente perturbadora. Simplemente no tomamos las cuestiones del cuándo tan en serio como las cuestiones del qué. Imaginemos que las escuelas sufrieran los mismos problemas que acarrea empezar las clases tan temprano —atrofio del aprendizaje y deterioro de la salud—, pero que la causa fuese que un virus que se transmite por vía aérea hubiese infectado las aulas. Los padres desfilarían hasta la escuela para exigir que se tomaran medidas y dejarían a sus hijos en cuarentena en casa hasta que se resolviese el problema. Todas las escuelas de distrito pasarían rápidamente a la acción. Ahora imaginemos que pudiésemos erradicar ese virus y proteger a todos esos alumnos con una vacuna ya conocida, a un precio razonable y de fácil administración. El cambio ya se habría producido. Cuatro de cada cinco escuelas estadounidenses —más de 11 000— no estarían ignorando la evidencia y elaborando excusas. Hacerlo sería moralmente repulsivo y políticamente indefendible. No lo apoyarían ni padres, ni profesores ni comunidades enteras. El problema del horario de comienzo de las clases no es nuevo. Pero como es un problema relativo al cuándo, en vez de al qué, como los virus y el terrorismo, a demasiada gente le resulta fácil soslayarlo. «¿Qué podría cambiar por una hora?», se preguntan los de 40 y 50 años. Bueno, para algunos estudiantes, supone la diferencia entre luchar con los estudios o dominar las asigna-

de agosto de 2015), pp. 809-813; Weintraub, Karen, «Young and Sleep Deprived», Monitor on Psychology 47, n.º 2 (2016), p. 46.

turas de matemáticas y lengua, lo que después puede afectar a sus opciones de ir a la universidad o encontrar un buen trabajo. En algunos casos, esta pequeña diferencia en los horarios puede paliar sufrimientos e incluso salvar vidas.

Empezar de nuevo

Es probable que en algún momento de tu vida te hayas fijado un propósito para el año nuevo. El 1 de enero de un determinado año, te propusiste beber menos, hacer más ejercicio o llamar a tu madre todos los domingos. Quizá cumpliste tu propósito y corregiste tu salud y tus relaciones familiares. O quizá en febrero ya estabas pegado al sofá viendo *La leyenda del conejo Kung Fu* en Netflix mientras te tomabas la tercera copa de vino y te saltabas los avisos de tu madre en Skype. Pero al margen de la suerte que corrieran tus resoluciones, la fecha que eliges para motivarte revela otra dimensión del poder de los comienzos.

El primer día del año es lo que los científicos sociales llaman «punto de referencia temporal».[15] Al igual que las personas recurren a los puntos de referencia para guiarnos en el espacio —«Para llegar a mi casa, gira a la izquierda en la gasolinera Shell»—, también usamos puntos de referencia para guiarnos en el tiempo. Determinadas fechas funcionan como la gasolinera Shell. Sobresalen de la marcha incesante y anodina del resto de los días, y su prominencia nos ayuda a encontrar nuestro camino.

En 2014, tres investigadores de la Wharton School de la Universidad de Pensilvania publicaron un novedoso estudio sobre la

---

[15] El término proviene originalmente de Shum, Michael S., «The Role of Temporal Landmarks in Autobiographical Memory Processes», *Psychological Bulletin* 124, n.º 3 (1998), p. 423. Shum, que se doctoró en psicología por la Universidad de Northwestern, abandonó la ciencia conductual, obtuvo un segundo doctorado en lengua inglesa, y ahora es novelista.

ciencia de los tiempos que nos permitió comprender mejor cómo funcionan los puntos de referencia temporales y cómo podemos usarlos para construir mejores comienzos.

Hengchen Dai, Katherine Milkman y Jason Riis empezaron analizando ocho años y medio de búsquedas en Google. Descubrieron que las búsquedas de la palabra «dieta» siempre se disparaban el 1 de enero, un 80% más que un día normal. Ninguna sorpresa, tal vez. Sin embargo, las búsquedas también subían al comienzo de cada ciclo del calendario: el primer día de cada mes y el primer día de cada semana. Las búsquedas crecían un 10% incluso al día siguiente de un festivo nacional. Algo tenían los días «primeros» que hacía animar la motivación de la gente.

Las búsquedas en Google de la palabra «dieta» aumentan en los puntos de referencia temporales

Tras un día festivo nacional	10%
Al comienzo de una nueva semana	14%
Al comienzo de un nuevo año	82%

Los investigadores se encontraron un patrón similar en el gimnasio. En una gran universidad en el noreste de Estados Unidos, donde los alumnos tenían que deslizar una tarjeta para entrar al edificio del gimnasio, los investigadores recopilaron más de un año de datos sobre la asistencia diaria al gimnasio. Como en las búsquedas en Google, las visitas al gimnasio subían «al comienzo de cada nueva semana, mes y año». Pero esas no eran las únicas fechas en que los estudiantes salían de sus habitaciones en la residencia y se subían a las caminadoras. Los universitarios «hacían más ejercicio al comienzo de cada nuevo semestre [...] y el primer día después de un receso escolar». También iban más al gimnasio, con una clamorosa excepción: «Los estudiantes que cumplen 21 **127** años tienden a disminuir su actividad en el gimnasio después de su cumpleaños».[16]

La asistencia al gimnasio de los estudiantes aumenta en los puntos de referencia temporales

Al comienzo de un nuevo semestre	47%
Al comienzo de un nuevo año	12%
Al comienzo de un nuevo mes	14%
Al comienzo de una nueva semana	33%
Después de tu cumpleaños	8%

Para los que buscan en Google y los que hacen ejercicio en la universidad, algunas fechas del calendario eran más significativas que otras. La gente las estaba usando para «delimitar el paso del tiempo», para terminar un período y comenzar otro haciendo tabla rasa. Dai, Milkman y Riis llamaron a este fenómeno «efecto del nuevo comienzo». Para establecer un nuevo comienzo, la gente utilizaba dos tipos de referencia temporal: sociales y personales. Los puntos de referencia sociales eran los comunes a todos: los lunes, el comienzo de un nuevo mes o los días festivos nacionales. Los personales eran únicos e individuales: cumpleaños, aniversarios o cambios de trabajo. Pero fuesen sociales o personales, estos marcadores temporales servían a dos fines.

El primero es que permitían a la gente abrir «nuevas cuentas mentales» del mismo modo en que una empresa cierra sus libros al final de cada año fiscal y abre un nuevo libro de contabilidad para el año nuevo. Este período nuevo brinda una oportunidad para empezar de nuevo relegando nuestros viejos yoes al pasado. Nos

---

[16] Dai, Hengchen, Milkman, Katherine L. y Riis, Jason, «The Fresh Start Effect: Temporal Landmarks Motivate Aspirational Behavior», *Management Science* 60, n.º 10 (2014), pp. 2563-2582.

aleja de los errores e imperfecciones del yo del pasado, y nos hace sentir seguros respecto a nuestros nuevos y superiores yoes. Fortalecidos con esa confianza propia, «nos comportamos mejor que en el pasado y nos esforzamos con un mayor fervor para alcanzar nuestras aspiraciones».[17] En enero, los publicistas suelen utilizar la frase «Nueva York, nuevo tú». Cuando aplicamos referencias temporales, eso es lo que ocurre en nuestra cabeza.[18] *El viejo yo nunca usaba hilo dental. Pero el nuevo yo, renacido el primer día tras volver de las vacaciones de verano, será un fanático de la higiene dental.*

El segundo fin de estas referencias temporales es sacudirnos de nuestro árbol para que podamos ver el bosque. «Las referencias temporales interrumpen la atención a las minucias del día, haciendo que las personas tengan una visión panorámica de sus vidas y por tanto se concentren en alcanzar sus objetivos».[19] Pensemos de nuevo en los puntos de referencia espaciales. Puedes conducir varios kilómetros sin percatarte de lo que te rodea. Pero esa reluciente gasolinera Shell de la esquina te hace prestar atención. Lo mismo ocurre con las fechas de nuevo comienzo. Daniel Kahneman traza una distinción entre el pensamiento rápido (tomar decisiones ancladas en el instinto, distorsionadas por sesgos cognitivos) y el pensamiento lento (tomar decisiones de origen racional y guiadas por la atenta deliberación). Los puntos de referencia temporales ralentizan nuestro pensamiento, permitiéndonos deliberar a un nivel mayor y tomar mejores decisiones.[20]

[17] Ibíd.

[18] Peetz, Johanna y Wilson, Anne E., «Marking Time: Selective Use of Temporal Landmarks as Barriers Between Current and Future Selves», *Personality and Social Psychology Bulletin* 40, n.º 1 (2014), pp. 44-56.

[19] Dai, Hengchen, Milkman, Katherine L. y Riis, Jason, «The Fresh Start Effect: Temporal Landmarks Motivate Aspirational Behavior», *Management Science,* 60, n.º 10 (2014), pp. 2563-2582.

[20] Riis, Jason, «Opportunities and Barriers for Smaller Portions in Food Service: Lessons from Marketing and Behavioral Economics», *International Journal of Obesity,* 38 (2014), S19-24.

Las implicaciones del efecto de nuevo comienzo, como las fuerzas que lo impulsan, también son personales y sociales. Los individuos que empiezan dándose un tropezón —en un trabajo nuevo, en un proyecto importante o intentando mejorar su salud— pueden alterar su curso utilizando un punto de referencia temporal para volver a empezar. Las personas pueden, como escriben los investigadores de la Wharton, «[crear] puntos de inflexión estratégicos en sus historias personales».[21]

Fijémonos en Isabel Allende, la novelista chileno-estadounidense. El 8 de enero de 1981, escribió una carta a su abuelo, que padecía una enfermedad terminal. La carta fue la base de su primera novela, *La casa de los espíritus*. Desde entonces, ha empezado cada novela en la misma fecha, utilizando el 8 de enero como referencia temporal para marcar un nuevo comienzo en un proyecto nuevo.[22]

En una investigación posterior, Dai, Milkman y Riis descubrieron que imbuir un significado personal a un día corriente genera un poder para activar nuevos comienzos.[23] Por ejemplo, cuando enmarcaron el 20 de marzo como el primer día de la primavera, la fecha ofrecía un nuevo comienzo más efectivo que identificándolo simplemente como el tercer jueves de marzo. Para los participantes judíos en el estudio, enmarcar el 5 de octubre como el primer día después del Yom Kipur era más motivador que pensar en él como el día 278 del año. Identificar los días que

---

[21] Dai, Hengchen, Milkman, Katherine L. y Riis, Jason, «The Fresh Start Effect: Temporal Landmarks Motivate Aspirational Behavior», *Management Science*, 60, n.º 10 (2014), pp. 2563-2582.

[22] Stein, Sadie, «I Always Start on 8 January», *Paris Review*, 8 de enero de 2013; Beard, Alison, «Life's Work: An Interview with Isabel Allende», *Harvard Business Review*, mayo de 2016.

[23] Dai, Hengchen, Milkman, Katherine L. y Riis, Jason, «Put Your Imperfections Behind You: Temporal Landmarks Spur Goal Initiation When They Signal New Beginnings», *Psychological Science*, 26, n.º 12 (2015), pp. 1927-1936.

tienen un significado personal —el cumpleaños de un hijo o el aniversario de la primera cita con tu pareja— puede borrar un comienzo en falso y ayudarnos a empezar de nuevo.

Las organizaciones también pueden incorporar esta técnica. Recientes estudios han mostrado que el efecto del nuevo comienzo también rige para los grupos.[24]

Supongamos que una empresa ha tenido un comienzo de trimestre accidentado. En vez de esperar al próximo trimestre —una fecha obvia para empezar de nuevo— para arreglar el caos, los jefes pueden encontrar un momento significativo que llegue antes —quizás el aniversario del lanzamiento de un producto clave— que pueda relegar las anteriores meteduras de pata al pasado y ayudar al equipo a recuperar su senda. O supongamos que algunos empleados no están haciendo aportaciones periódicas a sus cuentas de pensiones, o no acuden a sesiones de formación importantes. Mandarles recordatorios el día de su cumpleaños, en vez de cualquier otro día, puede hacerles dar el paso. Los consumidores también pueden ser más receptivos a los mensajes en los días enmarcados como nuevos comienzos, descubrió Riis.[25] Si estás intentando animar a la gente a que coma de manera más sana, una campaña que promueva los lunes sin carne será mucho más eficaz que una que abogue por los jueves veganos, por ejemplo.

El día de Año Nuevo siempre ha tenido un poder especial sobre nuestra conducta. Pasamos la página del calendario, vemos todos esos preciosos recuadros vacíos y abrimos un nuevo libro de cuentas en nuestra vida. Pero solemos hacerlo de manera inconsciente, ciegos a los mecanismos psicológicos de que dependemos.

---

[24] Brandts, Jordi, Rott, Christina y Solà, Carles, «Not Just Like Starting Over: Leadership and Revivification of Cooperation in Groups», *Experimental Economics*, 19, n.º 4 (2016), pp. 792-818.

[25] Riis, Jason, «Opportunities and Barriers for Smaller Portions in Food Service: Lessons from Marketing and Behavioral Economics», *International Journal of Obesity*, 38 (2014), S19-24.

El efecto del nuevo comienzo nos permite usar la misma técnica, pero de forma consciente e intencionada, en múltiples días. Después de todo, los propósitos de Año Nuevo no son infalibles. Los estudios muestran que, transcurrido un mes del año nuevo, solo se siguen cumpliendo el 64% de los propósitos.[26] Construir tus propios hitos personales, especialmente los que tienen un significado personal, nos brinda muchas más oportunidades de recuperarnos de los comienzos accidentados y empezar de nuevo.

Empezar de nuevo

En junio de 1986 me gradué en la universidad... sin un trabajo. En julio de 1986, me mudé a Washington D.C., a empezar mi vida postuniversitaria. En agosto de 1986, ya había encontrado trabajo y tenía mi primer empleo. El lapso entre que recibí mi diploma en el auditorio de la universidad y me instalé en mi puesto en el centro de Washington fue menor de sesenta días. (Y ni siquiera pasé todos esos días buscando trabajo. Parte del tiempo estuve haciendo cajas y mudándome. Parte lo pasé trabajando en una librería para mantenerme durante mi breve búsqueda de empleo).

Por mucho que yo prefiera creer que mi rápida trayectoria de universitario desempleado a oficinista se debía a mis excelentes credenciales y mi encantador carácter, la razón más plausible es una que a estas alturas no te sorprenderá: los tiempos. Me gradué en un momento propicio. En 1986, Estados Unidos estaba saliendo de una profunda recesión. La tasa de desempleo nacional era ese año del 7%: no era una cifra asombrosa, pero sí suponía un fuerte descenso respecto a 1982 y 1983, cuando la tasa de

---

[26] Norcross, John C., Mrykalo, Marci S. y Blagys, Matthew D., «Auld Lang Syne: Success Predictors, Change Processes, and Self-Reported Outcomes of New Year's Resolvers and Nonresolvers», *Journal of Clinical Psychology*, 58, n.º 4 (2002), pp. 397-405.

desempleo alcanzó el 10%. Esto significaba que era más fácil que yo encontrara trabajo que los que se habían incorporado al mercado solo unos años antes. No es tan complicado: no hace falta un título de economía para entender que es más fácil encontrar trabajo cuando la tasa de desempleo es del 7% que cuando es del 10%. Sin embargo, sí hay que ser bastante buen economista para entender que la ventaja que yo tuve, por la pura suerte de empezar mi vida laboral en un momento de relativo auge, se mantuvo mucho tiempo después de mi primer trabajo.

Lisa Kahn es más que una buena economista. Dejó su impronta en el ámbito de la economía estudiando a personas como yo: varones blancos que se habían graduado en la década de los ochenta. Kahn, que da clase en la Escuela de Administración de Yale, recopiló los datos de la Encuesta Longitudinal Nacional de Juventud, que cada año entrevista a una muestra representativa de jóvenes estadounidenses sobre cuestiones de educación, salud y empleo. A partir de los datos, seleccionó a los hombres blancos que se habían graduado en la universidad entre 1979 y 1989, y analizó lo que les ocurrió durante los siguientes veinte años.[27]

Su gran descubrimiento fue que cuándo empezaban estos hombres sus carreras profesionales, determinaba en gran medida adónde iban y lo lejos que llegaban. Los que se habían incorporado al mercado laboral cuando la economía estaba débil ganaban menos al comienzo de sus carreras que los que habían empezado cuando la economía estaba fuerte: lo previsible. Pero esta temprana desventaja no desaparecía. Persistía hasta veinte años después.

[27] Kahn eligió a los varones blancos porque sus perspectivas laborales y salariales se veían menos afectadas por la discriminación racial y sexual, y porque era menos probable que sus trayectorias profesionales se interrumpiesen al tener hijos. Eso le permitía separar las condiciones económicas de factores como el color de la piel, la etnicidad y el género.

«Graduarse en un mal momento económico tiene un impacto duradero y negativo en el salario», escribe Kahn. Los desafortunados graduados que empezaron a trabajar en un momento económico menos boyante ganaban menos al salir de la universidad que los afortunados que se habían graduado en épocas más fuertes, y a menudo tardaban dos décadas en alcanzarlos. En promedio, incluso después de 15 años de trabajo, los que se graduaban en los años de alto desempleo seguían ganando un 2.5% menos que los que se graduaban en los años de bajo desempleo. En algunos casos, la diferencia de salario entre los que se graduaban en años especialmente fuertes en vez de en años débiles era del 20%, no solo justo después de acabar la universidad, sino también cuando estos hombres ya habían cumplido los treinta y tantos años.[28] El costo total, en términos ajustados a la inflación, de graduarse en un mal año era, en promedio, de unos 100 000 dólares. Los tiempos no lo eran todo, pero suponían una cifra de seis dígitos.

Una vez más, los comienzos habían desencadenado una cascada que resultó difícil contener. Una gran parte de la evolución salarial se produce en los primeros diez años de carrera profesional. Empezar con un salario más alto sitúa a la gente en una trayectoria inicial más alta. Pero esa no es la única ventaja. El mejor modo de ganar más es que tus competencias particulares correspondan con las necesidades particulares de un puesto de trabajo. Eso ocurre muy rara vez en tu primer trabajo. (Mi primer trabajo, por ejemplo, resultó un desastre). Así que la gente deja los trabajos y se va a otros nuevos —a menudo cada pocos años— para dar con la correspondencia correcta. De hecho, una de las vías más rápidas de alcanzar un salario más alto es cambiar de trabajo con frecuencia. Pero es difícil cambiar de trabajo en un momento de apatía económica.

[28] Kahn, Lisa B., «The Long-Term Labor Market Consequences of Graduating from College in a Bad Economy», *Labour Economics*, 17, n.º 2 (2010), pp. 303-316.

Las empresas no contratan. Y eso significa que las personas que se incorporan al mercado laboral en un momento de desaceleración económica suelen permanecer más tiempo en trabajos que no corresponden con sus aptitudes. No pueden cambiar de trabajo fácilmente, así que se tarda más en localizar una mejor correspondencia y empezar la escalada hacia un sueldo más alto. Lo que Kahn descubrió sobre el mercado laboral es lo que los teóricos del caos y la complejidad saben desde hace tiempo: en cualquier sistema dinámico, las condiciones iniciales tienen una enorme influencia sobre lo que les ocurre a los habitantes de dicho sistema.[29]

Otros economistas han descubierto asimismo que los comienzos ejercen una poderosa pero invisible influencia en la subsistencia de las personas. En Canadá, un estudio reveló que «el costo de las recesiones para los nuevos graduados es significativo y desigual». Los graduados con menos suerte sufren «una merma en los ingresos que persiste diez años», y son los trabajadores menos cualificados los que más la padecen.[30] Ese corte puede acabar sanándose, pero deja una cicatriz. Un estudio realizado en 2017 reveló que las circunstancias económicas al principio de las carreras de los directivos condicionaban de forma duradera su posibilidad de pasar a ser consejeros delegados. Graduarse durante una recesión hace más difícil encontrar un primer trabajo, lo que aumenta la probabilidad de que los directivos aspirantes acepten un trabajo en una empresa privada más pequeña que en una gran empresa pública, lo que significa que empiezan subiendo una escalera más corta. Los que empezaron a trabajar durante una recesión, sí lle-

---

[29] Esta idea es una piedra angular de la teoría del caos y la complejidad. Ver, p. ej., Rickles, Dean, Hawe, Penelope y Shiell, Alan, «A Simple Guide to Chaos and Complexity», *Journal of Epidemiology & Community Health*, 61, n.º 11 (2007), pp. 933-937.

[30] Oreopoulos, Philip, Von Wachter, Till y Heisz, Andrew, «The Short-and Long-Term Career Effects of Graduating in a Recession», *American Economic Journal: Applied Economics*, 4, n.º 1 (2012), pp. 1-29.

garon a ser consejeros delegados, pero de empresas más pequeñas y ganando menos dinero que sus iguales que se graduaron en los años de esplendor. Los que se gradúan durante una recesión, según descubrió la investigación, también tienen estilos de gestión más conservadores, otra herencia quizá de haber tenido unos comienzos más inciertos.[31]

Una investigación sobre los MBA de Stanford ha revelado que la situación del mercado bursátil en el momento de la titulación determina de por vida las ganancias de estos graduados. La cadena de la lógica y la coyuntura tiene tres eslabones. El primero: los estudiantes son más propensos a aceptar trabajos en Wall Street cuando se gradúan con un mercado alcista. En cambio, en un mercado a la baja, una considerable cantidad de graduados opta por otras alternativas: consultoría, emprendimiento o trabajos para organizaciones sin ánimo de lucro. El segundo: los que trabajan en Wall Street tienden a seguir trabajando en Wall Street. El tercero: los banqueros de inversión y otros profesionales de las finanzas ganan más por lo general que los que están en otros ámbitos. En consecuencia, «una persona que se gradúa con un mercado alcista» y opta por la banca de inversión gana entre un millón y medio y cinco millones de dólares más que «lo que habría ganado esa misma persona si se hubiese graduado con un mercado a la baja», y que por tanto habría evitado trabajar en Wall Street.[32]

No me va a quitar el sueño saber que un mercado bursátil oscilante condujo a algunos MBA de élite a puestos en McKinsey o Bain en vez de en Goldman Sachs o Morgan Stanley, haciéndoles ser muy pudientes en vez de demencialmente ricos. Pero los efec-

[31] Schoar, Antoinette y Zuo, Luo, «Shaped by Booms and Busts: How the Economy Impacts CEO Careers and Management Styles», *Review of Financial Studies*. Disponible en: <http://www.nber.org/papers/w17590>.

[32] Oyer, Paul, «The Making of an Investment Banker: Stock Market Shocks, Career Choice, and Lifetime Income», *Journal of Finance*, 63, n.º 6 (2008), pp. 2601-2628.

tos de los comienzos en una amplia franja de los recursos humanos son más problemáticos, sobre todo porque los primeros datos acerca de los que se incorporaron al mercado laboral durante la Gran Recesión de 2007-2010 parecían especialmente funestos. Kahn y dos colegas suyos de Yale han descubierto que el impacto negativo sobre los estudiantes que se graduaron en 2010 y 2011 «era del doble de lo que se esperaba a partir de los patrones anteriores».[33] El Banco de la Reserva Federal de Nueva York, al observar estos primeros indicadores, alertó de que «los que empiezan sus carreras profesionales durante la recuperación de un mercado laboral débil pueden experimentar efectos negativos permanentes en su salario».[34]

Este es un problema difícil. Si lo que ganas hoy depende tanto de la tasa de desempleo que había cuando empezaste a trabajar, y no de la tasa de desempleo actual, las dos estrategias vistas en este capítulo —empezar bien y empezar de nuevo— no bastan.[35] No podemos resolver el problema unilateralmente, como en el caso del inicio del horario lectivo, y dictar simplemente que todo el mundo tiene que empezar a trabajar cuando la economía esté boyante. Tampoco podemos resolverlo caso por caso, exhortando a la gente a que se recupere de sus comienzos rezagados buscando un nuevo trabajo el día después de su cumpleaños. En este tipo de problemas,

---

33 Altonji, Joseph G., Kahn, Lisa B. y Speer, Jamin D., «Cashier or Consultant? Entry Labor Market Conditions, Field of Study, and Career Success», *Journal of Labor Economics*, 34, n.º S1 (2016); S361-401.

34 Abel, Jaison R., Deitz, Richard y Su, Yaqin, «Are Recent College Graduates Finding Good Jobs?», *Current Issues in Economics and Finance*, 20, n.º 1 (2014).

35 Beaudry, Paul y DiNardo, John, «The Effect of Implicit Contracts on the Movement of Wages over the Business Cycle: Evidence from Micro Data», *Journal of Political Economy*, 99, n.º 4 (1991), pp. 665-688; ver también Grant, Darren, «The Effect of Implicit Contracts on the Movement of Wages over the Business Cycle: Evidence from the National Longitudinal Surveys», *ILR Review*, 56, n.º 3 (2003), pp. 393-408.

debemos empezar juntos. Y hay dos soluciones inteligentes anteriores que ofrecen cierta orientación.

Durante muchos años, los hospitales universitarios de Estados Unidos se enfrentaron a lo que se conocía como «efecto julio». Cada mes de julio, un grupo de recién graduados en Medicina empezaban sus carreras como médicos. Aunque estos hombres y mujeres tenían poca experiencia fuera de clase, los hospitales universitarios les asignaban una considerable responsabilidad para tratar a los pacientes. Así era como aprendían su oficio. El único inconveniente de esta estrategia es que los pacientes eran víctimas a veces de esta formación sobre la marcha, y julio era el mes más cruel. (En Reino Unido, es un mes más tarde y el lenguaje es más gráfico. Los médicos británicos llaman al período en que los nuevos empiezan a trabajar «la temporada asesina de agosto»). Por ejemplo, un estudio sobre más de 25 años de certificados de defunción estadounidenses reveló que «en los condados donde hay hospitales universitarios, los errores letales de medicación se disparaban un 10% en julio, y no en otro mes. En cambio, no había ningún pico en julio en los condados sin hospitales universitarios.[36] Otra investigación sobre hospitales universitarios descubrió que los pacientes tenían en julio y agosto una probabilidad un 18% mayor de sufrir complicaciones quirúrgicas y un 41% mayor de morir durante la operación que en abril y mayo.[37]

Sin embargo, en la última década los hospitales universitarios han trabajado para corregirlo. En lugar de declarar los malos comienzos como un problema inevitable de ámbito individual, lo

---

[36] Phillips, David P. y Barker, Gwendolyn E. C., «A July Spike in Fatal Medication Errors: A Possible Effect of New Medical Residents», *Journal of General Internal Medicine*, 25, n.º 8 (2010), pp. 774-779.

[37] Englesbe, Michael J., *et al.*, «Seasonal Variation in Surgical Outcomes as Measured by the American College of Surgeons-National Surgical Quality Improvement Program (ACS-NSQIP)», *Annals of Surgery*, 246, n.º 3 (2007), pp. 456-465.

convirtieron en un problema evitable de ámbito colectivo. Ahora, en los hospitales universitarios como el que visité en la Universidad de Michigan, los nuevos médicos residentes empiezan su ejercicio trabajando en un equipo que incluye a enfermeros, médicos y otros profesionales con experiencia. Al empezar juntos, los hospitales como este han reducido drásticamente el efecto julio.

O fijémonos en los bebés que nacen de madres jóvenes que viven en barrios de bajos ingresos. Los niños que se encuentran en esas circunstancias suelen padecer unos comienzos terribles. Pero una solución eficaz ha sido asegurar que la madre y el bebé no empiecen solos. Un programa nacional llamado Nurse-Family Partnership [Asociación Enfermera-Familia], lanzado en la década de 1970, manda enfermeras a visitar a las madres y ayudarlas a dar un mejor comienzo a sus bebés. El programa, hoy activo en ochocientos municipios estadounidenses, también se ha sometido a una rigurosa evaluación externa, con resultados prometedores. Las visitas de las enfermeras reducen las tasas de mortalidad infantil, limitan los problemas de conducta y atención y minimizan la dependencia de las familias de los vales de comida y otros programas de ayudas sociales.[38] También han estimulado la salud y el aprendizaje de los niños, mejorando las tasas de lactancia y vacunación, y elevado la probabilidad de que las madres encuentren y conserven un trabajo remunerado.[39] Muchos países europeos

---

[38] Olds, David L. *et al.*, «Effect of Home Visiting by Nurses on Maternal and Child Mortality: Results of a 2-Decade Follow-up of a Randomized Clinical Trial», *JAMA Pediatrics*, 168, n.º 9 (2014), pp. 800-806; Olds, David L. *et al.*, «Effects of Home Visits by Paraprofessionals and by Nurses on Children: Follow-up of a Randomized Trial at Ages 6 and 9 Years», *JAMA Pediatrics*, 168, n.º 2 (2014), pp. 114-121; Tavernise, Sabrina, «Visiting Nurses, Helping Mothers on the Margins», *The New York Times*, 8 de marzo de 2015.

[39] Olds, David L., Sadler, Lois y Kitzman, Harriet, «Programs for Parents of Infants and Toddlers: Recent Evidence from Randomized Trials», *Journal of Child Psychology and Psychiatry*, 48, n.º 3-4 (2007), pp. 355-391;

tienen la política de proporcionar esas visitas. Sea por motivos morales (estos programas salvan vidas) o económicos (estos programas ahorran dinero a largo plazo), el principio sigue siendo el mismo: en vez de obligar a las personas vulnerables a arreglárselas solas, a todos les va mejor empezando juntos.

Podemos aplicar unos principios similares al problema de que algunas personas, sin tener ninguna culpa, empiezan sus carreras profesionales cuando la economía atraviesa un momento pésimo. No podemos soslayar este problema: «Vaya, es que es un mal momento. No hay nada que podamos hacer al respecto». En su lugar, deberíamos reconocer que el que haya un montón de gente ganando demasiado poco o luchando por abrirse paso nos afecta a todos: habrá menos clientes para lo que estamos vendiendo y unos impuestos más altos para afrontar las consecuencias de unas oportunidades limitadas. Una solución podría ser que los gobiernos y las universidades instauraran un programa de condonación de deudas para estudiantes ajustado a la tasa de desempleo. Si la tasa de desempleo alcanzara, pongamos, el 7.5 %, se condonaría una parte de los créditos por estudios a los recién titulados. O quizá que, si la tasa de desempleo superase un determinado tope, se liberaran fondos universitarios o federales para pagar a orientadores laborales que ayudaran a los recién graduados en su travesía por el nuevo terreno rocoso, de forma muy parecida a como el gobierno federal manda sacos de arena y al Cuerpo de Ingenieros del Ejército a las zonas asoladas por las inundaciones.

El objetivo aquí es reconocer que los lentos problemas del cuándo tienen el mismo peso que las rápidas calamidades del qué, y merecen la misma respuesta colectiva.

Thorland, William *et al.*, «Status of Breastfeeding and Child Immunization Outcomes in Clients of the Nurse-Family Partnership», *Maternal and Child Health Journal,* 21, n.º 3 (2017), pp. 439-445; Asociación Enfermera-Familia, «Trials and Outcomes» (2017). Disponible en <http://www.nursefamilypartnership.org/proven-results/published-research>.

Muchos de nosotros hemos tenido la sensación de que los comienzos son importantes. Ahora la ciencia de los tiempos ha demostrado que son aún más poderosos de lo que sospechábamos. Los comienzos se quedan con nosotros mucho más tiempo del que éramos conscientes, y sus efectos perduran hasta el final.

Por esa razón, cuando nos enfrentamos a los retos de la vida —sea perder algunos kilos, ayudar a nuestros hijos a aprender o asegurar que nuestros conciudadanos no se queden atrapados en la corriente descendente de las circunstancias—, tenemos que ampliar nuestro repertorio de respuestas e incluir el cuándo junto al qué. Pertrechados con la ciencia, podemos lograr un mejor trabajo empezando bien, en la universidad y después. Saber cómo la mente lidia con los tiempos puede ayudarnos a usar puntos de referencia temporales para recuperarnos de las salidas en falso y crear otras nuevas. Y entender lo injustos —y duraderos— que pueden ser los comienzos accidentados nos puede animar a empezar juntos más a menudo.

Cambiar nuestro foco —y dar al cuándo el mismo peso que al qué— no curará todos nuestros males. Pero es un buen comienzo.

Manual del hacker del tiempo
CAPÍTULO 3

Evitar un comienzo en falso con un *pre mortem*

La mejor forma de recuperarse de un comienzo en falso es evitarlo desde el principio. Y la mejor técnica para hacerlo es una cosa llamada *pre mortem*.

Seguramente habrás oído hablar de los *post mortem*: cuando los forenses y los médicos examinan un cadáver para determinar la causa de la muerte. En el *pre mortem*, una idea del psicólogo Gary Klein, se aplica el mismo principio, pero el examen se hace antes, no después.[1]

Supongamos que tu equipo y tú están a punto de embarcarse en un proyecto. Antes de empezarlo, reúnanse para realizar un *pre mortem*. «Imaginemos que han pasado 18 meses y nuestro proyecto es un completo desastre», le dices a tu equipo. «¿Qué salió mal?». El equipo, usando el poder del sesgo prospectivo, sugiere algunas respuestas. Quizá la tarea no estaba claramente definida. Quizá la hacían muy pocas personas, o demasiadas, o las equivo-

---

[1]   Klein, Gary, «Performing a Project Premortem», *Harvard Business Review,* 85, n.º 9 (2007), pp. 18-19.

cadas. Quizá no tenían un líder claro o unos objetivos realistas. Al imaginar el fracaso de antemano —pensando qué podría provocar un comienzo en falso—, puedes anticipar algunos de los posibles problemas y evitarlos cuando empiece el proyecto de verdad.

Casualmente, realicé un *pre mortem* antes de empezar este libro. Lo proyecté a dos años desde la fecha de inicio e imaginé que había escrito un libro terrible o, peor aún, que ni siquiera había logrado escribir un libro. ¿Dónde me torcí? Tras observar mis respuestas, me di cuenta de que tenía que poner cuidado en escribir cada día, diciendo no a cualquier obligación externa para no distraerme, mantener a mi editor informado sobre mi progreso (o la falta de él) y contar enseguida con su ayuda para desenredar cualquier nudo conceptual. Después escribí las versiones positivas de estas percepciones —por ejemplo: «Trabajé en el libro toda la mañana durante al menos seis días sin distracciones ni excepciones»— en una tarjeta que pegué cerca de mi escritorio.

Esta técnica me permitió cometer errores por adelantado en mi cabeza, en vez de en la vida real con un proyecto real. Si este *pre mortem* fue eficaz o no, te lo dejo a ti, dilecto lector. Pero te animo a que lo pruebes tú para evitar tus propios comienzos en falso.

86 días del año en que puedes empezar de nuevo

Ya has leído acerca de los puntos de referencia temporales y cómo podemos utilizarlos para proyectar nuevos comienzos. Para ayudarte en la búsqueda del día ideal para empezar esa novela o entrenar para un maratón, aquí van 86 días que son especialmente eficaces para crear un nuevo comienzo:

- El primer día del mes (12)
- Los lunes (52)
- El primer día de verano, primavera, otoño e invierno (4)

- El día de la Fiesta Nacional de tu país o su equivalente (1)
- El día de una importante festividad religiosa, por ejemplo, la Pascua, el *Rosh Hashaná* o el *Eid Al Fitr* (1)
- Tu cumpleaños (1)
- El cumpleaños de un ser querido (1)
- El primer día de clase o el primer día de un semestre (2)
- El primer día en un trabajo nuevo (1)
- El día después de la graduación (1)
- El primer día tras el regreso de las vacaciones (2)
- El aniversario de tu boda, primera cita o divorcio (3)
- El aniversario del día en que empezaste en tu nuevo trabajo, obtuviste la ciudadanía, adoptaste a tu perro o gato o te graduaste en la preparatoria o la universidad (4)
- El día en que acabes este libro (1)

¿Cuándo deberías ir en primer lugar?

La vida no es siempre una competencia, pero a veces es una competencia en serie. Ya seas una de las varias personas a las que están entrevistando para un trabajo, parte de un grupo de empresas que están pujando por un nuevo negocio o concursante en un programa de canto emitido por la televisión nacional, cuándo compites puede ser tan importante como lo que haces.

Aquí va una guía estratégica, basada en diversos estudios, para saber cuándo debes empezar tú primero y cuándo no:

Cuatro situaciones en las que debes ir en primer lugar

1. Si estás en una votación (representante de un distrito, reina de la fiesta de graduación, los Óscar), figurar en el primer lugar de la lista puede darte ventaja. Los investigadores han estudiado este efecto en miles de elecciones —desde juntas escolares hasta consejos municipales, de California

a Texas— y los votantes han preferido sistemáticamente al primer nombre de la papeleta.[2]

2. Si no eres la opción por defecto —por ejemplo, si estás compitiendo contra una agencia que ya tiene la cuenta que pretendes conseguir—, ser el primero puede ayudarte a tener un aire de frescura para los que toman las decisiones.[3]

3. Si hay relativamente pocos competidores (pongamos que cinco o menos), ser el primero te puede ayudar a aprovechar las ventajas del «efecto de primacía», la tendencia que muestran las personas a recordar mejor el primer elemento de una serie que los siguientes.[4]

4. Si te van a hacer una entrevista de trabajo y te enfrentas a varios candidatos fuertes, puedes ganar alguna ventaja siendo el primero. Uri Simonsohn y Francesca Gino analizaron más de 9 000 entrevistas de admisión a un MBA y descubrieron que los entrevistadores incurren a menudo en el «encuadramiento estrecho»: asumir que conjuntos pequeños de candidatos representan a todos los participantes. De modo que si se encuentran con varios candidatos fuertes al principio del proceso, podrían buscar más agresivamente los defectos en los que van después.[5]

2 Meredith, Marc y Salant, Yuval, «On the Causes and Consequences of Ballot Order Effects», *Political Behavior* 35, n.º 1 (2013), pp. 175-197; Grant, Darren P., «The Ballot Order Effect Is Huge: Evidence from Texas», 9 de mayo de 2016. Disponible en <https://ssrn.com/abstract=2777761>.

3 Danziger, Shai, Levav, Jonathan y Avnaim-Pesso, Liora, «Extraneous Factors in Judicial Decisions», *Proceedings of the National Academy of Sciences* 108, n.º 17 (2011), pp. 6889-6892.

4 Mantonakis, Antonia *et al.*, «Order in Choice: Effects of Serial Position on Preferences», *Psychological Science* 20, n.º 11 (2009), pp. 1309-1312.

5 Simonsohn, Uri y Gino, Francesca, «Daily Horizons: Evidence of Narrow Bracketing in Judgment from 10 Years of MBA Admissions Interviews», *Psychological Science* 24, n.º 2 (2013), pp. 219-224.

Cuatro situaciones en las que no debes ir en primer lugar

1. Si eres la opción por defecto, no vayas en primer lugar. Recuerda el primer capítulo: los jueces son más propensos a quedarse con la opción por defecto al final de la jornada (cuando están más cansados) que antes o después de un descanso (cuando han recobrado ánimos).[6]

2. Si hay muchos competidores (no necesariamente fuertes, simplemente muchos), ir más tarde puede conferir una pequeña ventaja, e ir el último, enorme. En un estudio de más de 1 500 actuaciones en directo de un concurso de talentos en ocho países, los investigadores descubrieron que el cantante que actuaba en último lugar pasaba a la siguiente ronda cerca del 90% de las veces. Se producía un patrón casi idéntico en el patinaje artístico de élite, e incluso en las catas de vino. Al principio de las competencias, los jueces mantienen un estándar de excelencia idealizado, según los psicólogos sociales Adam Galinsky y Maurice Schweitzer. A medida que transcurre la competencia, se desarrolla una base de referencia nueva, más realista, que favorece a los competidores posteriores, que ganan la ventaja añadida de que pueden ver qué han hecho los demás.[7]

3. Si estás operando en un entorno incierto, no ir en primer lugar puede beneficiarte. Si no sabes qué espera quien toma la decisión, dejar que procedan los demás podría permitir al seleccionador, y a ti, afinar el foco sobre los criterios.[8]

---

6 Danziger, Shai, Levav, Jonathan y Avnaim-Pesso, Liora, «Extraneous Factors in Judicial Decisions», *Proceedings of the National Academy of Sciences* 108, n.º 17 (2011), pp. 6889-6892.

7 Page, Lionel y Page, Katie, «Last Shall Be First: a Field Study of Biases in Sequential Performance Evaluation on the Idol Series», *Journal of Economic Behavior & Organization* 73, n.º 2 (2010), pp. 186-198; Galinsky, Adam y Schweitzer, Maurice, *Friend & Foe: When to Cooperate, When to Compete, and How to Succeed at Both,* Crown Business, Nueva York (2015), p. 229.

8 Bruine de Bruin, Wändi, «Save the Last Dance for Me: Unwanted Serial

4. Si la competencia es mínima, ir en último lugar te puede dar ventaja al subrayar tus diferencias. «Si fuese un día flojo, con muchos candidatos malos, es muy buena idea ir al final», dice Simonsohn.[9]

Cuatro trucos para arrancar rápidamente en un nuevo trabajo

Ya has leído acerca de los peligros de graduarse durante una recesión. No podemos hacer gran cosa para evitar correr esa suerte. Pero siempre que empecemos en un nuevo trabajo —durante una recesión o un *boom*— podemos influir en cuánto disfrutamos del trabajo y lo bien que nos manejemos. Teniendo eso en cuenta, aquí van cuatro recomendaciones respaldadas por estudios sobre cómo crear un arranque rápido en un nuevo trabajo.

1. **Empieza antes de empezar**

El asesor ejecutivo Michael Watkins recomienda escoger un día y un momento específicos en el que te visualices a ti mismo «transformándote» para tus nuevas funciones.[10] Es difícil tener un arranque rápido si te visualizas a ti mismo atascado en el pasado. Al visualizarte mentalmente «con-

---

Position Effects in Jury Evaluations», *Acta Psychologica* 118, n.º 3 (2005), pp. 245-260.

9 Inskeep, Steve y Vedantan, Shankar, «Deciphering Hidden Biases During Interviews», edición de la mañana de la National Public Radio, 6 de marzo 2013, entrevista con Uri Simonsohn, en la que cita a Simonsohn, Uri y Gino, Francesca, «Daily Horizons: Evidence of Narrow Bracketing in Judgment from 10 Years of MBA Admissions Interviews», *Psychological Science* 24, n.º 2 (2013), pp. 219-224.

10 Watkins, Michael, *The First 90 Days: Critical Success Strategies for New Leaders at All Levels*, leído por Kevin T. Norris (Gildan Media LLC, Flushing, 2013). Audiolibro.

virtiéndote» en una nueva persona incluso antes de entrar por la puerta, pasarás corriendo por la alfombra roja. Esto pasa especialmente en los puestos de liderazgo. Según el profesor de Harvard Ram Charan, una de las transiciones más difíciles es la de pasar de ser un especialista a ser un generalista.[11] Así que cuando pienses en tu nuevo puesto, no te olvides de ver cómo se conecta este con el contexto general. Respecto a uno de los nuevos trabajos primordiales —convertirse en presidente de Estados Unidos—, las investigaciones han mostrado que uno de los mejores predictores del éxito presidencial es lo pronto que empezó la transición y el nivel de eficiencia con que se gestionó.[12]

2. Deja que tus resultados hablen por sí solos

Un trabajo nuevo puede ser desmoralizante porque requiere establecerse en la jerarquía de la organización. Muchas personas se exceden al tratar de compensar su nerviosismo inicial e intentan hacerse valer demasiado pronto y rápido. Esto puede ser contraproducente. La investigación de Corinne Bendersky sugiere que, con el tiempo, los extrovertidos pierden estatus dentro del grupo.[13] De modo que, al principio, concéntrate en conseguir algunos logros significativos, y una vez que hayas ganado estatus demostrando excelencia, podrás ser más asertivo.

3. Haz acopio de motivaciones

El primer día en tu nuevo puesto estarás lleno de energía. ¿El trigésimo día? Quizá no tanto. La motivación llega por

[11] Charan, Ram, Drotter, Stephen y Noel, James, *The Leadership Pipeline: How to Build the Leadership Powered Company*, 2ª ed. (Jossey-Bass, San Francisco, 2011).

[12] Wellford, Harrison, «Preparing to Be President on Day One», *Public Administration Review* 68, n.º 4 (2008), pp. 618-623.

[13] Bendersky, Corinne y Parikh Shah, Neha, «The Downfall of Extraverts and the Rise of Neurotics: The Dynamic Process of Status Allocation in Task Groups», *Academy of Management Journal* 56, n.º 2 (2013), pp. 387-406.

rachas; por eso, el psicólogo de Stanford B.J. Fogg recomienda aprovechar las «olas de motivación» para que puedas capear los «valles de la motivación».[14] Si eres un nuevo agente de ventas, utiliza las horas de motivación para fijar tu liderazgo, organizar llamadas y dominar nuevas técnicas. En los valles, tendrás el lujo de trabajar en tus funciones esenciales sin tener que preocuparte por las tareas secundarias, menos interesantes.

4. Mantén la moral con pequeñas victorias

Encontrar un trabajo nuevo no es exactamente como recuperarse de una adicción, pero programas como Alcohólicos Anónimos ofrecen cierta orientación. No dan la instrucción a sus miembros de ser abstemios para siempre, sino que les piden que lo logren durante «24 horas cada vez», algo que Karl Weick señaló en su obra seminal sobre «pequeñas victorias».[15] La profesora de Harvard Teresa Amabile coincide con él. Tras analizar 12 000 entradas diarias de varios cientos de trabajadores, descubrió que el mayor factor individual de motivación era progresar en un trabajo significativo.[16] No hace falta que las victorias sean grandes para ser significativas. Cuando empieces en un nuevo puesto, establece pequeños objetivos con una «alta probabilidad» y celébralo cuando los cumplas. Te darán motivación y energía para afrontar otros retos más intimidantes que te esperen en el camino.

[14] Fogg, Brian J., «A Behavior Model for Persuasive Design» en *Proceedings of the 4th International Conference on Persuasive Technology* (ACM, Nueva York, 2009). Para una explicación de las olas motivadoras, ver <https://www.youtube.com/watch?v=fqUSjHjIEFg>.

[15] Weick, Karl E., «Small Wins: Redefining the Scale of Social Problems», *American Psychologist* 39, n.º 1 (1984), pp. 40-49.

[16] Amabile, Teresa y Kramer, Steven, *The Progress Principle: Using Small Wins to Ignite Joy, Engagement, and Creativity at Work* (Harvard Business Review Press, Cambridge, 2011).

¿Cuándo deberías casarte?

Uno de los comienzos más importantes que muchos hacemos en la vida es casarnos. Dejaré a otros la recomendación sobre con quién deberías casarte. Pero sí puedo darte alguna orientación sobre cuándo echar el lazo. La ciencia de los tiempos no provee respuestas definitivas, pero sí tres guías generales:

1. **Espera hasta ser suficientemente mayor (pero no demasiado mayor)**

   Probablemente no te sorprenderá que las personas que se casan muy jóvenes sean más propensas a divorciarse. Por ejemplo, para un estadounidense que se case a los 25 años, la probabilidad de que se divorcie es un 11% menor que para uno que se case a los 24, según un análisis de Nicholas Wolfinger, de la Universidad de Uta. Pero esperar demasiado tiene inconvenientes. Pasada la edad de 32 años —aun teniendo en cuenta la religión, la educación, la ubicación geográfica y otros factores—, las probabilidades de divorcio aumentan un 5% al año durante al menos la década siguiente.[17]

2. **Espera hasta que hayas terminado tus estudios**

   Las parejas tienden a estar más satisfechas en sus matrimonios, y a ser menos propensas a divorciarse, si han cursado más estudios antes de la boda. Tomemos como ejemplo a dos parejas. Tienen la misma edad y son de la misma raza, tienen unos ingresos parecidos y el mismo nivel de estudios. Incluso entre estas parejas similares, hay una mayor

---

[17] Wolfinger, Nicholas, «Want to Avoid Divorce? Wait to Get Married, but Not Too Long», *Institute for Family Studies*, 16 de julio de 2015, que analizaba los datos de Copen, Casey E. *et al.*, «First Marriages in the United States: Data from the 2006-2010 National Survey of Family Growth», *National Health Statistics Reports*, n.º 49, 22 de marzo de 2012.

probabilidad de que la pareja que se case después de terminar los estudios permanezca unida.[18] Así que completa todos los estudios que puedas antes de que te echen el lazo.

3. **Espera hasta que tu relación madure**

Andrew Francis-Tan y Hugo Mialon, de la Universidad de Emory, descubrieron que las parejas que salían durante al menos un año antes de casarse eran un 20% menos propensas a divorciarse que los que daban el paso más rápidamente.[19] Las parejas que habían salido durante más de tres años eran aún menos propensas a romper una vez que pronunciaban sus votos. (Francis-Tan y Mialon también descubrieron que cuanto más se gastaba una pareja en su boda y en el anillo de compromiso, más probable era que se divorciaran).

En resumen: para una de las preguntas sobre el cuándo más trascendentales de la vida, olvídate de lo romántico y escucha a los científicos. La prudencia es mejor que la pasión.

---

[18] Stanley, Scott *et al.*, «Premarital Education, Marital Quality, and Marital Stability: Findings from a Large, Random Household Survey», *Journal of Family Psychology* 20, n.º 1 (2006), pp. 117-126.

[19] Francis-Tan, Andrew y Mialon, Hugo M., «"A Diamond Is Forever" and Other Fairy Tales: The Relationship Between Wedding Expenses and Marriage Duration», *Economic Inquiry* 53, n.º 4 (2015), pp. 1919-1930.

4. Mitades
Lo que las velas de Janucá y el síndrome de la mediana edad pueden enseñarnos sobre la motivación

«Cuando estás en medio, una historia no es una historia, sino confusión, un clamor oscuro, una ceguera, una ruina de cristales rotos y madera astillada».

MARGARET ATWOOD,
Alias Grace

Son raras las ocasiones en que nuestra vida sigue un patrón claro y lineal. Con más frecuencia, es una serie de episodios, con principios, mitades y finales. Solemos recordar los principios (¿Puedes describir tu primera cita con tu cónyuge o pareja?). Los finales también destacan (¿Dónde estabas cuando te enteraste de que había muerto uno de tus padres, abuelos o seres queridos?). Pero las partes intermedias son turbias. En vez de reverberar, se desvanecen. Se pierden, en fin, en el medio.

Pero la ciencia de los tiempos está revelando que los puntos intermedios tienen unos efectos poderosos, aunque peculiares, sobre lo que hacemos y cómo lo hacemos. A veces, al llegar al punto intermedio —de un proyecto, de un semestre, de la vida— nuestro interés se adormece y nuestro progreso se estanca. Otras veces, llegar a la mitad nos incita y estimula; alcanzar el punto medio despierta nuestra motivación y nos impele a tomar un camino más prometedor.

Yo llamo a estos efectos el «bajón» y la «chispa».

Los puntos intermedios pueden desanimarnos. Eso es el bajón. Pero también pueden ponernos en marcha. Eso es la chispa. ¿Cómo podemos identificar la diferencia? ¿Y cómo podemos, si es que podemos, convertir un bajón en una chispa? Para encontrar las respuestas necesitamos algunas velas festivas, hacer un anuncio radiofónico y repasar uno de los más grandes partidos de basquetbol universitario. Pero empecemos nuestra indagación con lo que muchos considerarían el decaimiento intermedio físico, emocional y existencial por excelencia: la medianía de edad.

Eso es lo que me gusta de ti

En 1965, un desconocido psicoanalista canadiense, Elliott Jaques, publicó un artículo académico en una revista igualmente desconocida llamada *International Journal of Psychoanalysis*. Jaques había estudiado la biografía de destacados artistas, entre ellos Mozart, Rafael, Dante y Gauguin, y observó que una extraordinaria cantidad de ellos había muerto a la edad de 37 años. Sobre esos endebles cimientos fácticos, añadió algunos pisos de jerga freudiana, echó al centro una borrosa escalera de anécdotas clínicas y presentó una teoría totalmente construida.

«En el curso de desarrollo del individuo —escribió Jaques— hay fases críticas que tienen un carácter de puntos de cambio, o períodos de rápida transición». Y la menos conocida, pero la más crucial de estas fases —dijo—, llega en torno a los 35 años, «lo que denominaré crisis de la mediana edad».[1]

¡Buuum!

La idea estalló. La expresión «crisis de la mediana edad» saltó a las portadas de las revistas. Se filtró en los diálogos de televisión. Lanzó decenas de películas de Hollywood y sostuvo la industria de las mesas redondas durante al menos dos décadas.[2]

[1] Jaques, Elliot, «Death and the Mid-Life Crisis», *International Journal of Psychoanalysis* 46 (1965), pp. 502-514.
[2] A su popularidad contribuyó Gail Sheehy, autor del exitoso libro en 1974, *Passages: Predictable Crises of Adult Life*, que describe variaciones de la crisis

«El rasgo central y fundamental de la fase de la mediana edad», dijo Jaques, era «la inevitabilidad de la futura muerte propia». Cuando las personas llegan a la mitad de su vida, se ponen de repente a espiar desde lejos a la Parca, lo que desata «un período de inquietud psicológica y crisis depresiva».[3] Poseídas por el espectro de la muerte, las personas de mediana edad o sucumben a su inevitabilidad, o cambian radicalmente su curso para evitar lidiar con ella. El término se infiltró en la conversación global con una velocidad pasmosa.

Sigue formando parte del lenguaje actual; el retablo de clichés culturales sigue siendo tan vívido como siempre. Sabemos cómo es una crisis de la mediana edad incluso cuando se actualiza para los tiempos contemporáneos. Mamá se compra por impulso un Maserati color cereza —en las crisis de la mediana edad, los coches son siempre rojos y deportivos—, y se marcha a toda prisa con su asistente de 25 años. Papá desaparece con el chico de la piscina para abrir una cafetería vegana en Palaos. Medio siglo después de que Jaques tirara a lo alto su granada conceptual, la crisis de la mediana edad está por todas partes.

Bueno, en todas partes menos en la evidencia.

Cuando los psicólogos del desarrollo se han puesto a buscarla en el laboratorio o en el campo, casi siempre han vuelto con las manos vacías. Cuando los encuestadores han tratado de escucharla en los sondeos de opinión pública, este supuesto *cri du cœur* apenas se detecta. Lo que sí han detectado los investigadores en los últimos diez años es un patrón más lento en la mediana edad, con una notable constancia en todo el mundo y que refleja una verdad mucho más amplia sobre los puntos intermedios de cualquier tipo.

---

de la mediana edad pero no cita a Jaques hasta la página 369. (Hay versión española de Iris Menéndez Sallés, *Las crisis de la edad adulta*, Pomaire, Santiago de Chile, 1977).

3   Jaques, Elliot, «Death and the Mid-Life Crisis», *International Journal of Psychoanalysis* 46 (1965), pp. 502-514.

Por ejemplo, en 2010 cuatro científicos sociales, incluido el economista Premio Nobel Angus Deaton, tomaron lo que denominaron «una fotografía de la distribución del bienestar por edades en Estados Unidos». El equipo pidió a 340 000 entrevistados que se imaginaran a sí mismos en una escalera cuyos peldaños estaban numerados empezando por el cero, abajo, hasta el diez, arriba.

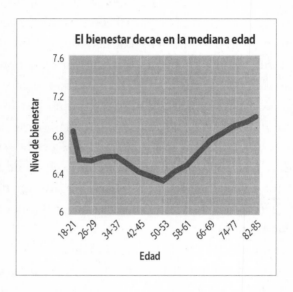

Si el peldaño más alto representaba su mejor vida posible, y el más bajo la peor posible, ¿en qué peldaño se encontraban ahora? (Era una manera más ingeniosa de preguntar: «En una escala del cero al diez, ¿cuál es tu nivel de felicidad?»). Los resultados, aun teniendo en cuenta el nivel de ingresos y la demografía, presentaban una ligera forma de U, como se puede ver en la gráfica. Las personas en la veintena y la treintena eran razonablemente felices, las personas entre cuarenta y cincuenta y pocos años algo menos, y las personas de alrededor de los cincuenta y cinco en adelante eran de nuevo más felices.[4]

4 Stone, Arthur A. *et al.*, «A Snapshot of the Age Distribution of Psycho-

El bienestar en la mediana edad no se derrumbaba al modo de un cataclismo que te cambia la vida. Solo bajaba.

Esta curva en U de la felicidad —un leve bajón en vez de una crisis aguda— es un descubrimiento sumamente sólido. Un estudio un poco anterior con más de 500 000 estadounidenses y europeos, llevado a cabo por los economistas David Blanchflower y Andrew Oswald reveló que el bienestar decaía en torno a la mitad de la vida. «La regularidad es intrigante», observaron. «La forma de U es similar en hombres y mujeres, y a ambos lados del Atlántico». Pero no era solo un fenómeno anglo-estadounidense. Blanchflower y Oswald también analizaron datos de todo el mundo y descubrieron algo extraordinario. «En total, documentamos una forma de U de la felicidad o satisfacción vital con relevancia estadística en 72 países —escriben—, desde Albania y Argentina y recorriendo las naciones-Estado por orden alfabético hasta Ubzekistán y Zimbabue».[5]

Un estudio tras otro, con una asombrosa variedad de circunstancias socioeconómicas, demográficas y vitales, ha llegado a la misma conclusión: la felicidad sube bastante alto al principio de la edad adulta pero empieza a deslizarse hacia abajo al final de los 30 años y principios de los 40, cayendo hasta el mínimo a los 50.[6] Blanchflower y Oswald descubrieron que «la edad promedio

logical Well-Being in the United States», *Proceedings of the National Academy of Sciences* 107, n.º 22 (2010), pp. 9985-9990.

5   Blanchflower, David G. y Oswald, Andrew J., «Is Well-Being U-Shaped over the Life Cycle?», *Social Science & Medicine* 66, n.º 8 (2008), pp. 1733-1749.

6   Ver también Chai Cheng, Terence, Powdthavee, y Oswald, Andrew J., «Longitudinal Evidence for a Midlife Nadir in Human Well-Being: Results from Four Data Sets», *Economic Journal* 127, n.º 599 (2017), pp. 126-142; Steptoe, Andrew, Deaton, Angus, y Stone, Arthur A., «Subjective Wellbeing, Health, and Ageing», *Lancet* 385, n.º 9968 (2015), pp. 640-648; Frijters, Paul y Beatton, Tony, «The Mystery of the U-Shaped Relationship Between Happiness and Age», *Journal of Economic Behavior & Organization* 82, n.º 2-3 (2012), pp. 525-542; Graham, Carol, *Happiness Around the World:*

calculada en la que el bienestar subjetivo de los varones estadounidenses toca fondo son los 52.9 años».[7] Pero nos recuperamos enseguida de ese bajón, y el bienestar en las etapas posteriores de la vida supera a menudo al de los años de juventud. Elliott Jaques iba por la vía correcta pero en el tren equivocado. Sí parece, efectivamente, que algo nos ocurre a mitad de la vida, pero la evidencia existente sugiere algo mucho menos dramático que su especulación original.

Pero ¿por qué? ¿Por qué este punto medio nos desinfla? Una posibilidad es la decepción por las expectativas no cumplidas. A las ingenuas edades de los 20 y 30 años, nuestras esperanzas son altas y los escenarios aparecen pintados de color de rosa. Después, la realidad empieza a filtrarse como si goteara lentamente desde el techo. Solo una persona llegará a ser consejera delegada, y no serás tú. Algunos matrimonios se desmoronan, y el tuyo, lamentablemente, es uno de ellos. El sueño de ser el propietario de un equipo de primera división se aleja mientras apenas puedes pagar la hipoteca. Sin embargo, no permanecemos demasiado tiempo en el sótano emocional, porque con el tiempo vamos ajustando nuestras aspiraciones y después nos damos cuenta de que la vida está bastante bien. En resumen, nos hundimos a la mitad porque somos unos pésimos pronosticadores. Cuando

---

The Paradox of Happy Peasants and Miserable Millionaires (Oxford University Press, Oxford, 2009). Algunos estudios han mostrado que aunque la forma de U se mantiene constante en diferentes países, varía de país a país en el «punto de inflexión», cuando el bienestar alcanza su punto más bajo y empieza su ascenso. Ver Graham, Carol y Ruiz Pozuelo, Julia. «Happiness, Stress, and Age: How the U-Curve Varies Across People and Places», *Journal of Population Economics* 30, n.º 1 (2017), pp. 225-264; Bert van Landeghem, «A Test for the Convexity of Human Well-Being over the Life Cycle: Longitudinal Evidence from a 20-Year Panel», *Journal of Economic Behavior & Organization* 81, n.º 2 (2012), pp. 571-582.

7 Blanchflower, David G. y Oswald, Andrew J., «Is Well-Being U-Shaped over the Life Cycle?», *Social Science & Medicine* 66, n.º 8 (2008), pp. 1733-1749.

somos jóvenes, nuestras expectativas son demasiado altas. En la vejez, son demasiado bajas.[8] Sin embargo, también hay otra explicación plausible. En 2012, cinco científicos pidieron a un grupo de vigilantes de zoológico e investigadores con animales de tres países distintos que les ayudaran a conocer mejor a los más de quinientos grandes simios que estaban bajo su cuidado colectivo. Estos primates —chimpancés y orangutanes— iban desde los recién nacidos hasta los más mayores. Los investigadores querían saber qué tal les iba. Así que pidieron al personal humano que puntuara el estado de ánimo y el bienestar de los simios. (No te rías. Los investigadores explican que el cuestionario que utilizaron «es un método consolidado para valorar los afectos positivos en los primates en cautiverio»). Después trazaron la correspondencia entre esas clasificaciones de la felicidad de los grandes simios con sus edades.

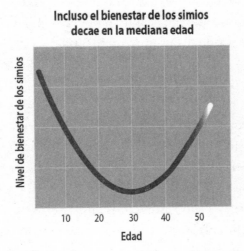

Incluso el bienestar de los simios decae en la mediana edad

Nivel de bienestar de los simios

10   20   30   40   50

Edad

8   Schwandt, Hannes, «Unmet Aspirations as an Explanation for the Age U-Shape in Wellbeing», *Journal of Economic Behavior & Organization* 122 (2016), pp. 75-87.

La gráfica resultante se muestra aquí.[9] Esto plantea una intrigante posibilidad: ¿podría ser que el bajón del punto medio tuviese una explicación más biológica que sociológica, que no fuese tanto una reacción maleable a las circunstancias como una fuerza natural inmutable?

El encendido de las velas y los recortes chapuceros

Una caja tradicional de velas de Janucá contiene 44 velas, un número determinado con precisión talmúdica. La Janucá dura ocho noches consecutivas, y los judíos que celebran la festividad señalan su observancia encendiendo cada noche unas velas colocadas en un candelabro llamado menorá. La primera noche, los que la celebran encienden una vela, dos velas la segunda noche, y así sucesivamente. Como los practicantes encienden cada vela ayudándose con otra vela, acaban usando dos velas la primera noche, tres la segunda noche, y al final nueve velas en la decimoctava noche, lo que produce la siguiente fórmula:

$$2 + 3 + 4 + 5 + 6 + 7 + 8 + 9 = 44$$

Esas 44 velas significan que la fiesta ha terminado, y la caja estará vacía. Sin embargo, en los hogares judíos de todo el mundo, a las familias les suelen sobrar velas en la caja cuando acaba la Janucá.

¿Entonces? ¿Cómo resolvemos el misterio de las velas?

Diane Mehta ofrece parte de la respuesta. Mehta es una novelista y poeta que reside en Nueva York. Su madre es una judía de

9   Weiss, Alexander *et al.*, «Evidence for a Midlife Crisis in Great Apes Consistent with the U-Shape in Human Well-Being», *Proceedings of the National Academy of Sciences* 109, no. 49 (2012), pp. 19949-19952.

Brooklyn, y su padre un jainista de la India. Ella creció en Nueva Jersey, donde celebraba la Janucá cuando encendía ansiosamente las velas «y le regalaban calcetines y cosas así». Cuando tuvo un hijo, a él también le encantaba encender las velas. Pero con el paso del tiempo —cambios de trabajo, un divorcio, los altibajos normales de la vida—, el encendido de las velas se volvió menos habitual. «Empezaba con mucho entusiasmo —me contó—. Pero al cabo de un par de días, iba decayendo». No encendía las velas cuando su hijo se quedaba con su padre en vez de con ella. Pero a veces, cuando se acercaba el final de la fiesta, «Me doy cuenta de que todavía es Janucá y enciendo otra vez las velas. Le digo a mi hijo: "Es la última noche. Deberíamos hacerlo"», dice.

Mehta suele empezar la Janucá con placer y termina con decisión, pero se afloja a la mitad. A veces se olvida de encender las velas las noches: tercera, cuarta, quinta y sexta, y por eso todavía quedan velas en la caja cuando termina la fiesta. Pero no es la única a la que le pasa. Maferima Touré-Tillery y Ayelet Fishbach son dos científicas sociales que estudian cómo las personas intentan conseguir sus objetivos y se adhieren a normas personales. Hace unos años, estaban buscando un ámbito del mundo real en el que explorar estas dos ideas cuando se dieron cuenta de que la Janucá representaba un campo de estudio ideal. Hicieron un seguimiento de la conducta de más de doscientos participantes judíos que celebraban la fiesta, midiendo si encendían las velas y, crucialmente, cuándo las encendían. Tras recoger datos durante ocho noches, esto es lo que descubrieron.

En la primera noche, encendían las velas el 76% de los participantes.

En la segunda noche, el porcentaje bajaba al 55 por ciento.

En las noches siguientes, menos de la mitad de los participantes encendían las velas; la cifra solo volvía a superar el 50% la octava noche.

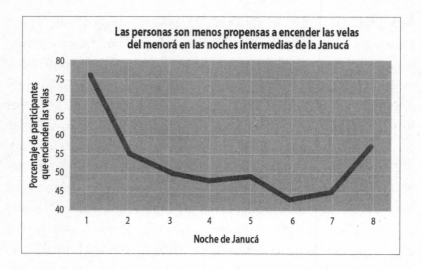

A lo largo de la Janucá, concluyeron las investigadoras, «la adherencia a las normas seguían un patrón con forma de U».[10]

Pero tal vez este bajón tenía una fácil explicación. Quizá los participantes menos religiosos, a diferencia de sus iguales más cumplidores, dejaban de participar a la mitad y bajaban la media. Touré-Tillery y Fishbach sometieron a prueba esa posibilidad. Descubrieron que el patrón de U se volvía más pronunciado en los participantes más religiosos. Eran aún más propensos que los demás a encender las velas la primera y la octava noche. Pero a mitad de la Janucá, «su conducta era casi indistinguible de la conducta de los participantes menos religiosos».[11]

Las investigadoras conjeturaron que lo que ocurría tenía que ver con una «señalización». Queremos que los demás piensen bien de nosotros. Y para algunas personas, el encendido de las velas de Janucá, que a menudo se hace delante de otras personas, es una

---

[10] Touré-Tillery, Maferima y Fishbach, Ayelet, «The End Justifies the Means, but Only in the Middle», *Journal of Experimental Psychology: General* 141, n.º 3 (2012), pp. 570-583.

[11] Ibíd.

señal de virtud religiosa. Sin embargo, los que la celebraban pensaban que las señales que más importaban, las que proyectaban su imagen con mayor potencia, eran las del principio y las del final. Las de en medio no importaban tanto. Y resultó que estaban en lo cierto. Cuando Touré-Tillery y Fishbach realizaron un experimento posterior en el que les pedían a los participantes que valoraran la religiosidad de tres personajes ficticios basándose en cuándo estos encendían las velas, «los participantes pensaban que quienes no encendían el menorá la primera y la última noche eran menos religiosos que los que se saltaban el ritual a la quinta noche».

A la mitad, relajamos nuestras normas, quizá porque los demás relajan su valoración sobre nosotros. En los puntos intermedios, por motivos imprecisos pero reveladores, recortamos los picos, como demuestra un último experimento. Touré-Tillery y Fishbach también invitaron a otros participantes a lo que decían que era una prueba para medir el rendimiento de los adultos jóvenes en habilidades que no habían utilizado mucho desde su infancia. Les dieron un montón de cinco cartas, en las cuales aparecía una forma dibujada. La forma era siempre la misma, pero girada en una posición distinta en cada carta. Les dieron unas tijeras y les pidieron que recortaran las formas con el mayor cuidado posible. Después, las investigadoras entregaban las formas recortadas a los empleados del laboratorio que no participaban en el experimento y les pidieron que puntuaran, en una escala del uno al diez, la precisión con que se habían recortado las cinco figuras. ¿Cuál fue el resultado? La destreza de los participantes con las tijeras aumentaba al principio y al final pero decaía a la mitad.

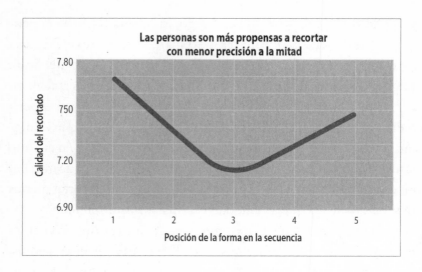

«En el ámbito de los estándares de rendimiento, descubrimos así que los participantes eran más propensos a, literalmente, meter tijera a mitad de la secuencia que al principio o al final».

Algo ocurre en el medio; algo que parece más un poder celestial que una decisión individual. De la misma manera que la curva de campana representa un orden natural, la curva en U representa otro distinto. No podemos eliminarlo. Pero como ocurre con cualquier fuerza natural —las tormentas, la gravedad, el impulso humano de consumir calorías—, podemos mitigar algunos de sus daños. El primer paso es simplemente ser conscientes de ello. Si la caída intermedia es inevitable, solo saberlo alivia parte del dolor, al igual que saber que ese estado no es permanente. Si somos conscientes de que es probable que nuestros estándares se hundan en el punto intermedio, saberlo nos puede ayudar a atenuar las consecuencias. Aunque no podemos detener la biología y la naturaleza, podemos prepararnos para sus ramificaciones.

Pero también tenemos otra opción. Podemos usar un poco de biología para contraatacar.

El efecto *oh oh*

Los mejores científicos son a menudo los que empiezan por lo pequeño y piensan a lo grande. Eso es lo que hicieron Niles Eldredge y Stephen Jay Gould. A principios de la década de los setenta, ambos eran unos jóvenes paleontólogos. Eldredge estudiaba el grupo de los trilobites, que había vivido más de 300 millones de años atrás. Gould, mientras, concentraba sus esfuerzos en dos variedades de caracol caribeño. Pero cuando Eldredge y Gould colaboraron, como hicieron en 1972, sus diminutos sujetos los llevaron a comprender de pronto algo gigantesco.

En aquel momento, la mayoría de los biólogos creían en una teoría llamada «gradualismo filético», que sostenía que las especies evolucionaban de forma lenta e incremental. La evolución, según ese razonamiento, avanza a lo largo de millones y millones de años, donde la madre naturaleza trabaja ininterrumpidamente con el padre tiempo. Pero Eldredge y Gould vieron algo distinto en el registro fósil de los artrópodos y los moluscos que estaban estudiando. La evolución de las especies avanzaba a veces con la misma lentitud que los propios caracoles. Pero en otros momentos, iba vertiginosa. Las especies experimentaban largos períodos de estasis interrumpidos por repentinos estallidos de cambio. Después, la especie recién transformada se mantenía estable durante otro largo trecho, hasta que otra erupción alteraba abruptamente su curso una vez más. Eldredge y Gould llamaron a su nueva teoría «equilibrio puntuado».[12] El camino de la evolución no era un ascenso suave. La verdadera trayectoria era menos lineal: perío-

---

[12] Eldredge, Niles y Jay Gould, Stephen, «Punctuated Equilibria: An Alternative to Phyletic Gradualism», en Thomas Schopf, (ed.), *Models in Paleobiology* (Freeman, Cooper and Company, San Francisco, 1972), pp. 82-115; Jay Gould, Stephen y Eldredge, Niles, «Punctuated Equilibria: The Tempo and Mode of Evolution Reconsidered», *Paleobiology* 3, n.º 2 (1977), pp. 115-151.

dos de estabilidad anodina puntuados por rápidas explosiones de cambio. La teoría de Eldredge y Gould era en sí misma una forma de equilibrio puntuado, una gigantesca explosión conceptual que interrumpió a la biología en un momento de desperezamiento y recondujo la disciplina hacia un camino alternativo.

Una década más tarde, una investigadora llamada Connie Gersick estaba empezando a estudiar otro organismo (los seres humanos) en su hábitat natural (las salas de conferencias). Observó a pequeños grupos de personas trabajando en proyectos —el equipo especial de un banco que estaba desarrollando un nuevo tipo de cuenta, los administradores de un hospital que estaban planificando un retiro de un día, personal administrativo y docente de una universidad que estaba diseñando un nuevo instituto de ciencias de la computación— desde su primerísima reunión hasta el momento en que llegaban a su fecha límite. Los pensadores del management creían que los equipos que trabajaban en proyectos avanzaban de forma gradual a través de una serie de etapas, y Gersick pensó que si grababa en video todas las reuniones y transcribía todas las palabras que decía la gente, podría comprender estos procesos constantes de los equipos con más detalle.

Lo que descubrió en su lugar fue una inconstancia. Los equipos no progresaban constantemente a través de un conjunto universal de etapas. Usaban enfoques sumamente distintos e idiosincrásicos para sacar el trabajo adelante. El equipo del hospital evolucionaba de forma distinta al equipo del banco, que evolucionaba de modo diferente al equipo de ciencias de la computación. Sin embargo, lo que se mantenía igual, incluso cuando en las demás cosas divergían, «eran los momentos en que los grupos se formaban, se mantenían y cambiaban»,[13] escribió Gersick.

---

[13] Gersick, Connie J. G., «Time and Transition in Work Teams: Toward a New Model of Group Development», *Academy of Management Journal* 31, n.º 1 (1988), pp. 9-41.

Cada grupo atravesaba primero una fase de inercia prolongada. Los compañeros se estaban conociendo unos a otros, pero no lograban mucho. Hablaban de ideas pero no avanzaban. El reloj marcaba las horas. Los días pasaban.

Después llegaba una transición repentina. «En un arrebato de cambios, los grupos abandonaban los viejos patrones, interactuaban con supervisores externos, adoptaban nuevas perspectivas sobre su trabajo y hacían progresos radicales», descubrió Gersick. Tras la fase de inercia inicial, entraban en una fase de concentración y dedicación donde el plan se ejecutaba y avanzaba deprisa hacia la fecha límite. Pero aún más interesante que el arrebato en sí era cuándo se producía. No importaba cuánto tiempo asignaran los distintos equipos, «cada grupo experimentaba su transición en el mismo punto de su calendario: exactamente a medio camino entre su primera reunión y su fecha límite oficial».

Los banqueros daban su salto adelante en el diseño de una nueva cuenta «el decimoséptimo día de un período de 34 días». Los administradores del hospital tomaron un rumbo nuevo y más productivo en la sexta semana de un trabajo de 12 semanas. Era así en todos los equipos. «A medida que cada grupo se aproximaba al punto medio entre el momento en que empezó a trabajar y su fecha límite, experimentaba un gran cambio», escribió Gersick. Los grupos no avanzaban hacia sus objetivos a un ritmo constante, uniforme. En su lugar, dedicaban un tiempo considerable a no lograr casi nada, hasta que experimentaban un arrebato de actividad que siempre llegaba «en el punto medio temporal» de un proyecto.[14]

Como Gersick obtuvo unos resultados que no esperaba, y contradecían la opinión dominante, buscó una forma de entenderlos. «El paradigma mediante el cual acabé interpretando los resultados se parece bastante a un concepto relativamente nuevo del ámbito

[14] Ibíd.

de la historia natural que hasta el momento no se ha aplicado a los grupos: el equilibrio puntuado», escribió. Como aquellos trilobites y caracoles, los equipos de seres humanos que trabajaban juntos no progresaban de forma paulatina. Experimentaban períodos prolongados de inercia, interrumpidos por súbitos arrebatos de actividad. Pero en el caso de los seres humanos, cuyos horizontes temporales abarcaban unos pocos meses, y no millones de años de evolución, el equilibrio siempre tenía la misma marca de puntuación: el punto medio.

Por ejemplo, Gersick estudió a un grupo de alumnos de empresariales al que se le habían dado 11 días para analizar un caso y preparar un artículo académico explicativo. Los miembros del equipo negociaron y discutieron al principio, resistiéndose a los consejos externos. Pero al sexto día de trabajo —a la mitad exacta de su proyecto—, el problema de los tiempos aterrizó en la conversación: «Vamos muy mal de tiempo», advirtió un miembro del equipo. Poco después de ese comentario, el grupo abandonó su enfoque inicial, muy poco prometedor, y generó una estrategia revisada que siguió hasta el final. En la marca de mitad del camino en este equipo y en otros, escribió Gersick, sus miembros tenían «una nueva sensación de urgencia».

Llamémoslo «efecto *oh oh*».

Cuando llegamos a la mitad, a veces nos dejamos caer, pero otras veces damos un salto. Una sirena mental nos alerta de que hemos desperdiciado la mitad de nuestro tiempo. Eso nos inyecta una saludable dosis de estrés —*Oh, oh... ¡Se nos está acabando el tiempo!*— que reaviva nuestra motivación y nos hace remodelar nuestra estrategia.

En investigaciones posteriores, Gersick confirmó el poder del efecto *oh oh*. En un experimento, reunió a ocho equipos de estudiantes de MBA y les encargó, tras leer durante 15 o 20 minutos unas instrucciones sobre diseño, crear un anuncio publicitario para la radio en una hora. Después, como en su anterior trabajo, grabó en video las interacciones y transcribió las conversaciones. Todas las notas hacían algún comentario de tipo «*oh oh*» («De acuerdo, ya solo nos queda la mitad del tiempo. Ahora sí que tenemos un problema») transcurridos entre 28 y 31 minutos del proyecto de una hora. Y seis de los ocho equipos hicieron su «progreso más importante» durante «un arranque concentrado en el punto medio».[15]

Descubrió que se mantenía la misma dinámica en períodos más largos. En otra investigación, pasó un año observando a una empresa de nueva creación financiada con capital riesgo, a la que llamó M-Techoras. Una empresa entera no tiene la vida finita o las fechas límites específicas que tienen los equipos de proyectos pequeños. Sin embargo, Gersick descubrió que M-Tech «presentaba muchos de los mismos patrones básicos puntuacionales, regulados por el tiempo que los grupos de proyectos, a un nivel más sofisticado y deliberado». Es decir, que el consejero delegado de M-Tech programaba todas las reuniones clave sobre planificación y evaluación de la empresa en julio, a la mitad del calendario anual, y utilizaba lo aprendido para reorientar la estrategia de M-Tech para la segunda mitad del año.

«Las transiciones a mitad de año, como las transiciones a mitad de plazo en los grupos, moldearon considerablemente la historia de M-Tech», escribió Gersick. Estas pausas en el tiempo interrumpían las tácticas vigentes y proporcionaban a los directivos la oportunidad de evaluar y modificar el curso de la compañía».[16]

Los puntos medios, como estamos viendo, pueden tener un doble efecto. En algunos casos, disipan nuestra motivación; en otros casos, la activan. A veces provocan un «*oh oh*» y reculamos;

[15] Gersick, Connie J. G., «Marking Time: Predictable Transitions in Task Groups», *Academy of Management Journal* 32, n.º 2 (1989), 274-309.
[16] Gersick, Connie J. G., «Pacing Strategic Change: The Case of a New Venture», *Academy of Management Journal* 37, n.º 1 (1994), pp. 9-45.

otras veces, desencadenan un «*oh oh*» y avanzamos. En ciertas condiciones, provocan un bajón, en otras, traen la chispa.

Pensemos en las mitades como si fuesen un despertador mental. Solo son eficaces cuando ponemos la alarma, cuando podemos oír sus molestos pitidos, cuando no pulsamos el botón de repetición. Pero con las mitades, como con los despertadores, la alarma para despertarte más motivadora es la que llega cuando vas ligeramente retrasado.

El espectáculo de intermedio

En otoño de 1981, un novato de 19 años de Kingston, Jamaica, ingresó, a través de Cambridge, Massachusetts, en el campus de la Universidad de Georgetown en Washington. Patrick Ewing no se parecía a la mayoría de los estudiantes de primer año. Imponente, asombroso, monumentalmente alto. Pero también era un joven muy grácil, que se movía con la fluida rapidez de un velocista. Ewing había ido a Georgetown para ayudar al entrenador John Thompson a convertir la universidad en una potencia del basquetbol nacional. Y desde el primer día, Ewing fue una presencia transformadora en la cancha. Un «coloso móvil», lo llamó *The New York Times*. «Un pívot para la posteridad», dijo otro periódico. «Un monstruo aniñado de 2.10 m que podía devorar los ataques del oponente «como un comecocos humano», decía efusivamente *Sports Illustrated*.[17] Ewing convirtió rápidamente Georgetown en uno de los primeros equipos defensivos del país. Durante su primera temporada, los Hoyas ganaron treinta partidos, un récord de la

---

[17] Moran, Malcolm, «Key Role for Coaches in Final», *The New York Times*, 29 de marzo de 1982; Wilkinson, Jack, «UNC's Crown a Worthy One», *New York Daily News*, 20 de marzo de 1982; Kirkpatrick, Curry, «Nothing Could Be Finer», *Sports Illustrated*, 5 de abril de 1982.

escuela. Por primera vez en 39 años, llegaron a la Final Four de la National Collegiate Athletic Association (NCAA), donde ganaron su partido de semifinales y compitieron por el título nacional.[18]

Los rivales de Georgetown en ese partido por el título de campeonato de la NCAA en 1982 eran los Tar Heels de la Universidad de Carolina del Norte, liderados por James Worthy, alero All-American, y entrenados por Dean Smithoras. Dean Smith era considerado un buen entrenador, pero también desafortunado. Había entrenado a los Tar Heels durante 21 años, llevándolos a la fase final seis veces, llegando hasta tres finales. Pero para consternación de su estado, loco por el basquetbol, nunca se había llevado a casa un título nacional. En los partidos de torneo, los aficionados del equipo rival habían llegado a interrumpirle con gritos de: «¡Ojalá te atragantes, Dean, ojalá te atragantes!».

La noche del último lunes de marzo, los Tar Heels de Smith y los Hoyas de Thompson se enfrentaron en el Louisiana Superdome ante más de 61 000 seguidores, «la mayor multitud congregada jamás para ver un partido en el hemisferio occidental».[19]

Ewing fue intimidante desde el principio, aunque no siempre de manera productiva. Carolina del Norte logró sus primeros cuatro puntos por cuatro tapones de Ewing. (Ewing interfirió ilegalmente el balón cuando iba hacia la canasta, algo que solo puede hacer un jugador de su estatura). Carolina del Norte no llegó a encestar durante los primeros 8 minutos del partido.[20] Ewing bloqueó lanzamientos, encestó dos tiros libres y acabó logrando 23 puntos. Pero Carolina del Norte mantenía una corta distancia. Cuando faltaban 40 segundos para el fin del primer tiempo,

---

[18] En las cuatro temporadas que Ewing pasó en Georgetown, los Hoyas llegaron a las finales de la NCAA en tres ocasiones.

[19] Kirkpatrick, Curry, «Nothing Could Be Finer», *Sports Illustrated*, 5 de abril de 1982.

[20] Moran, Malcolm, «North Carolina Slips Past Georgetown by 63–62», *The New York Times*, 30 de marzo de 1982.

Ewing corrió los 24 m de la cancha contraatacando rápidamente e hizo un mate tan estruendoso que casi se hunde el suelo. En el intermedio, Georgetown iba ganando por 32 a 31, un buen augurio. En las 43 finales anteriores de la NCAA, el equipo que iba a la cabeza en la mitad del partido había ganado 34 de ellos, una tasa de éxito del 80%. Durante su temporada normal, Georgetown tenía un récord de 26 partidos a uno cuando iba a la cabeza a mitad del partido.

Los intermedios deportivos representan otro tipo de mitad: es un momento específico en que se detiene la actividad y los equipos se reevalúan y recalibran. Pero los intermedios deportivos difieren de los puntos medios de la vida, e incluso de un proyecto, en un aspecto importante: en este punto medio, el equipo que va perdiendo se enfrenta a una cruda realidad matemática. El otro equipo tiene más puntos. Eso significa que si en el segundo tiempo solo logra alcanzarlo, tiene garantizada la derrota. El equipo que va por detrás no solo tiene que ganar más puntos que el rival; también tiene que ganar más puntos de los que los separan. Un equipo que va ganando a la mitad —en cualquier deporte— tiene más probabilidad de ganar el partido que su rival. Esto tiene poco que ver con los límites de la motivación personal, y mucho con la despiadada probabilidad.

Sin embargo, hay una excepción: una peculiar circunstancia en la que la motivación parece vencer a las matemáticas.

Jonah Berger, de la Universidad de Pensilvania, y Devin Pope, de la Universidad de Chicago, analizaron más de 18 000 partidos de la Asociación Nacional de Basquetbol (NBA) a lo largo de 15 años, prestando especial atención al marcador en los intermedios. No es extraño que los equipos que iban ganando en el intermedio ganasen más partidos que los que iban por detrás. Por ejemplo, una ventaja de seis puntos en el intermedio le daba a un equipo un 80% de probabilidad de ganar el partido. Sin embargo, Berger y Pope detectaron una excepción a la regla: los equipos que llevaban solo un punto de desventaja eran más propensos a ganar. De hecho, ir un punto por detrás era más ventajoso que ir un punto por delante. Los equipos locales con un déficit de un punto en el intermedio ganaron más del 58% de las veces. En realidad, ir perdiendo por un punto en el intermedio equivalía, extrañamente, a ir ganando por dos puntos.[21]

Berger y Pope analizaron después diez años de partidos de la NCAA, alrededor de 46000 partidos en total, y se encontraron el mismo efecto, aunque menor. «Ir ligeramente por detrás (en el intermedio) aumenta considerablemente la probabilidad de ganar de un equipo», escribieron. Y cuando estudiaron los patrones de puntuación con mayor detalle, descubrieron que los equipos que iban perdiendo ganaban un elevadísimo porcentaje de sus puntos inmediatamente después del descanso. Salían con fuerza al principio del segundo tiempo.

Las toneladas de datos pueden revelar correlaciones, pero no nos dicen nada definitivo sobre las causas. Así que Berger y Pope llevaron a cabo algunos experimentos para identificar los mecanismos que actúan. Reunieron a un grupo de participantes y los enfrentaron contra un rival situado en otra sala, en un concurso para ver quién lograba teclear con más rapidez en una computadora. Los que obtuvieran una puntuación más alta que sus oponentes, recibirían un premio en metálico. El concurso transcurría en dos breves períodos separados por un descanso. Y fue durante el descanso cuando los responsables del experimento trataron a sus participantes de forma distinta. A algunos les dijeron que iban muy por detrás de su oponente; a otros que iban un poco por detrás; a otros que iban empatados; y a otros que iban un poco por delante.

¿Cuáles fueron los resultados? Tres grupos tuvieron un rendimiento similar al del primer tiempo, pero uno lo hizo considera-

---

[21] Berger, Jonah y Pope, Devin, «Can Losing Lead to Winning?», *Management Science* 57, n.º 5 (2011), pp. 817-827.

blemente mejor: el de aquellos que creían que iban perdiendo por poco. «Simplemente decirles que iban ligeramente por detrás de un rival les hacía esforzarse más», escriben Berger y Pope.[22]

En el segundo tiempo de las finales de 1982, Carolina del Norte salió echando chispas con un ataque acelerado y un enjambre defensivo. A los 4 minutos, los Tar Heels habían superado su déficit y abierto una ventaja de tres puntos. Pero Georgetown y Ewing contraatacaron, y el partido fue oscilando hasta los minutos finales. Cuando faltaban 32 segundos para el final, Georgetown se había puesto a la cabeza por 62 a 61. Dean Smith pidió tiempo muerto con un jugador menos en su equipo. Carolina del Norte recibió el balón, hizo siete pases cercanos a la línea de tiro libre y después llevó el balón por el lado débil de la cancha, donde un novato y desconocido escolta lanzó un tiro en suspensión de 5 m que puso a los Tar Heels a la cabeza. En los segundos restantes, los Hoyas tropezaron. Y el déficit de un punto de Carolina del Norte en el intermedio se convirtió en una victoria nacional por un punto.

El partido de campeonato de la NCAA de 1982 se convirtió en una leyenda de los anales del basquetbol. Dean Smith, John Thompson y James Worthy serían tres de los únicos 350 jugadores, entrenadores y otras figuras de la historia del deporte que tienen una placa en el Salón de la Fama del Basquetbol. Y ese desconocido novato que hizo ganar a su equipo se llamaba Michael Jordan, cuya carrera basquetbolística fue bastante bien.

Pero para los que estamos interesados en la psicología de los puntos medios, el momento más crucial llegó cuando Smith se dirigió a su equipo, con un punto de desventaja. «Estamos en muy buena forma —les dijo—. Prefiero estar en nuestra piel que en la de ellos. Estamos exactamente donde nos interesa estar».[23]

---

[22] Ibíd.

[23] «Key Moments in Dean Smith's Career», *Charlotte Observer*, 8 de febrero de 2015.

Los puntos medios son un hecho de la vida y una fuerza natural, pero eso no significa que sus efectos sean inexorables. La mejor opción para convertir un bajón en una chispa requiere tres pasos.

Primero, sé consciente de los puntos medios. No dejes que permanezcan invisibles.

Segundo, úsalos para despertarte, en vez de para darte la vuelta y seguir durmiendo; para decir un ansioso «*oh oh*» en vez de un resignado «*oh*, no».

Tercero, a la mitad, imagina que va por detrás, pero solo un poco por detrás. Eso activará tu motivación y quizá te ayude a ganar un campeonato nacional.

Manual del hacker del tiempo
CAPÍTULO 4

Cinco maneras de volver a despertar tu motivación durante un bajón a la mitad

Si has llegado a la mitad de un proyecto o encargo, y el «efecto *oh oh*» no ha hecho su aparición, aquí van algunas maneras directas y probadas para sacarte del bajón:

1. **Establece objetivos intermedios**

   Para mantener la motivación, o quizá hacerla prender de nuevo, divide los proyectos grandes en pasos más pequeños. En un estudio que analizaba la pérdida de peso, correr una carrera y acumular suficientes millas de pasajero frecuente para conseguir un boleto gratis, los investigadores descubrieron que las personas tenían una motivación fuerte al principio y al final en la persecución de sus objetivos, pero a mitad de camino se quedaban «atascados en el medio».[1] Por ejemplo,

---

[1] Bonezzi, Andrea C., Brendl, Miguel, and De Angelis, Matteo, «Stuck in the Middle: The Psychophysics of Goal Pursuit», *Psychological Science* 22, n.º 5 (2011), pp. 607-612.

en la aventura de conseguir 25 000 millas, la gente estaba más dispuesta a esforzarse para acumular millas cuando tenían 4 000 o 21 000. Pero cuando tenían 12 000, su diligencia flaqueaba. Una solución es intentar que tu mente vea el punto medio de forma distinta. En lugar de pensar en el total de 25 000 millas, establece un subobjetivo en la marca de las 12 000 para acumular 15 000 y concentrarte en esa cifra. En una carrera, sea literal o metafórica, en lugar de pensar en tu distancia hasta la línea de meta, concéntrate en llegar al próximo indicador kilométrico.

2. **Comprométete públicamente a lograr esos objetivos intermedios**

Una vez que hayas establecido tus subobjetivos, moviliza el poder del compromiso público. Somos mucho más propensos a mantener un objetivo si hacemos que alguien nos pida cuentas. Una forma de superar un bajón es contarle a otra persona cómo y cuándo quieres lograr algo. Supongamos que estás escribiendo una tesis y vas por la mitad, o diseñando un currículum, o elaborando el plan estratégico de tu empresa. Publica un tuit o un mensaje en Facebook diciendo que acabarás el tramo actual en una determinada fecha. Pídele a tus seguidores que lo comprueben cuando se acerque la fecha. Al haber tantas personas esperando tus resultados, querrás evitar la vergüenza pública logrando tu objetivo.

3. **Deja la frase a la mitad**

Ernest Hemingway publicó 15 libros a lo largo de su vida, y una de sus técnicas de productividad favoritas era una que he utilizado yo mismo (también para escribir este libro). Solía acabar una sesión de escritura no al final de una sección o párrafo, sino justo en el medio de una frase. Esa sensación de inconclusión encendía una chispa de punto intermedio que lo ayudaba a empezar al día siguiente con un ímpetu inmediato. Una razón por la que la técnica de Hemingway funciona es el llamado efecto Zeigarnik, nuestra tendencia a recordar mejor las tareas inacabadas que las acabadas.[2] Cuando estés en medio de un proyecto, prueba a acabar el día a la mitad de una tarea con un paso siguiente claro. Eso puede estimular tu motivación en el día a día.

4. **No rompas la cadena (la técnica Seinfeld)**

Jerry Seinfeld tiene la costumbre de escribir cada día. No solo los días en que se siente inspirado, sino todos los malditos días. Para mantener la concentración, él imprime un calendario con los 365 días del año. Y tacha con una gran equis roja los días en que escribe. «Al cabo de unos días, tendrás una cadena», le dijo al desarrollador de software Brad Isaac. «Simplemente, mantén la cadena y crecerá cada día. Te gustará ver esa cadena, especialmente cuando tienes varias semanas en tu haber. Lo único que tienes que hacer entonces es no romper la cadena».[3] Imagina que sientes el bajón del punto medio, pero después miras esa cadena de treinta, cincuenta o cien equis. Tú, como Seinfeld, te pondrás a la altura de las circunstancias.

5. **Piensa en una persona a la que ayudará tu trabajo**

A nuestro equipo de estrellas para la motivación en el punto medio, con Hemingway y Seinfeld, vamos a añadir a Adam Grant, profesor de la escuela Wharton y autor de *Originales* (Paidós Empresa), y *Dar y recibir: por qué ayudar a los demás conduce al éxito* (Gestión 2000). Al enfrentarse a tareas difíciles, consigue motivarse pre-

---

2 Ver Seifert, Colleen M. y Patalano, Andrea L., «Memory for Incomplete Tasks: A Re-Examination of the Zeigarnik Effect», *Proceedings of the Thirteenth Annual Conference of the Cognitive Science Society* (Lawrence Erlbaum Associates, Mahwah, 1991), p. 114.

3 Isaac, Brad, «Jerry Seinfeld's Productivity Secret», *Lifehacker*, 24 de julio de 2007, pp. 276-286.

guntándose cómo va a beneficiar a otras personas lo que está haciendo.[4] El bajón del «¿cómo puedo continuar?» se convierte en la chispa del «¿cómo puedo ayudar?». Así que, si te ves atascado a mitad de un proyecto, piensa en la persona que se beneficiará de tus esfuerzos. Dedicarle tu trabajo a esa persona hará que te dediques con más intensidad a la tarea.

Organiza tu próximo proyecto con el método formación-conflicto-desempeño

En las décadas de los sesenta y setenta, el psicólogo organizacional Bruce Tuckman desarrolló una influyente teoría sobre cómo los grupos se conducen a lo largo del tiempo. Tuckman pensaba que todos los equipos atravesaban cuatro etapas: formación [*form*], conflicto [*storm*], normalización [*norm*] y desempeño [*perform*]. Podemos combinar las piezas del modelo de Tuckman con la investigación de Gersick sobre las fases de los equipos para crear una estructura de tres fases para tu próximo proyecto.

Fase 1: Formación y conflicto

Cuando los equipos se unen por primera vez, suelen disfrutar de un período de máxima armonía y mínimo conflicto. Utiliza esos primeros momentos para desarrollar una visión compartida, establecer valores de grupo y generar ideas. En un determinado momento, sin embargo, el conflicto se abrirá paso entre los cielos soleados (esa es la «tormenta» [*storm*] de Tuckman). Algunos

---

4 Grant, Adam, 2 *Fail-Proof Techniques to Increase Your Productivity* (Inc. Video). Disponible en <https://www.inc.com/adam-grant/productivity-playbook-failproof-productivity-techniques.html>.

caracteres fuertes pueden intentar ejercer su influencia y reprimir voces más discretas. Algunas personas pueden cuestionar sus responsabilidades y funciones. A medida que pasa el tiempo, asegúrate de que todos los participantes tienen voz, que sus expectativas están claras y que todos los miembros pueden contribuir.

Fase 2: El punto medio

A pesar de todo el *Sturm und Drang* de la fase 1, es probable que tu equipo no haya logrado mucho todavía. Esa fue la percepción clave de Gersick. Así que utiliza el punto medio —y el «efecto *oh oh*» que conlleva— para fijar la dirección y acelerar el ritmo. Ayelet Fishbach, de la Universidad de Chicago, cuyo trabajo con las velas de Janucá expliqué antes, ha descubierto que cuando el nivel de compromiso del equipo para alcanzar un objetivo es alto, es mejor hacer hincapié en el trabajo que queda por hacer. Pero cuando el nivel de compromiso del equipo es bajo, es más prudente hacer hincapié en el progreso que ya se ha hecho, aunque no sea muy grande.[5] Averigua el nivel de compromiso de tu equipo y obra en consecuencia. Cuando fijes el camino, recuerda que los equipos se cierran más a las ideas y soluciones nuevas a partir de la mitad.[6] No obstante, también están más abiertos a recibir instrucciones y orientaciones.[7] Así que canaliza tu Dean Smith interior, explica que van un poco atrás, y estimula la acción.

---

5 Koo, Minjung y Fishbach, Ayelet, «Dynamics of Self-Regulation: How (Un) Accomplished Goal Actions Affect Motivation», *Journal of Personality and Social Psychology* 94, n.º 2 (2008), pp. 183-195.

6 Ford, Cameron y Sullivan, Diane M., «A Time for Everything: How the Timing of Novel Contributions Influences Project Team Outcomes», *Journal of Organizational Behavior* 25, n.º 2 (2004), pp. 279-292.

7 Hackman, J. Richard y Wageman, Ruth, «A Theory of Team Coaching», *Academy of Management Review* 30, n.º 2 (2005), pp. 269-287.

Fase 3: Desempeño

En este punto, los miembros del equipo se sienten motivados y seguros para alcanzar el objetivo, y por lo general son capaces de trabajar juntos con una fricción mínima. Mantén ese progreso en marcha, pero ten cuidado con la vuelta a la fase de «conflicto». Supongamos que formas parte de un equipo que está diseñando un coche, donde los distintos diseñadores siguen la corriente, pero están empezando a mostrarse hostiles unos con otros. Para mantener un rendimiento óptimo, pídeles a tus colegas que den un paso atrás, que respeten las funciones de cada uno, y pongan un nuevo énfasis en la visión compartida por la que están trabajando. Debes estar dispuesto a cambiar de táctica, pero en esta fase, concéntrate de lleno en la ejecución.

Cinco maneras de combatir el bajón del punto medio

Brené Brown, escritora y profesora de la Universidad de Houston, aporta una definición maravillosa de «punto medio». Dice que es el período en el que «el universo te toma por los hombros y te dice: "Yo no me dedico a hacerme el tonto, así que utiliza los dones que te han dado"». Puesto que la mayoría de nosotros tendremos que lidiar algún día con la curva U del bienestar, aquí van algunas formas de responder cuando el universo te toma por los hombros pero no estás del todo preparado.

1. **Prioriza tus principales objetivos (técnica Buffett)**
   Comparado con otros multimillonarios, Warren Buffett parece bastante buen tipo. Ha prometido donar su fortuna de miles de millones de dólares a la beneficencia. Lleva un estilo de vida modesto. Y sigue trabajando duro a sus ochenta y tantos años. Pero resulta que el Oráculo de Omaha también es oracular en lo que respecta al manejo del bajón del punto medio.

Cuenta la leyenda que Buffett estaba un día hablando con su piloto privado, que se sentía frustrado porque no había logrado todo lo que esperaba. Buffett le prescribió un remedio de tres pasos.

Primero, le dijo, escribe tus 25 objetivos principales para el resto de tu vida. Segundo, mira la lista y rodea con un círculo tus primeros cinco objetivos, los que son sin ninguna duda tu máxima prioridad. Entonces tendrás dos listas: una con tus primeros cinco objetivos, y otra con los otros veinte.

Tercero, empieza a planear inmediatamente cómo lograr esos primeros cinco objetivos. ¿Y los otros veinte? Olvídate de ellos. Evítalos a toda costa. Ni los mires hasta que no hayas alcanzado los cinco primeros, lo que puede llevar algún tiempo.

Es mucho más probable que te saque del bajón hacer pocas cosas importantes bien que una docena de proyectos mal planificados e incompletos.

2. **Desarrolla en tu empresa la orientación laboral para las etapas intermedias de la carrera profesional**

La mayor parte de la orientación laboral se lleva a cabo cuando una persona es nueva en un sector o empresa, y después desaparece, basándonos en la creencia de que estamos plenamente consolidados y ya no necesitamos guías.

Hannes Schwandt, de la Universidad de Zúrich, dice que eso es un error. Él sugiere proporcionar orientación formal y específica a los empleados a lo largo de sus carreras profesionales.[8] Esto tiene dos beneficios. El primero es reconocer que la curva en U del bienestar es algo con lo

---

[8] Schwandt, Hannes, «Why So Many of Us Experience a Midlife Crisis», *Harvard Business Review*, 20 de abril de 2015. Disponible en <https://hbr.org/2015/04/why-so-many-of-us-experience-a-midlife-crisis>.

que nos encontramos la mayoría. Hablar abiertamente del bajón nos puede ayudar a darnos cuenta de que está bien experimentar cierto hastío a mitad de la carrera.

El segundo es que los empleados más experimentados pueden ofrecer estrategias para afrontar el bajón. Y los compañeros pueden servirse mutuamente de guía. ¿Qué han hecho los demás para reinyectar un sentido de propósito a sus trabajos? ¿Cómo han construido relaciones con sentido en la oficina y fuera de ella?

3 . **Sustrae los acontecimientos positivos**

En las matemáticas de la vida, a veces es más poderosa la resta que la suma. En 2008, cuatro psicólogos sociales se inspiraron en la película *¡Qué bello es vivir!* para sugerir una nueva técnica basada en esa idea.[9]

Empieza pensando en algo positivo de tu vida, por ejemplo, el nacimiento de tu hijo, tu matrimonio o un espectacular logro profesional. Después haz una lista de todas las circunstancias que lo hicieron posible: quizá una decisión aparentemente insignificante sobre dónde cenar una noche, o una clase a la que decidiste inscribirte por antojo, o el amigo de un amigo de un amigo que te habló por casualidad de una vacante en un trabajo.

A continuación, apunta todos los acontecimientos, circunstancias y decisiones que podrían no haberse producido. ¿Y si no hubieses ido a esa fiesta o hubieses rechazado tomar café con tu primo? Imagina tu vida sin esa cadena de acontecimientos y, lo que es más importante, sin esos inmensos beneficios en tu vida.

9   Koo, Minkyung *et al.*, «It's a Wonderful Life: Mentally Subtracting Positive Events Improves People's Affective States, Contrary to Their Affective Forecasts», *Journal of Personality and Social Psychology* 95, n.º 5 (2008), pp. 1217-1224.

Ahora volvamos al presente y recuerda que la vida sí salió como querías. Considera la feliz y bella aleatoriedad que trajo esa persona u oportunidad a tu vida. Da un suspiro de alivio. Sacude la cabeza sorprendido por tu buena suerte. Da gracias. Tu vida es posiblemente más maravillosa de lo que piensas.

4. **Escribe algunos párrafos de autocompasión**

A menudo mostramos más compasión hacia los demás que hacia nosotros mismos. Pero la ciencia de lo que se denomina «autocompasión» demuestra que este sesgo puede perjudicar nuestro bienestar y debilitar nuestra capacidad de resistencia.[10] Por eso quienes investigan sobre este tema recomiendan cada vez más seguir prácticas como las siguientes.

Empieza identificando algo de ti mismo que te llene de remordimiento, vergüenza o decepción. (Tal vez que te despidieran de un trabajo, que reprobaras una asignatura, que minaras una relación o que arruinaras tus finanzas). Después, escribe detalles concretos sobre cómo te hace sentir.

Después, escríbete un correo electrónico, de dos párrafos, que expresen compasión o comprensión sobre este elemento de tu vida. Imagina lo que una persona a la que

[10] Breines, Juliana G. y Chen, Serena, «Self-Compassion Increases Self-Improvement Motivation», *Personality and Social Psychology Bulletin* 38, n.º 9 (2012), pp. 1133-1143; Neff, Kristin D. y Germer, Christopher K., «A Pilot Study and Randomized Controlled Trial of the Mindful Self-Compassion Program», *Journal of Clinical Psychology* 69, n.º 1 (2013), pp. 28-44; Neff, Kristin D., «The Development and Validation of a Scale to Measure Self-Compassion», *Self and Identity* 2, n.º 3 (2003), pp. 223-250; Shapira, Leah B. y Mongrain, Myriam, «The Benefits of Self-Compassion and Optimism Exercises for Individuals Vulnerable to Depression», *Journal of Positive Psychology* 5, no. 5 (2010), pp. 377-389; Yarnell, Lisa M. et al., «Meta-Analysis of Gender Differences in Self-Compassion», *Self and Identity* 14, n.º 5 (2015), pp. 499-520.

importas podría decir. Seguramente sería más indulgente que tú. De hecho, Kristin Neff, profesora de la Universidad de Texas, sugiere que escribas una carta «desde la perspectiva de un amigo imaginario que te quiere de forma incondicional». Pero mezcla la comprensión con la acción. Añade algunas frases sobre qué cambios harías en tu vida y cómo puedes mejorar en el futuro. Una carta de autocompasión funciona como un corolario inverso de la Regla de Oro: te proporciona un modo de tratarte a ti mismo como tratarías a los demás.

5. **Espera**

A veces la mejor línea de acción es... la inacción. Sí, puede parecer angustioso, pero a veces el paso correcto es no dar el paso. Los bajones son normales, pero también tienen una corta vida. Salir de ellos es tan natural como caer en ellos. Los podemos ver como un resfriado: es una molestia, pero acabará pasándose, y cuando lo haga, apenas te acordarás de él.

5. Finales
Maratones, chocolates y el poder del patetismo

«Tener un final feliz depende, naturalmente,
de dónde detengas tu historia».

ORSON WELLES

Cada año, más de medio millón de estadounidenses corre un maratón. Después de entrenarse durante meses, se levantan temprano una mañana de fin de semana, se atan los tenis, y corren 42 km en alguno de los 1 100 maratones que se celebran anualmente en Estados Unidos. En otras partes del mundo, las ciudades y regiones celebran otros 3 000 maratones, que atraen a bastante más de un millón de corredores. Muchos de los participantes, en Estados Unidos y en todo el planeta, corren su primer maratón. Según los cálculos, alrededor de la mitad de las personas que corren un maratón normal lo hacen por primera vez.[1]

¿Qué impulsa a estos principiantes a arriesgarse a machacarse las rodillas, torcerse un tobillo o abusar de las bebidas isotónicas?

[1] Running USA, 2015 *Running USA Annual Marathon Report*, 26 de mayo de 2016, disponible en <http://www.runningusa.org/marathon-report-2016>; Ahotu Marathons, 2017–2018 *Marathon Schedule*, disponible en <http://marathons.ahotu.com/calendar/marathon>; Skechers Performance Los Angeles Marathon, *Race History*, disponible en <http://www.lamarathon.com/press/race-history>; Cave, Andrew y Miller, Alex, «Marathon Runners Sign Up in Record Numbers», *Telegraph*, 24 de marzo de 2016.

Para la artista australiana Red Hong Yi, «un maratón ha sido siempre una de esas cosas imposibles de hacer», me dijo, así que decidió «renunciar a mis fines de semana para intentar conseguirlo». Corrió el Maratón de Melbourne en 2015, el primero para ella, después de entrenar durante seis meses. Jeremy Medding, que trabaja en la industria del diamante en Tel Aviv, y cuyo primer maratón fue el de Nueva York en 2005, me dijo que «siempre hay un objetivo que nos prometemos a nosotros mismos», y que el maratón era una de las casillas que le faltaba por marcar. Cindy Bishop, que trabaja como abogada en Florida Central, dijo que había corrido su primer maratón en 2009 «para cambiar mi vida y reinventarme a mí misma». Andy Morozovsky, zoólogo convertido en ejecutivo del sector de la biotecnología, corrió el maratón de San Francisco en 2015, a pesar de que hasta entonces solo había corrido distancias mucho más cortas. «No esperaba ganarlo. Solo me planteé terminarlo —me dijo—. Quería ver qué era capaz de hacer».

Cuatro personas con diferentes profesiones que viven en cuatro partes distintas del mundo, unidas por la meta común de correr 42 km. Pero hay algo más que vincula a estos y otras legiones de corredores que corren maratones por primera vez.

Red Hong Yi corrió su primer maratón cuando tenía 29 años. Jeremy Medding corrió el suyo cuando tenía 39. Cindy Bishop corrió su primer maratón a los 49 años, y Andy Morozovsky a los 59.

Los cuatro eran lo que los psicólogos sociales Adam Alter y Hal Hershfield llaman «nueveañeros» («9-enders»), personas que se encuentran en el último año de una década de su vida. Estas personas se proponen hacer algo a los 29, 39, 49 y 59 que no hicieron, y ni siquiera se plantearon hacer, a los 28, 38, 48 y 58. Llegar al final de una década les inquietaba de algún modo y dieron un nuevo cauce a sus actos. Los finales tienen ese efecto.

Como los comienzos y las mitades, los finales dirigen discretamente lo que hacemos y cómo lo hacemos. De hecho, todos los tipos de finales —de experiencias, proyectos, semestres, negociaciones o etapas de la vida— moldean nuestra conducta de cuatro maneras predecibles. Nos ayudan a ganar energía. Nos ayudan a codificar. Nos ayudan a editar. Nos ayudan a elevarnos.

Ganar energías: por qué nos esforzamos más cuando nos acercamos a algunas líneas de meta

Las décadas cronológicas tienen poca relevancia material. Para un biólogo o un médico, las diferencias fisiológicas entre, por ejemplo, Fred a los 39 años y Fred a los 40 no son muchas, probablemente no son muy distintas a las que hay entre Fred a los 38 y Fred a los 39. Tampoco las circunstancias difieren demasiado en los años que acaban en nueve frente a los que acaban en cero. La historia de nuestra vida suele progresar de segmento a segmento, como los capítulos de un libro. Pero la historia real, como las novelas, no se atiene a cifras redondas. Al fin y al cabo, no valoramos un libro por su número de páginas: «Las páginas de la decena 160 eran superemocionantes, pero las de la decena 170 eran un poco aburridas». Sin embargo, cuando nos aproximamos al indicador arbitrario del final de una década, algo se despierta en nuestra cabeza que altera nuestra conducta.

Por ejemplo, para correr un maratón, los participantes tienen que inscribirse ante los organizadores de la carrera y declarar su edad. Alter y Hershfield descubrieron un porcentaje desproporcionado (el 48%) de personas cuyas edades terminaban en nueve entre los que debutaban como maratonistas. A lo largo del ciclo vital, la edad a la que las personas son más propensas a correr su primer maratón era los 29. Las personas con 29 años eran el

193

doble de propensas a correr un maratón que las personas con 28 o 30 años.

Asimismo, la participación por primera vez en un maratón decae poco después de cumplir los 40, pero se dispara a la edad de 49. Una persona que tenga 49 años es tres veces más propensa a correr un maratón que alguien que tenga solo un año más.

Es más: acercarse al final de una década parece acelerar el ritmo de un corredor. Las personas que han corrido múltiples maratones tuvieron mejores marcas a los 29 y los 39 años que dos años antes o después de cumplir esas edades.[2]

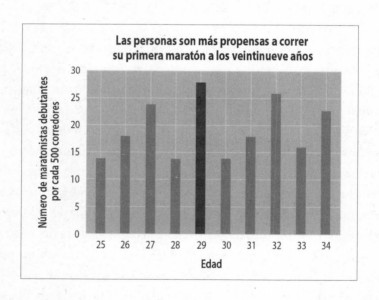

Las personas son más propensas a correr su primera maratón a los veintinueve años

[2] Alter, Adam L. y Hershfield, Hal E., «People Search for Meaning When They Approach a New Decade in Chronological Age», *Proceedings of the National Academy of Sciences* 111, n.º 48 (2014), pp. 17066-17070. Para leer una crítica de algunos de los datos de Alter y Hershfield, ver Larsen, Erik G., «Commentary On: People Search for Meaning When They Approach a New Decade in Chronological Age», *Frontiers in Psychology* 6 (2015), p. 792.

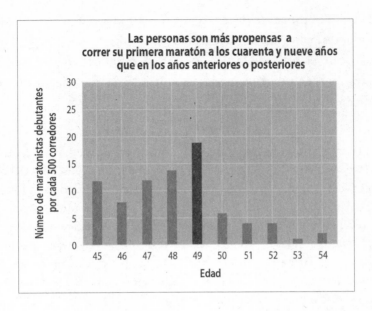

Las personas son más propensas a correr su primera maratón a los cuarenta y nueve años que en los años anteriores o posteriores

El efecto energizante del final de una década no tiene mucha lógica para Morozovsky, el científico experto en correr maratones. «¿Llevar un registro de tu edad? Al planeta le da igual. Pero a la gente no, porque nuestra vida es corta. Llevamos un registro para ver cómo vamos —me dijo—. Yo quería superar este reto físico antes de cumplir los 60. Y simplemente lo he hecho». Para Yi, la artista australiana, divisar esa marca cronológica la hizo sentirse más motivada. «Cuando se iba acercando la cifra, los 30, sentí que tenía que lograr algo en mi vigesimonoveno año —dijo—. No quería dejar pasar ese año sin más».

No obstante, cuando el cuentakilómetros de la vida llega al nueve no siempre da pie a una conducta sana. Alter y Hershfield descubrieron también que «la tasa de suicidios entre las personas con edades acabadas en nueve era más alta que entre las personas con edades terminadas en otro dígito». Lo mismo pasaba, al parecer, con la propensión de los hombres a engañar a sus mujeres. En la web de relaciones extramaritales Ashley Madison, casi uno de

cada ocho hombres tenía 29, 39, 49 o 59 años, cerca de un 18%
más del que podría predecirse al azar.

Lo que el final de la década parece desencadenar, para bien
o para mal, es una búsqueda revitalizada de significado. Como
explican Alter y Hershfield:

> Como la aproximación a una nueva década representa una frontera
> destacada entre las etapas vitales y funciona como marcador del pro-
> greso a lo largo de la vida, y como las transiciones tienden a provocar
> un cambio en las autoevaluaciones, las personas son más propensas
> a evaluar su vida al terminar una década cronológica que en otros
> momentos. A las que tienen edades terminadas en nueve les preocu-
> pa particularmente envejecer y la búsqueda de sentido, lo que está
> vinculado a un aumento de las conductas que sugieren una búsqueda
> de algo o una crisis de significado.[3]

Alcanzar el final también nos impele a actuar con mayor urgencia en otros ámbitos. Veamos el ejemplo de la Liga Nacional
de Futbol Americano. Cada partido dura 60 minutos, dividido
en dos mitades de 30 minutos. En los diez años comprendidos
entre la temporada 2007-2008 y 2016-2017, según STATS
LLC, los equipos obtuvieron un total de 119 040 puntos. Alrededor del 50.7% de esos puntos se obtuvieron en la primera
mitad, y aproximadamente el 49.3% en la segunda mitad; no
es una diferencia muy grande, sobre todo teniendo en cuenta
que, a menudo, los equipos que van ganando cuando el partido
está muy avanzado no intentan ganar puntos, sino dejar que el
tiempo se agote. Pero profundicemos algunas capas estadísticas
más, hasta los patrones de puntuación por minutos, donde se

---

[3] Alter, Adam L. y Hershfield, Hal E., «People Search for Meaning When
They Approach a New Decade in Chronological Age», *Proceedings of the
National Academy of Sciences* 111, n.º 48 (2014): 17066-17070.

manifiesta el revitalizador efecto de los finales. Durante estas temporadas, los equipos obtuvieron un total de 3 200 puntos en el último minuto de los partidos, una cifra superior a la de casi todos los demás segmentos de un minuto del partido. Pero no era nada en comparación con los aproximadamente 7 200 puntos que ganaron los equipos en el último minuto de la primera parte. En el minuto final de la primera parte, cuando el equipo que está en posesión del balón tiene todos los incentivos para anotar tantos en el marcador, los equipos ganaron más del doble de los puntos que habían ganado en cualquier otro minuto del partido.[4]

A Clark Hull, a pesar de haber nacido cuarenta años antes de la creación de la Liga Nacional de Futbol americano, no le habría sorprendido. Hull fue un prominente psicólogo estadounidense a principios del siglo XX, una de las más destacadas figuras del conductismo, que sostiene que los seres humanos no se comportan de manera muy distinta a las ratas en un laberinto. A principios de la década de 1930, Hull propuso lo que llamó «hipótesis del gradiente objetivo».[5] Hull construyó una larga pista que dividió en secciones iguales. Puso comida en cada «línea de meta». Después hizo a las ratas recorrer la pista y cronometró cuánto tardaban en correr cada sección. Descubrió que «los animales que atravesaban un laberinto se movían más rápido a medida que se aproximaban al objetivo».[6] Dicho de otro modo, cuanto más se acercaban las ratas a los víveres, más rápido corrían. La hipótesis del gradiente objetivo se ha sostenido durante más tiempo que otras ideas conductistas. Al principio de una actividad, solemos estar más

---

4 Chairusmi, Jim, «When Super Bowl Scoring Peaks—or Timing Your Bathroom Break», *Wall Street Journal*, 4 de febrero de 2017.
5 Hull, Clark L., «The Goal-Gradient Hypothesis and Maze Learning», *Psychological Review* 39, n.º 1 (1932), p. 25.
6 Hull, Clark L., «The Rat's Speed-of-Locomotion Gradient in the Approach to Food», *Journal of Comparative Psychology* 17, n.º 3 (1934), p. 393.

motivados por cuánto hemos progresado; al final, en general, nos revitaliza más intentar salvar la pequeña distancia que falta.[7]

El poder motivador de los finales es una de las razones por las que las fechas límite son a menudo —aunque no siempre— efectivas. Por ejemplo, Kiva es una organización sin ánimo de lucro que financia créditos con un interés bajo o sin intereses para microemprendedores. Los posibles prestatarios deben rellenar una larga solicitud *online* para poder aspirar a un crédito. Muchos de ellos empiezan la solicitud, pero no la terminan. Kiva contrató al Common Cents Lab, un laboratorio de investigación conductual para que encontrara una solución. ¿Qué sugirieron? Imponer un final. Poner una fecha límite específica para completar la solicitud. Hasta cierto punto, la idea parece una idiotez. Una fecha límite seguramente supone que algunas personas no terminarán la solicitud a tiempo, y por tanto, quedarán descalificadas para el préstamo. Pero Kiva descubrió que cuando enviaban a los solicitantes un recordatorio con una fecha límite, en vez de un recordatorio sin fecha límite, un 24% más de los solicitantes completaban el formulario.[8] De manera similar, en otros estudios, las personas a las que se les pone

---

7   Markman, Arthur B. y Brendl, C. Miguel, «The Influence of Goals on Value and Choice», *Psychology of Learning and Motivation* 39 (2000), pp. 97-128; Koo, Minjung y Fishbach, Ayelet, "Dynamics of Self-Regulation: How (Un) Accomplished Goal Actions Affect Motivation," *Journal of Personality and Social Psychology* 94, n.º 2 (2008), pp. 183-195; Bonezzi, Andrea, Brendl, C. Miguel, y De Angelis, Matteo, «Stuck in the Middle: The Psychophysics of Goal Pursuit», *Psychological Science* 22, n.º 5 (2011), pp. 607-612; Huang, Szu-Chi, Etkin, Jordan, y Jin, Liyin, «How Winning Change Motivation in Multiphase Competitions», *Journal of Personality and Social Psychology* 112, n.º 6 (2017), pp. 813-837; Conlon, Kyle E. *et al.*, «Eyes on the Prize: The Longitudinal Benefits of Goal Focus on Progress Toward a Weight Loss Goal», *Journal of Experimental Social Psychology* 47, n.º 4 (2011), pp. 853-855.

8   Kristen Berman, «The Deadline Made Me Do It», *Scientific American*, 9 de noviembre de 2016, disponible en <https://blogs.scientificamerican.com/mind-guest-blog/the-deadline-made-me-do-it/>.

una fecha límite más concreta —un día y una hora— son más propensas a inscribirse como donantes de órganos que quienes tienen un plazo abierto para decidir.[9] Las personas que tienen una tarjeta de regalo válida durante dos semanas son tres veces más propensas a canjearla que las personas que tienen la misma tarjeta de regalo válida para dos meses.[10] Es mucho más probable que las personas que están negociando alcancen un acuerdo cuando tienen una fecha límite que cuando no la tienen, y una abrumadora mayoría de las veces el acuerdo se produce justo en el último momento del plazo asignado.[11]

Pensemos en este fenómeno como un primo hermano del efecto del nuevo comienzo: el efecto del final rápido. Cuando estamos cerca del final, nos esforzamos un poco más.

Sin duda, el efecto no es uniforme o completamente positivo. Por ejemplo, a medida que nos acercamos a una línea de meta, tener múltiples formas de cruzarla puede ralentizar nuestro progreso.[12] Las fechas límite, especialmente en las tareas creativas, a veces pueden reducir la motivación intrínseca y aplastar la creatividad.[13] Y aunque imponer un plazo finito a las negociaciones

9   Birkimer, John C. *et al.*, «Effects of Refutational Messages, Thought Provocation, and Decision Deadlines on Signing to Donate Organs», *Journal of Applied Social Psychology* 24, n.º 19 (1994), pp. 1735-1761.
10 Shu, Suzanne B. y Gneezy, Ayelet, «Procrastination of Enjoyable Experiences», *Journal of Marketing Research* 47, n.º 5 (2010), pp. 933-944.
11 Gneezy, Uri, Haruvy, Ernan y Roth, Alvin E., «Bargaining Under a Deadline: Evidence from the Reverse Ultimatum Game», *Games and Economic Behavior* 45, n.º 2 (2003), pp. 347-368; Don A. Moore, «The Unexpected Benefits of Final Deadlines in Negotiation», *Journal of Experimental Social Psychology* 40, n.º 1 (2004), pp. 121-127.
12 Huang, Szu-Chi y Zhang, Ying, «All Roads Lead to Rome: The Impact of Multiple Attainment Means on Motivation», *Journal of Personality and Social Psychology* 104, n.º 2 (2013), pp. 236-248.
13 Amabile, Teresa M., DeJong, William y Lepper, Mark R., «Effects of Ex-

—para los contratos laborales o incluso los acuerdos de paz— a menudo puede acelerar su resolución, no siempre conduce a los mejores resultados o los más duraderos.[14]

En todo caso, poder olfatear, como las ratas de Hull, la línea de meta —ya nos ofrezca un trozo de queso o una porción de significado— puede estimularnos para ir más rápido.

Red Hong Yi, que ahora tiene 31 años, sigue corriendo para hacer ejercicio, aunque no ha intentado correr un maratón y ni siquiera se ha planteado correrlo en los próximos años. «Quizá pueda hacerlo el día que cumpla 39», dice.

Codificar: Jimmy, Jim y la buena vida

El 8 de febrero de 1931, Mildred Marie Wilson, nacida en Marion, Indiana, dio a luz al que iba a ser su único hijo: un bebé al que ella y su marido pusieron el nombre de James pero llamaban Jimmy. Jimmy disfrutó de una feliz aunque tumultuosa infancia. Su familia se mudó del norte de Indiana al sur de California, donde empezó a ir a la escuela primaria. Pero pocos años después, su madre murió súbitamente de cáncer, y el padre de Jimmy, que no tenía muchos recursos, lo mandó de vuelta a Indiana a vivir con unos familiares. El resto de su juventud fue agradable y estable, al estilo del medio oeste: iglesias, equipos deportivos y clubes de

---

ternally Imposed Deadlines on Subsequent Intrinsic Motivation», *Journal of Personality and Social Psychology* 34, n.º 1 (1976), pp. 92-98; Amabile, Teresa M., «The Social Psychology of Creativity: A Componential Conceptualization», *Journal of Personality and Social Psychology* 45, n.º 2 (1983), pp. 357-377; Deci, Edward L. y Ryan, Richard M., «The 'What' and 'Why' of Goal Pursuits: Human Needs and the Self-Determination of Behavior», *Psychological Inquiry* 11, n.º 4 (2000), pp. 227-268.

[14] Ver, p. ej., Pinfari, Marco, «Time to Agree: Is Time Pressure Good for Peace Negotiations?», *Journal of Conflict Resolution* 55, n.º 5 (2011), pp. 683-709.

debate. Cuando terminó la preparatoria, se mudó otra vez al sur de California para ir a la universidad, donde le entró el gusanito del cine y, en 1951, cuando estaba a punto de cumplir 20 años, dejó la UCLA para intentar ser actor.

Entonces esta historia corriente dio un giro extraordinario.

Jimmy consiguió enseguida algunos anuncios y pequeños papeles en televisión. Y en el año en que cumplió 23 años de edad, uno de los directores más famosos de la época le dio un papel en una adaptación cinematográfica de una novela de John Steinbeck. La película fue un gran éxito; Jimmy fue nominado al Óscar. Ese mismo año, consiguió el papel protagonista en una película aún más importante, y volvió a ser nominado al Óscar. En un abrir y cerrar de ojos, a una jovencísima edad, se había convertido en una gran estrella de Hollywood. Más tarde, cuando le faltaban cuatro meses para cumplir los 25 años, James, cuyo nombre completo era James Byron Dean, murió en un accidente de coche.

Paremos un momento y reflexionemos sobre esta pregunta: tomando la vida de Jimmy en conjunto, ¿hasta qué punto te parece una vida deseable? En una escala del uno al nueve, siendo uno la menos deseable y nueve la más deseable, ¿qué número le asignarías? Ahora consideremos una hipótesis. Imaginemos que Jimmy hubiese vivido unas décadas más, pero nunca hubiese logrado los éxitos profesionales que tuvo al poco de cumplir 20. Que no hubiese caído en la espiral de la falta de hogar y la adicción a las drogas. Que su carrera no hubiese implosionado. Que su estrella simplemente se cayera de sus empíreas alturas. Que hiciera quizá una telenovela o dos y lograra algunos papeles menores en películas menos exitosas antes de morir, pongamos, en torno a los 55 años. ¿Cómo puntuarías ahora su vida?

Cuando los investigadores han estudiado este tipo de supuestos, han descubierto una cosa extraña. Las personas tienden a puntuar más alto las vidas como las del primer supuesto (una vida corta que termina en un momento al alza) que las vidas como las

201

de la segunda hipótesis (una vida más larga que termina en un momento a la baja). Considerada en términos puramente utilitaristas, esta conclusión resulta rocambolesca. Al fin y al cabo, en el caso hipotético, Jimmy vive 30 años más. Y en esos años adicionales no está hundido en la miseria, simplemente son menos espectaculares que los primeros. El monto acumulado de positividad de esa vida más larga (que incluye los primeros años en que era una estrella) es incuestionablemente mayor.

«La sugestión de que añadir años moderadamente amables a una vida muy positiva no mejora, sino que empeora las percepciones sobre la calidad de vida, es contraria a la lógica», escriben los científicos sociales Ed Diener, Derrick Wirtz y Shigehiro Oishi. «A esto lo llamamos el efecto James Dean porque una vida corta, pero sumamente excitante como la historia de la vida de James Dean, se considera más positiva». [15]

El efecto James Dean es otro ejemplo de cómo los finales alteran nuestra percepción. Nos ayudan a codificar —es decir, a evaluar y registrar— experiencias completas. Quizá hayas oído hablar de la «regla del pico final». Formulada a principios de la década de los noventa por Daniel Kahneman y otros colegas suyos, entre ellos Don Redelmeier y Barbara Fredrickson, que estudiaron las experiencias de los pacientes durante una colonoscopia y otras experiencias desagradables, la regla dice que cuando recordamos un acontecimiento, siempre asignamos un mayor peso al momento más intenso (el pico) y a cómo termina (el final). [16] Así

[15] Diener, Ed, Wirtz, Derrick y Oishi, Shigehiro, «End Effects of Rated Life Quality: The James Dean Effect», *Psychological Science* 12, n.º 2 (2001), pp. 124-128.

[16] Kahneman, Daniel *et al.*, «When More Pain Is Preferred to Less: Adding a Better End», *Psychological Science* 4, n.º 6 (1993), pp. 401-405; Fredrickson, Barbara L. y Kahneman, Daniel, «Duration Neglect in Retrospective Evaluations of Affective Episodes», *Journal of Personal and Social Psychology* 65, n.º 1 (1993), pp. 45-55; Schreiber, Charles A. y Kahneman, Daniel, «Determinants of the Remembered Utility of Aversive Sounds»,

que una colonoscopia más breve donde los últimos momentos sean más dolorosos se recordará como una experiencia peor que una colonoscopia más larga que termina de forma menos desagradable, aunque el segundo procedimiento provoque en conjunto un dolor sustancialmente mayor.[17] Minimizamos lo que dura un episodio —Kahneman lo llama «olvido de la duración»— y magnificamos lo que sucede al final.[18]

El poder codificador de los finales moldea muchas de nuestras opiniones y decisiones subsiguientes. Por ejemplo, varios estudios demuestran que a menudo evaluamos la calidad de las comidas, las películas y las vacaciones no por la experiencia completa, sino por determinados momentos, especialmente el final.[19] Así que cuando compartimos nuestra valoración con los demás —en nuestras conversaciones o en las reseñas de TripAdvisor— gran parte de lo que transmitimos es nuestra reacción a su conclusión. (Lee las reseñas de restaurantes en Yelp, por ejemplo, y verás cuántas describen cómo terminó la comida: una sorpresa de despedida, un error en la cuenta, un mesero que sale corriendo para devolverles a los comensales algo que han dejado olvidado). Los finales también afectan a otras decisiones más trascendentales. Por ejemplo,

---

Journal of Experimental Psychology: General 129, n.º 1 (2000), pp. 27-42.

17 Redelmeier, Donald A. y Kahneman, Daniel, «Patients' Memories of Painful Medical Treatments: Real-Time and Retrospective Evaluations of Two Minimally Invasive Procedures», *Pain* 66, n.º 1 (1996), pp. 3-8.

18 Kahneman, Daniel, *Thinking, Fast and Slow* (Farrar, Straus and Giroux, Nueva York, 2011), p. 380. (Hay versión española de Joaquín Chamorro Mielke, *Pensar rápido, pensar despacio*, Debate, Barcelona, 2012).

19 Loewenstein, George F. y Prelec, Dražen, «Preferences for Sequences of Outcomes», *Psychological Review* 100, n.º 1 (1993), pp. 91-108; Baumgartner, Hans, Sujan, Mita, y Padgett, Dan, «Patterns of Affective Reactions to Advertisements: The Integration of Moment-to-Moment Responses into Overall Judgments», *Journal of Marketing Research* 34, n.º 2 (1997), pp. 219-232; Do, Amy M., Rupert, Alexander V., y Wolford, George, «Evaluations of Pleasurable Experiences: The Peak-End Rule», *Psychonomic Bulletin & Review* 15, n.º 1 (2008), pp. 96-98.

cuando los estadounidenses van a votar a un presidente, les dicen a los encuestadores lo que tienen intención de votar basándose en los cuatro años completos de una legislatura presidencial que toca a su fin. Pero los estudios demuestran que los votantes deciden basándose en el estado de la economía en el año en que se celebran las elecciones; en la culminación de una secuencia de cuatro años, no en su totalidad. Este «heurístico final», sostienen los politólogos, conduce a una «votación miope» y puede que, en consecuencia, a unas políticas miopes.[20]

Los efectos codificadores de los finales son especialmente fuertes en lo que respecta a nuestra idea de lo que constituye una vida ética. Tres investigadores de Yale organizaron un experimento en el que utilizaron tres versiones de una breve biografía de un personaje ficticio al que llamaron Jim. En todas las versiones, Jim era el consejero delegado de una empresa, pero los investigadores modificaron las trayectorias vitales de Jim. En algunos casos, era un tipo ruin que pagaba mal a sus empleados, les negaba el seguro de gastos médicos y nunca donaba nada a la beneficencia, conducta que mantuvo durante tres décadas. Pero al final de su carrera profesional, cuando le quedaba poco para jubilarse, se volvió generoso. Subió los sueldos, compartió los beneficios y «empezó a donar grandes sumas de dinero a varias organizaciones benéficas de la comunidad», pero murió súbitamente de un inesperado ataque cardíaco a los seis meses de haberse vuelto benevolente. En otros supuestos, Jim actuaba en la dirección opuesta. Durante décadas, había sido un amable y generoso consejero delegado «que ponía el bienestar de sus empleados por encima de sus propios intereses económicos» y

---

[20] Healy, Andrew y Lenz, Gabriel S., «Substituting the End for the Whole: Why Voters Respond Primarily to the Election-Year Economy», *American Journal of Political Science* 58, n.º 1 (2014), pp. 31-47; Healy, Andrews y Malhotra, Neil, «Myopic Voters and Natural Disaster Policy», *American Political Science Review* 103, n.º 3 (2009), pp. 387-406.

donaba grandes sumas de dinero a las organizaciones benéficas locales. Pero al acercarse su jubilación, «cambió radicalmente su conducta». Recortó los salarios, empezó a quedarse con la mayor parte de los beneficios y dejó de hacer donaciones caritativas, hasta que murió súbitamente de un inesperado ataque cardíaco seis meses después.[21]

Los investigadores les dieron a la mitad de los participantes la biografía del tipo malo que se vuelve bueno y a la otra mitad la biografía del buen tipo que se vuelve malo, y les pidieron a ambos grupos que valoraran el carácter ético general de Jim. En múltiples versiones del estudio, la gente valoraba la ética de Jim basándose en gran parte en cómo se había comportado al final de su vida. De hecho, valoraban igual una vida con 29 años de alevosía y seis meses de generosidad que una vida con 29 años de generosidad y seis meses de alevosía. «La gente está dispuesta a ignorar un período relativamente largo de un tipo de conducta frente a un período relativamente corto de otro tipo de conducta solo porque se produjo al final de la vida de alguien».[22] Este «sesgo del final de la vida», como lo llaman los investigadores, indica que creemos que la verdadera personalidad de las personas se revela al final, aunque su muerte sea inesperada y el grueso de sus vidas demuestre un carácter muy distinto.

Los finales nos ayudan a codificar, registrar, valorar y recordar experiencias. Pero al hacerlo, pueden distorsionar nuestras percepciones y tapar el contexto general. De las cuatro formas en que los finales influyen en nuestra conducta, la codificación es con la que debemos ser más cautos.

---

[21] Newman, George E., Lockhart, Kristi L. y Keil, Frank C., «"End-of-Life" Biases in Moral Evaluations of Others», *Cognition* 115, n.º 2 (2010), pp. 343-349.

[22] Ibíd.

Editar: por qué menos es más, especialmente cuando el final está cerca

Nuestra vida no es siempre dramática, pero se puede desarrollar como un drama en tres actos. Acto primero: el punto de partida. Pasamos de la niñez a la vida adulta, y después nos disponemos con entusiasmo a establecer nuestro lugar en el mundo. Acto segundo: llega la dura realidad. Luchamos por ganarnos la vida, quizá encontrar una pareja y formar una familia. Avanzamos, sufrimos contratiempos, mezclamos triunfos con desengaños. Acto tercero: la culminación agridulce. Quizá hayamos logrado algo. Quizá contamos con personas que nos quieren. Sin embargo, el desenlace está cerca, el telón está a punto de caer.

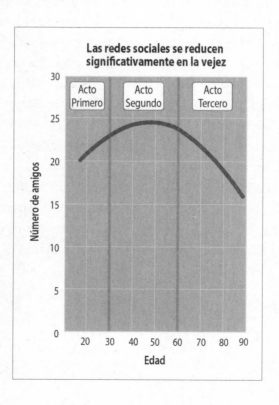

Los demás personajes —nuestra colección de amigos y familiares— aparecen a lo largo de la obra. Pero como descubrieron Tammy English, de la Universidad de Washington en St. Louis, y Laura Carstensen, de la Universidad de Stanford, su tiempo en escena varía en cada acto. English y Carstensen estudiaron datos correspondientes a diez años sobre personas con edades comprendidas entre los 1 8 y los 9 3 años para determinar cómo variaban sus redes sociales y sus amistades a lo largo de los tres actos de la vida. (Las investigadoras no dividieron las edades por actos. Solo añado ese concepto como una capa más a sus datos para ilustrar el ejemplo). Como se puede ver en la gráfica, cuando las personas alcanzan aproximadamente los 6 0 años, su número de amigos se desploma y su red social se reduce.

Intuitivamente parece lógico. Cuando dejamos de trabajar, puede que perdamos contactos y amigos que antes enriquecían nuestra vida diaria. Cuando nuestros hijos se van de casa y empiezan sus propios actos segundos, los vemos con menos frecuencia y los añoramos más. Cuando cumplimos los 6 0 y los 7 0 años, nuestros contemporáneos empiezan a morir, las relaciones de toda una vida se extinguen y nos quedamos con menos pares. Los datos confirman lo que sospechábamos desde hace tiempo: el tercer acto está lleno de patetismo. La vejez puede ser solitaria y aislada. Es una historia triste.

Pero no es una historia real.

Sí, las personas mayores tienen redes sociales mucho más pequeñas que cuando eran jóvenes. Pero el motivo no es la soledad o el aislamiento. El motivo es más sorprendente y también más positivo. Es lo que elegimos. A medida que envejecemos, cuando empezamos a ser conscientes de la edición definitiva, «editamos» a nuestros amigos.

English y Carstensen pidieron a un grupo de personas que dibujara sus redes sociales y se pusieran a sí mismas en el centro, rodeadas por tres círculos concéntricos. El círculo interior era para «las personas a las que te sientes muy próxima, tan próxima que te resultaría difícil imaginar la vida sin ellas». El círculo intermedio era para las personas que seguían siendo importantes, pero menos que las del círculo interior. En el círculo exterior estaban las personas que los participantes sentían un poco menos cercanas que las del círculo intermedio. Veamos la gráfica que muestra el tamaño de los círculos interior y exterior a lo largo del tiempo.

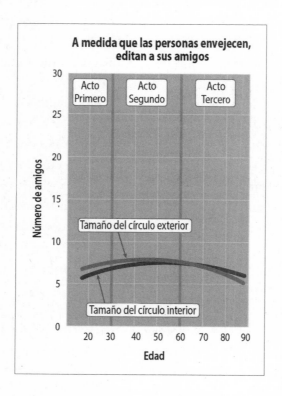

Un poco después de cumplir 60 años de edad, el círculo exterior comienza a disminuir, pero el interior sigue teniendo el mismo tamaño. Después, entre mediados y finales del período sexagenario, el número de personas en el círculo interior supera al de las que están en el círculo exterior.

«A medida que los participantes envejecían, disminuía el número de compañeros secundarios [...] pero el número de compañeros sociales cercanos era más estable en la última etapa de la vida», descubrieron English y Carstensen. Sin embargo, los amigos en el círculo exterior e intermedio no hacían mutis por el foro en el tercer acto. «Eran activamente eliminados», dicen las investigadoras. Las personas mayores tienen menos amigos en total no por las circunstancias, sino porque han empezado un proceso de «recorte activo, es decir, de eliminación de compañeros secundarios con los cuales las interacciones tienen menor significado emocional».[23]

Carstensen empezó a desarrollar esta idea en 1999, cuando publicó (con dos antiguos alumnos suyos) un artículo académico titulado *Taking Time Seriously* (*Tomarse el tiempo en serio*). «A medida que avanza la vida de las personas —escribió—, estas son cada vez más conscientes de que el tiempo, en cierto sentido, "se agota". Tener más contactos sociales parece algo superficial —trivial— en comparación con los lazos cada vez más profundos de las relaciones cercanas ya existentes. Se vuelve cada vez más importante elegir "correctamente" y no desperdiciar el tiempo en futuros beneficios que van a ir reduciéndose paulatinamente».[24]

Carstensen llamó a su teoría «selectividad socioemocional». Sostenía que nuestra perspectiva sobre el tiempo determina la orientación de nuestras vidas y, por tanto, de los objetivos que perseguimos. Cuando el tiempo es expansivo y abierto, como los actos primero y segundo de nuestras vidas, nos orientamos hacia

---

[23] English, Tammy y Carstensen, Laura L., «Selective Narrowing of Social Networks Across Adulthood Is Associated with Improved Emotional Experience in Daily Life», *International Journal of Behavioral Development* 38, n.º 2 (2014), pp. 195-202.

[24] Carstensen, Laura L., Isaacowitz, Derek M. y Charles, Susan T., «Taking Time Seriously: A Theory of Socioemotional Selectivity», *American Psychologist* 54, no. 3 (1999), pp. 165-181.

el futuro y perseguimos «objetivos relacionados con el conocimiento». Formamos redes sociales amplias y abiertas, esperando recopilar información y trabar relaciones que puedan ayudarnos en el futuro. Pero a medida que se acerca el horizonte, nuestra perspectiva cambia. Aunque muchos creen que las personas mayores añoran el ayer, el trabajo de Carstensen muestra otra cosa. «La principal diferencia por edad en la orientación temporal no atañe al pasado, sino al presente», escribió.[25]

Cuando el tiempo es constreñido y limitado, como en el acto tercero, nos adaptamos al ahora. Tenemos diferentes objetivos: la satisfacción emocional, el aprecio por la vida, un sentido de significado. Y estos objetivos actualizados hacen a las personas ser «altamente selectivas en su elección de compañeros sociales» y las lleva a «pulir sistemáticamente sus redes sociales». Editamos nuestras relaciones. Omitimos a las personas innecesarias. Elegimos pasar los años que nos quedan con redes pequeñas, compactas y habitadas por personas que satisfacen necesidades más elevadas.[26]

Además, lo que estimula la edición no es envejecer *per se*, descubrió Carstensen, sino los finales de cualquier tipo. Por ejemplo, cuando comparó alumnos en su último año de universidad con universitarios más jóvenes, los alumnos mayores mostraban el mismo tipo de recorte de redes sociales que sus abuelos septuagenarios. Cuando las personas están a punto de cambiar de trabajo o mudarse a una nueva ciudad, editan sus redes sociales más cercanas porque se les está acabando el tiempo en ese escenario. Ese efecto

---

[25] Ibíd.

[26] Otras investigaciones han hecho descubrimientos similares. Ver, p. ej., Lang, Frieder R., «Endings and Continuity of Social Relationships: Maximizing Intrinsic Benefits Within Personal Networks When Feeling Near to Death», *Journal of Social and Personal Relationships* 17, n.º 2 (2000), pp. 155-182; Wrzus, Cornelia *et al.*, «Social Network Changes and Life Events Across the Life Span: A Meta-Analysis», *Psychological Bulletin* 139, n.º 1 (2013), pp. 53-80.

se produce incluso en las transiciones políticas. En un estudio sobre la población de Hong Kong durante cuatro meses antes de que Gran Bretaña transfiriera el territorio a la República Popular China en 1997, tanto los jóvenes como los mayores estrecharon sus círculos de amistades.

De manera igualmente intrigante, también ocurre al revés: ampliar el horizonte temporal de las personas detiene su conducta editora. Carstensen llevó a cabo un experimento en el que pidió a los participantes que «imaginaran que acababan de recibir una llamada de su médico, informándoles sobre un nuevo avance de la medicina que podría hacerles vivir veinte años más». En estas condiciones, las personas mayores no eran más propensas que los jóvenes a recortar sus redes sociales.[27]

Sin embargo, cuando los finales cobran relevancia —siempre que entramos en un tercer acto de cualquier tipo—, afilamos nuestros lápices rojos existenciales y tachamos a cualquier persona o cosa que no sea esencial. Editamos mucho antes de que caiga el telón.

Levantar el ánimo: buenas noticias, malas noticias y finales felices

«Tengo buenas y malas noticias».

Seguro que lo has dicho alguna vez. Seas padre, profesor, médico, o escritor que está tratando de explicar que no ha podido cumplir un plazo, si has tenido que transmitir una información en parte positiva y en parte no, seguro que has empezado a veces de esta forma ambivalente.

---

[27] Carstensen, Laura L., Isaacowitz, Derek M., y Charles, Susan T., «Taking Time Seriously: A Theory of Socioemotional Selectivity», *American Psychologist* 54, n.º 3 (1999), pp. 165-181.

Pero ¿por qué parte de la información deberías empezar? ¿Deberían ir las buenas noticias antes que las malas? ¿O lo feliz debería seguir a lo triste?

Como alguien que siempre está dando noticias mixtas más de lo que debiera o quisiera, siempre empiezo por lo positivo. Mi instinto ha sido extender un mullido colchón de sentimientos positivos que amortiguara el mazazo que venía a continuación.

Mi instinto, por desgracia, estaba terriblemente equivocado.

Para entender por qué, intercambiemos el punto de vista: del mío al tuyo. Supongamos que eres el receptor de mis noticias mixtas, y que tras prepararme para disparar («Tengo buenas y malas noticias»), añado una pregunta: «¿Qué prefieres oír primero?». Piénsalo un momento.

Lo más probable es que optes por oír primero la mala noticia. Distintos estudios realizados a lo largo de varias décadas han revelado que aproximadamente cuatro de cada cinco personas «prefieren empezar con una pérdida o resultado negativo y terminar con una ganancia o resultado positivo, y no al revés».[28] Nuestra preferencia, seamos un paciente al que le están dando unos resultados de una prueba o un estudiante que está esperando las calificaciones del trimestre, está clara: las malas noticias primero, las buenas al final.

Pero como transmisores de noticias, solemos hacerlo al revés. Resulta incómodo hacer una evaluación severa del trabajo de alguien, así que preferimos empezar con suavidad, y demostrar nuestras amables intenciones y nuestra solidaridad ofreciendo algunas cucharadas de azúcar antes de administrar la amarga píldora. Por supuesto, sabemos que nosotros preferimos escuchar primero las malas noticias. Pero de algún modo no entendemos que

[28] Legg, Angela M. y Sweeny, Kate, «Do You Want the Good News or the Bad News First? The Nature and Consequences of News Order Preferences», *Personality and Social Psychology Bulletin* 40, n.º 3 (2014), pp. 279-288; Marshall, Linda L. y Kidd, Robert F., «Good News or Bad News First? » *Social Behavior and Personality* 9, n.º 2 (1981), pp. 223-226.

la persona que está sentada delante de nosotros, a la que nuestra introducción ambivalente le está haciendo retorcerse por dentro, se siente de la misma manera. Ella preferiría quitarle gravedad al encuentro y terminarlo con un tono más positivo. Como dicen los investigadores que han estudiado esta cuestión: «Nuestros resultados sugieren que los médicos, profesores y parejas [...] no son muy hábiles al dar buenas y malas noticias, porque olvidan momentáneamente cómo querrían que se les diesen a ellos las noticias cuando son pacientes, alumnos y cónyuges».[29]

Metemos la pata —yo meto la pata— porque no entendemos el principio último de los finales: cuando tienen que elegir, las personas prefieren los finales que levantan el ánimo. La ciencia de los tiempos ha revelado —de forma repetida— lo que parece ser una preferencia innata por los finales felices.[30] Favorecemos las secuencias de sucesos que suben en vez de bajar, los que nos levantan el ánimo en vez de desanimarnos. Y simplemente saber que existe esta propensión puede ayudarnos a comprender nuestra conducta y mejorar nuestras interacciones con los demás. Por ejemplo, los psicólogos sociales Ed O'Brien y Phoebe Ellsworth, de la Universidad de Michigan, querían comprobar cómo los finales moldeaban el juicio de las personas. Así que llenaron una bolsa

[29] Legg, Angela M. y Sweeny, Kate, «Do You Want the Good News or the Bad News First? The Nature and Consequences of News Order Preferences», *Personality and Social Psychology Bulletin* 40, n.º 3 (2014), pp. 279-288.

[30] Ver, p. ej., Ross Jr., William T. y Simonson, Itamar, «Evaluations of Pairs of Experiences: A Preference for Happy Endings», *Journal of Behavioral Decision Making* 4, n.º 4 (1991), pp. 273-282. Esta preferencia no es uniformemente positiva. Por ejemplo, los apostantes tienden a hacer apuestas más improbables en la última carrera del día. Esperan acabar dando la campanada, pero suelen acabar simplemente con los bolsillos más vacíos. McKenzie, Craig R. M. *et al.*, «Are Longshots Only for Losers? A New Look at the Last Race Effect», *Journal of Behavioral Decision Making* 29, n.º 1 (2016), pp. 25-36. Ver también Vestergaard, Martin D. y Schultz, Wolfram, «Choice Mechanisms for Past, Temporally Extended Outcomes», *Proceedings of the Royal Society B* 282, n.º 1810 (2015), 2014 1766.

con chocolates Hershey's Kisses y se fueron a una zona muy transitada del campus de Ann Arbor. Instalaron una mesa y les dijeron a los estudiantes que estaban haciendo una prueba de degustación de las nuevas variedades de la marca con ingredientes autóctonos.

La gente se acercó tímidamente a la mesa, y una ayudante de los investigadores, que no sabía lo que estaban midiendo O'Brien y Ellsworth, sacó un chocolate de la bolsa y le pidió a una de las participantes que lo probara y lo puntuara en una escala del cero al diez.

Después, la ayudante decía: «Toma tu siguiente chocolate», y le daba otro dulce a la participante y le pedía que puntuara ese otro. Después la ayudante y su participante hicieron lo mismo con otros tres chocolates, sumando en total cinco chocolates (los degustadores de los chocolates nunca sabían cuántos iban a probar).

El meollo del experimento llegaba justo después de que la gente probaba el quinto chocolate. La ayudante de los investigadores dijo a la mitad del grupo: «Toma tu siguiente chocolate». Pero a la otra mitad le decía: «Toma tu último chocolate».

Las personas informadas de que el quinto chocolate era el último —que la supuesta degustación ya terminaba—, dijeron que el chocolate les gustaba muchas más veces que los que pensaban que era simplemente el siguiente. De hecho, a las personas informadas de que un chocolate era el último, este les gustaba considerablemente más que cualquier otro chocolate que hubiesen probado. Eligieron el quinto chocolate como su favorito el 64 % de las veces (respecto al grupo que pensaba que era «el siguiente», que lo eligió como favorito el 22 % de las veces). «Los participantes que sabían que se estaban comiendo el último chocolate de una degustación lo disfrutaban más, lo preferían a otros chocolates y valoraron mejor la experiencia general que los participantes que pensaban que simplemente se estaban comiendo otro chocolate más de la serie».[31]

[31] O'Brien, Ed y Ellsworth, Phoebe C., «Saving the Last for Best: A Positivity Bias for End Experiences», *Psychological Science* 23, n.º 2 (2012), pp. 163-165.

Los guionistas entienden la importancia de los finales que levantan el ánimo, pero también saben que los mejores finales no siempre son felices en el sentido tradicional. Con frecuencia, como un último chocolate, son agridulces. «Cualquiera puede hacer un final feliz: solo hay que darles a los personajes todo lo que quieren», dice el maestro de guionistas Robert McKee. «Un artista nos da la emoción que nos ha prometido [...] pero con una ráfaga de comprensiones repentinas».[32] Esto suele ocurrir cuando el personaje principal entiende por fin una verdad emocionalmente compleja. John August, que escribió el guion de *Charlie y la fábrica de chocolate* y otras películas, sostiene que esta forma más sofisticada de elevación es el secreto del éxito de películas de Pixar como *Up*, *Cars* y la trilogía *Toy Story*.

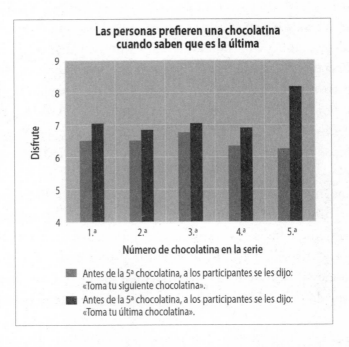

Las personas prefieren una chocolatina cuando saben que es la última

Disfrute / Número de chocolatina en la serie

■ Antes de la 5ª chocolatina, a los participantes se les dijo: «Toma tu siguiente chocolatina».
■ Antes de la 5ª chocolatina, a los participantes se les dijo: «Toma tu última chocolatina».

[32] McKee, Robert, *Story: Substance, Structure, Style, and the Principles of Screenwriting* (ReaganBooks/HarperCollins, Nueva York, 1997), p. 311. (Hay versión española de Jessica J. Lockhart Domeño, *El guion: sustancia, estructura, estilo y principios de la escritura de guiones*, Alba, Barcelona, 2004).

«En todas las películas de Pixar el personaje principal logra el objetivo que quiere, pero luego resulta que no es lo que el protagonista necesita. Normalmente, esto lleva al protagonista a renunciar a lo que quiere (una casa, la Copa Pistón, Andy) para conseguir lo que necesita (un verdadero pero improbable compañero, amigos de verdad, una vida con amigos)».[33] Esta complejidad emocional resulta ser fundamental para los finales más elevados.

Hal Hershfield, uno de los investigadores sobre los nueveañeros que mencioné al comienzo de este capítulo, y Laura Carstensen formaron un equipo junto con otros dos científicos para explorar qué da sentido a un final. En uno de sus estudios, los investigadores se acercaron a unos estudiantes de Stanford el día de su graduación y los sondearon respecto a cómo se sentían. A un grupo le dieron las siguientes instrucciones: «Teniendo en cuenta tu experiencia actual, puntúa por favor el grado en que sientes cada una de las siguientes emociones», y después le daban una lista de 19 emociones. Para el otro grupo, añadían una frase a las instrucciones que elevaba el significado de que algo se estaba terminando: «Hoy, que te estás graduando, será el último día en que serás alumno de Stanford. Teniendo esto en cuenta, puntúa por favor el grado en que sientes cada una de las siguientes emociones».[34]

Los investigadores descubrieron que el núcleo de los finales con significado está en una de las emociones más complejas que experimentan los seres humanos: el patetismo, una mezcla de alegría y tristeza. Para los graduados y para todos los demás, los finales más poderosos inspiran patetismo porque inspiran significado. Una razón por la que pasamos por alto el patetismo

---

[33] August, John, «Endings for Beginners», podcast *Scriptnotes* 44, 3 de julio de 2012, disponible en <http://scriptnotes.net/endings-for-beginners>.

[34] Hershfield, Hal *et al.* «Poignancy: Mixed Emotional Experience in the Face of Meaningful Endings», *Journal of Personality and Social Psychology* 94, n.º 1 (2008), pp. 158-167.

es que actúa por una física emocional que va de abajo arriba. Añadir un pequeño componente de tristeza a un momento por lo demás feliz eleva ese momento, en vez de disminuirlo. «El patetismo —escriben los investigadores— parece ser propio de la experiencia de los finales». Los mejores finales no nos dejan una sensación de alegría. Producen algo más rico: una ráfaga de comprensiones repentinas, un instante fugaz de trascendencia, la posibilidad de que al descartar lo que queríamos hayamos obtenido lo que necesitábamos.

Los finales nos ofrecen una buena noticia y una mala noticia sobre nuestra conducta y nuestro juicio. Te daré primero la mala noticia, por supuesto. Los finales nos ayudan a codificar, pero a veces pueden distorsionar nuestro recuerdo y nublar nuestra percepción al dar un peso desproporcionado a esos momentos finales y pasar por alto la totalidad.

Pero los finales también pueden ser una fuerza positiva. Pueden darnos energía para alcanzar un objetivo. Pueden ayudarnos a editar lo que no es esencial para nuestras vidas. Y nos pueden ayudar a elevarnos, no mediante la búsqueda de la felicidad, sino del poder, más complejo, del patetismo. Los cierres, las conclusiones y culminaciones revelan algo esencial sobre la condición humana: al final, buscamos un significado.

Manual del hacker del tiempo
CAPÍTULO 5

Lee las últimas líneas

«A finales de verano de aquel año vivíamos en una casa en un pueblo que miraba, a través del río y de la llanura, a las montañas».

Los aficionados a la literatura reconocerán en esas palabras la primera frase de *Adiós a las armas*, de Ernest Hemingway. En la literatura, las frases de apertura pueden tener una carga poderosa. Deben enganchar y seducir al lector para que siga leyendo. Por eso las frases de apertura son muy escudriñadas y se recuerdan durante mucho tiempo.

(¿No me crees? Entonces llámame Ismael).

¿Pero qué pasa con las últimas líneas? Las últimas palabras de una obra son igual de importantes y merecen un respeto equiparable. Las últimas líneas pueden tener un efecto elevador y codificador, al encapsular un tema, resolver un interrogante o hacer que el libro perdure en la mente del lector. Hemingway dijo que había reescrito el final de *Adiós a las armas* no menos de 39 veces.

Esta es una manera fácil de apreciar el poder de los finales y mejorar tu capacidad de crearlos: toma algunos de tus libros favoritos y ve a las últimas páginas. Lee la última frase. Vuelve a leerla. Reflexiona un instante sobre ella. O memorízala, incluso.

Aquí van algunas de mis favoritas para que empieces:

«Las criaturas miraban desde afuera del cerdo al hombre, y del hombre al cerdo, y del cerdo al hombre otra vez, pero ya era imposible saber cuál era cuál».

Rebelión en la granja,
GEORGE ORWELL

«"¡No es justo! ¡No hay derecho!" —exclamó la señora Hutchinson, y después se echaron sobre ella».

La lotería,
SHIRLEY JACKSON

«Para entonces ya sabía lo que Shalimar ya sabía: si te rindes al aire, puedes cabalgar sobre él».

La canción de Salomón,
TONI MORRISON

«Lejos de todos y de todo, me quedé dormido por un momento».

Crónica del pájaro que da cuerda al mundo,
HARUKI MURAKAMI

«Así seguimos, golpeándonos, barcas contracorriente, devueltos sin cesar al pasado».

El gran Gatsby,
F. SCOTT FITZGERALD

Cuándo dejar un trabajo: una guía

Muchas decisiones sobre el cuándo tienen que ver con los finales. Y una de las más importantes es cuándo dejar un trabajo que no nos satisface. Es un gran paso, una decisión arriesgada, y no siempre es posible para algunas personas. Pero si estás considerando esa opción, aquí van cinco preguntas para ayudarte a decidir. Si respondes a dos o más preguntas de forma negativa, quizá sea hora de preparar un final.

1. **¿Quieres estar en este trabajo cuando llegue el próximo aniversario de tu primer día en él?**
   Las personas son más propensas a dejar un trabajo cuando cumplen un año en él. ¿Cuál es el segundo momento más probable en que lo dejen? Cuando cumplen dos años en él. ¿Y el tercero? En su tercer aniversario.[1] Lo habrás captado. Si te horroriza la idea de seguir en tu trabajo cuando se cumpla un año más, empieza a buscar ya. Estarás mejor preparado cuando llegue el momento.

2. **¿Es un trabajo que tú controlas?**
   Los trabajos que nos hacen sentir más realizados comparten un rasgo común: nos espolean para rendir al máximo nivel, pero de una forma que nosotros, y nadie más, controlamos. Los trabajos que son exigentes pero no nos ofrecen autonomía, nos cansan. Los trabajos que ofrecen autonomía pero pocos retos nos aburren. (Y los trabajos que no son ni exigentes ni controlamos son los peores de todos). Si tu trabajo no te aporta retos y autonomía, y no hay nada que puedas hacer para mejorar las cosas, considera dar el paso.

---

[1]   Bischke, Jon, «Entelo Study Shows When Employees Are Likely to Leave Their Jobs», 6 de octubre de 2014, disponible en <https://blog.entelo.com/new-entelo-study-shows-when-employees-are-likely-to-leave-their-jobs>. **223**

3. **¿Te permite tu jefe trabajar como mejor sabes?**

En su excelente libro *Buen jefe, mal jefe. Cómo ser el mejor y aprender de los peores* (Conecta, 2011), Robert Stutton, profesor de la Escuela de Posgrado de Negocios de la Universidad de Stanford, explica las cualidades que tiene una persona para la que vale la pena trabajar. Si tu jefe te cubre las espaldas, asume la responsabilidad en vez de culpar a los demás y te anima a esforzarte, pero también se quita de en medio, y muestra sentido del humor en vez de mal temperamento, probablemente estás en un buen sitio.[2] Si tu jefe es lo contrario, debes estar atento, y quizá largarte.

4. **¿Has superado el período de entre tres y cinco años para tener un aumento de sueldo?**

Una de las mejores maneras de subir tu salario es cambiar de empresa. Y el mejor momento para hacerlo suele ser entre el tercer y el quinto año desde que empezaste. ADP, la importante empresa de recursos humanos, descubrió que este período representa el punto óptimo para los aumentos de sueldo.[3] Menos de tres años podría ser poco tiempo para desarrollar las habilidades más vendibles. A partir del quinto año es cuando los empleados empiezan a atarse a su empresa y a ascender en su jerarquía, lo que hace más difícil empezar en otra parte.

---

2   Sutton, Robert I., *Good Boss, Bad Boss: How to Be the Best... and Learn from the Worst* (Business Plus/Hachette, Nueva York, 2010). (Hay versión española de Efrén del Valle Peñamil, Conecta, Barcelona, 2011). Esa terrible jefa podría ser ella misma infeliz. Ver Foulk, Trevor *et al.*, «Heavy Is the Head That Wears the Crown: An Actor-Centric Approach to Daily Psychological Power, Abusive Leader Behavior, and Perceived Incivility», *Academy of Management Journal* 60.

3   Gillespie, Patrick, «The Best Time to Leave Your Job Is...», *Money* (CNN), 12 de mayo de 2016, disponible en <http://money.cnn.com/2016/05/12/news/economy/best-time-to-leave-your-job/>.

5. **¿Está tu trabajo diario en línea con tus objetivos a largo plazo?**

Numerosos estudios de muchos países muestran que cuando tus objetivos individuales están en línea con los de tu empresa, eres más feliz y productivo.[4] Así que detente un momento para anotar dos o tres de tus principales objetivos para los próximos cinco y diez años. Si tu actual empresa te puede ayudar a alcanzarlos, estupendo. Si no, piensa en ponerle un final.

Cuándo terminar un matrimonio: una cobertura

¿Cuándo deberías divorciarte? Este tipo de final es demasiado arriesgado, los estudios sobre el tema, demasiado dispersos y las circunstancias vitales de las personas varían demasiado como para ofrecer una respuesta definitiva. Pero algunas investigaciones indican cuándo podría dar el paso... tu cónyuge.

Julie Brines y Brian Serafini analizaron las demandas de divorcio durante un período de 14 años en el estado de California y detectaron un ritmo estacional. Las demandas de divorcio aumentaban en los meses de marzo y agosto, un patrón que descubrieron después en otros cuatro estados y que dio lugar a una gráfica, mostrada en la página siguiente, que se parece a la Batseñal.[5]

4   Boxall, Peter, «Mutuality in the Management of Human Resources: Assessing the Quality of Alignment in Employment Relationships», *Human Resource Management Journal* 23, n.º 1 (2013), pp. 3-17; Allen Morris, Mark, «A Meta-Analytic Investigation of Vocational Interest-Based Job Fit, and Its Relationship to Job Satisfaction, Performance, and Turnover», tesis, Universidad de Houston, 2003; Nye, Christopher D. *et al.*, «Vocational Interests and Performance: A Quantitative Summary of over 60 Years of Research», *Perspectives on Psychological Science* 7, n.º 4 (2012), pp. 384-403.

5   Bach, Deborah, «Is Divorce Seasonal? UW Research Shows Biannual Spi-

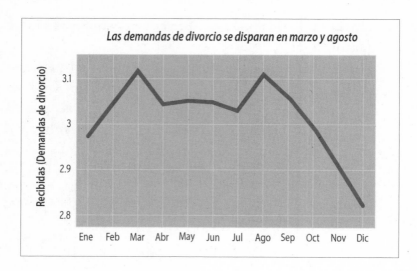

Los motivos que explican los dos picos mensuales no están claros. Pero Brines y otros conjeturan que esos picos gemelos podrían formarse por los rituales domésticos y los calendarios familiares. «La temporada alta para los abogados matrimonialistas es enero y febrero, cuando se han terminado las vacaciones y las personas pueden dejar de fingir que son felices», dice la revista *Bloomberg Businessweek.*[6] En las vacaciones de invierno, los casados suelen dar una última oportunidad al matrimonio. Pero cuando acaban las fiestas y llega la desilusión, van a ver a un abogado matrimonialista. Como los divorcios contenciosos conllevan cierto trabajo, los papeles no se presentan hasta cuatro o cinco semanas después, lo que explica la explosión de marzo. Lo mismo podría pasar con el fin del año escolar. Los padres siguen juntos por los hijos. Pero cuando terminan las clases, se van al despacho del abogado en junio y en julio, lo que da lugar a otro pico en agosto. Quedas advertido.

ke in Divorce Filings», *UW Today,* 21 de agosto de 2016, disponible en <http://www.washington.edu/news/2016/08/21/is-divorce-seasonal-uw-research-shows-biannual-spike-in-divorce-filings/>.

6   Sudath, Claire, «This Lawyer Is Hollywood's Complete Divorce Solution», *Bloomberg Businessweek,* 2 de marzo de 2016.

Cuatro ámbitos en los que puedes crear mejores finales

Si fuésemos conscientes del poder de los momentos finales y de nuestra capacidad para moldearlos, podríamos confeccionar finales memorables y llenos de significado en muchos ámbitos de la vida. Aquí van cuatro ideas:

La jornada laboral

Cuando termina la jornada laboral, muchos queremos salir rápidamente; para recoger a los niños, ir corriendo a casa a preparar la cena o ir directo al bar más cercano. Pero la ciencia de los finales sugiere que, en lugar de huir, es mejor reservar los últimos cinco minutos de trabajo y dedicarlos a una serie de pequeños actos reflexivos que permiten cerrar la jornada de forma gratificante. Empieza por tomarte dos o tres minutos para anotar lo que has logrado desde la mañana. Hacer progresos es el mayor motivador individual para el día a día en el trabajo.[7] Pero sin hacer un seguimiento de las tareas terminadas, muchas veces no sabemos si estamos progresando. Acabar la jornada tomando nota de lo que has conseguido puede codificar el conjunto del día de forma más positiva. (Testimonio: Llevo haciendo esto unos cuatro años y doy fe de que la práctica funciona. En los días buenos, hacer el ejercicio me da una sensación de compleción; en los días malos, me enseña que he hecho más de lo que imaginaba).

Ahora empleemos otros dos o tres minutos para trazar tu plan para el día siguiente. Esto te ayudará a cerrar la puerta de hoy y darte energía para mañana.

Bonus: Si te sobra un minuto más, mándale a alguien —a quien sea— un correo expresándole gratitud. En el segundo capítulo decía

---

7   Amabile, Teresa y Kramer, Steven, *The Progress Principle: Using Small Wins to Ignite Joy, Engagement, and Creativity at Work*, (Harvard Business Review Press, Boston, 2011).

que la gratitud es un poderoso reconstituyente. Es una forma igualmente eficaz de elevación.

El semestre o año escolar

Al final del año escolar, muchos estudiantes experimentan una sensación de alivio. Pero con un poco de reflexión y planificación, también pueden experimentar un sentimiento de elevación. Por eso algunos profesores inspirados están utilizando los finales como generadores de significado. Por ejemplo, Anthony González, profesor de Economía en la Nazareth Academy, en las afueras de Chicago, manda a sus alumnos de último grado a que se escriban una carta a sí mismos, que él les envía cinco años más tarde. «En ella, incluyen los conocimientos adquiridos en la preparatoria, conjeturas sobre sus carreras, qué aventuras esperan, cotizaciones bursátiles y demás. Es una oportunidad estupenda para que reflexionen». Y para González es una buena forma de volver a tener contacto con ellos cuando tienen 23 años y la preparatoria es un recuerdo lejano.

En la preparatoria North High de Des Moines, Iowa, la profesora de canto Vanessa Brady le pide a su marido, Justin, que el último día de clase lleve parrillas, mantequilla, jarabe y su masa casera para hacer *hot cakes*, y celebrar así el Día de los Hot Cakes de fin de curso. Para la última clase del curso, Alecia Jioeva, profesora de la Universidad Estatal de Moscú, se lleva a sus alumnos a un pequeño restaurante donde brindan unos por otros.

Al comienzo del curso escolar, Beth Pandolpho, profesora de artes del lenguaje en la preparatoria West Windsor-Plainsboro de Nueva Jersey, les pide a sus alumnos que escriban una nota autobiográfica de seis palabras, que cuelgan en una cuerda extendida alrededor de la clase. Al final del año, los alumnos escriben otra nota autobiográfica. Leen las autobiografías en alto, las quitan de la cuerda, y después leen la nueva. «Para mí —dice Pandolpho—, es como cerrar un círculo de nuestro tiempo juntos».

Unas vacaciones

Cómo terminan unas vacaciones puede determinar cómo contaremos más adelante nuestra experiencia. Según explicó Elizabeth Dunn, psicóloga de la Universidad de Columbia Británica, a la revista *New York*: «El mismo fin de una experiencia parece tener un impacto desproporcionado en nuestro recuerdo», lo que significa que «acabar a lo grande, o viajar en globo aerostático o cualquier otra cosa el último día del viaje [...] podría ser una buena estrategia para maximizar su reminiscencia».[8] Cuando planifiques tus próximas vacaciones, no tienes por qué dejar todo lo bueno para el final. Pero las disfrutarás más, tanto en el momento como en retrospectiva, si creas deliberadamente una experiencia final elevadora.

Una compra

Con todo lo que se ha escrito y vociferado sobre la importancia de la atención al cliente, en general no hemos considerado cómo merecen ser los finales de los encuentros con clientes y usuarios. Sí, algunos restaurantes regalan chocolates al traer la cuenta. Y sí, en las tiendas Nordstrom los vendedores tienen la famosa costumbre de salir de detrás del mostrador para entregar personalmente a los clientes las compras que acaban de hacer. Pero imaginemos que más empresas trataran los finales con un mayor respeto y creatividad. Por ejemplo: ¿Y si al final de una comida, en la que los comensales han gastado por encima de determinada cantidad, los restaurantes llevaran a la mesa una tarjeta en la que el grupo eligiera una de tres organizaciones benéficas a la que el restaurante hará una pequeña donación en su nombre? ¿O que alguien que haya hecho una compra importante en una tienda —una computadora, un electrodoméstico, una prenda de ropa cara— saliera pasando ante una fila de empleados que le dieran las gracias y le aplaudieran a ese cliente?

---

[8] Singal, Jesse, «How to Maximize Your Vacation Happiness», *New York*, 5 de julio de 2015.

¿O que un escritor, como muestra de gratitud, ofreciera a los lectores algo que no se esperan?

Hum. Buena idea. Vamos a probarlo ahora mismo.

Como agradecimiento por haber elegido este libro y convertirlo en el final de este capítulo y esta sección, me gustaría enviarte —gratis— un exlibris firmado. Basta con que me envíes por correo electrónico tu nombre y tu dirección postal a whenbookplate@danielpink.com y te la mandaré. Sin costo. No tienes que hacer nada más. Es solo una pequeña muestra de gratitud. Fin.

Tercera parte
SINCRONIZAR Y PENSAR

6. Sincronizar rápido, sincronizar despacio
Los secretos de los tiempos grupales

> «Eso es la felicidad; disolverse en algo completo y grande».
>
> WILLA CATHER,
> *Mi Ántonia*

Una húmeda mañana de febrero, cuando el sol centellea sobre unas enormes vallas publicitarias que anuncian un 50% de descuento en ropa nupcial, la ciudad más grande de la India empieza a cobrar vida. Aquí en Bombay, flota en el aire un fuerte olor a humo. Los coches, camiones y motocarros detienen las carreteras y hacen sonar sus cláxones, graznando como gansos malhumorados. Oficinistas con pantalones de traje y saris fluyen por los callejones, arrastrados hasta los trenes que los llevan a su trabajo. Y Ahilu Adhav, de 40 años, se ajusta su gorra blanca y se monta en su bicicleta para empezar sus rondas.

Adhav pedalea a través del barrio de Vile Parle, pasa junto a los tenderos ambulantes que venden de todo, desde coles frescas hasta paquetes de calcetines, y se dirige a un pequeño bloque de apartamentos. Se baja de la bicicleta —la habilidad para bajarse de vehículos en marcha es una de las muchas capacidades de Adhav—, entra dando zancadas en el edificio y toma el elevador hasta el tercer piso, donde está el apartamento de la familia Turakhia.

Son las 9:15 horas. Toca el timbre una vez, y luego dos veces. La puerta se abre. Tras disculparse brevemente por hacerlo esperar,

Riyankaa Turakhia le entrega a Adhav una bolsa de tela café del tamaño aproximado de un galón de leche. Dentro de la bolsa hay una pila cilíndrica compuesta por cuatro recipientes de metal. En esos recipientes, también llamados *tiffins*, está la comida de su marido: coliflor, *dal* amarillo, arroz y *roti*. Dentro de tres horas y media, esta comida casera aparecerá en la mesa de su marido, en su trabajo en el centro de Bombay, a unos 30 km de distancia. Y dentro de unas siete horas, la bolsa de tela y sus *tiffins* vacíos volverán a aparecer en esta misma puerta.

Adhav es un *dabbawala*. (*Dabba* es el nombre en hindú de esos recipientes de metal, y *wala* es una mezcla de «emprendedor» y «comerciante»). Durante los primeros 68 minutos de su lunes, recogerá cinco comidas como esta, y atará cada bolsa a los manillares o a la parte trasera de su bicicleta. Después, en coordinación con un equipo de otros 12 *dabbawalas* que también han recogido sus bolsas en otras partes de este extenso barrio, en el que vive medio millón de personas, clasificará las comidas, se echará veinte de ellas a la espalda, se montará en el compartimento para equipajes del tren de cercanías y repartirá las comidas en las tiendas y oficinas de los distritos comerciales de la ciudad.

No está solo: trabajan unos 5000 en Bombay. Cada día reparten más de 200000 comidas. Lo hacen seis veces a la semana casi todas las semanas del año, con una precisión comparable con la de FedEx o UPS.

«En el mundo de hoy, estamos muy concientizados sobre la salud», me dice Turakhia en la primera parada de Adhav. «Queremos comida casera. Y esta gente hace un trabajo excelente repartiendo la *dabba* en el lugar correcto exactamente a la hora correcta». Su marido, que trabaja para una agencia de corredores de bolsa, se marcha a la oficina a las siete de la mañana, demasiado temprano para que nadie prepare una comida como es debido. Pero los *dabbawalas* procuran tiempo y facilidad a las familias. «Están muy, muy coordinados y sincronizados», dice Turakhia.

En los cinco años que lleva utilizando el servicio de Adhav y su equipo, por una tarifa asequible para la mayoría de las familias de clase media urbana (unos 12 dólares al mes), no han entregado mal o tarde la comida ni una sola vez.

El dabbawala *Ahilu Adhav sujeta una comida a la parte trasera de su bicicleta.*

Lo que los *dabbawalas* consiguen hacer cada día roza el disparate. Bombay funciona con una intensidad total las 24 horas del día, con una ética basada en que, o te mueves, o te llevan por delante; tanto que a su lado Manhattan parece un pueblo pesquero. Bombay no es solo una de las ciudades más grandes del mundo; también es una de las más densamente pobladas. El simple apiñamiento humano de la ciudad —12 millones de ciudadanos embutidos en un área cuyo tamaño es la quinta parte de Rhode Island— le confiere una intensidad vibrante, anárquica. 235

«Una ciudad en celo», la llama el periodista Suketu Mehta.[1] Sin embargo, los *walas* transportan las comidas caseras en bolsas de tela a través del caos de Bombay con una precisión y puntualidad militares.

Y lo que es más impresionante: los *dabbawalas* están tan sincronizados entre sí, en tan fina sintonía con los tiempos de su trabajo, que logran la hazaña —200 000 comidas al día— sin más tecnología que las bicicletas y los trenes. Sin *smartphones*.

Sin escáneres. Sin códigos de barras. Sin GPS.

Y sin errores.

Los seres humanos no suelen hacer las cosas solos. Buena parte de lo que hacemos —en el trabajo, en clase, en casa— lo hacemos en concierto con otras personas. Nuestra capacidad para sobrevivir, e incluso vivir, depende de nuestra capacidad para coordinarnos con otras personas a tiempo y a lo largo del tiempo. Sí, los tiempos individuales —gestionar nuestros comienzos, mitades y finales— son cruciales. Pero los tiempos grupales son igual de importantes, y en su núcleo se halla algo que es esencial que conozcamos.

Imaginemos a un paciente al que llevan en silla de ruedas a la sala de urgencias con un grave ataque cardíaco. Que el paciente viva o muera depende de lo bien coordinados que estén los profesionales médicos; de que puedan sincronizar con destreza sus tareas mientras las horas del reloj, y quizá la vida del paciente, se extinguen.

O imaginemos unas circunstancias menos extremas que requieren que un grupo siga unos tiempos. Los ingenieros de soft-

[1] Mehta, Suketu, *Maximum City: Bombay Lost and Found* (Vintage, Nueva York, 2009), p. 264. (Hay versión española de Aurora Echevarría Pérez, *Ciudad total: Bombay perdida y encontrada*, Random House, Barcelona, 2006).

ware que trabajan en diferentes continentes y zonas horarias para expedir un producto dentro de un plazo determinado. Los organizadores de eventos que coordinan a varios equipos de técnicos, personal de hostelería y presentadores para que una conferencia de tres días pueda transcurrir con puntualidad y sin calamidades. Los candidatos políticos que organizan a grupos de voluntarios para que hagan campaña por los barrios, inscriban a los votantes y repartan carteles propagandísticos antes del día de las elecciones. Los profesores que dirigen a sesenta alumnos cuando bajan y suben del autobús, o los guías de un museo durante una excursión. Los equipos deportivos. Las bandas de música. Las empresas de transporte. Las fábricas. Los restaurantes. Todos ellos necesitan personas que trabajen individualmente al compás, para sincronizar sus acciones con las de los demás, para avanzar a un ritmo común y hacia un objetivo común.

El descubrimiento que más nos ha permitido hacer estas cosas se produjo a finales del siglo xv, cuando Galileo Galilei era un estudiante de medicina de 19 años en la Universidad de Pisa. Inspirado por un candelabro oscilante, Galileo llevó a cabo algunos experimentos improvisados con péndulos. Descubrió que lo que más afectaba al movimiento de un péndulo era la longitud del hilo, y que para cualquier longitud dada del hilo de un péndulo, siempre tardaba el mismo tiempo en hacer un ciclo de oscilación completo. Llegó a la conclusión de que esa periodicidad hacía que los péndulos fuesen ideales para medir el tiempo. La visión de Galileo dio lugar a la invención del reloj de péndulo unas décadas más tarde. Y los relojes de péndulo, a su vez, produjeron algo de lo que no somos conscientes que sea un concepto relativamente nuevo: «el tiempo».

Imagina la vida sin un consenso siquiera aproximado sobre qué es el tiempo. Tendrías que buscar la manera de arreglártelas. Pero sería de formas engorrosas e ineficaces que hoy apenas podríamos entender. ¿Cómo sabrías cuándo hacer una entrega, esperar un autobús o llevar a tu hijo al dentista? Los relojes de péndulo, 237 que eran mucho más precisos que sus predecesores, rehicieron la civilización al posibilitar que las personas sincronizaran sus actos. Aparecieron relojes públicos en las plazas de los pueblos y empezaron a establecer un único patrón temporal. Y este concepto de tiempo público —«el tiempo»— lubricó los engranajes del comercio y lubricó la interacción social. Pronto, la estandarización de la hora local se hizo regional, y la estandarización regional se hizo nacional, dando como resultado los horarios predecibles y el tren de las 15:16 horas a Poughkeepsie.[2]

Esta posibilidad de sincronizar nuestros actos con los de otras personas, liberada por la cascada que desató Galileo hace unos pocos siglos, ha sido vital para el progreso humano. Sin embargo, el consenso sobre lo que dice el reloj es solo el primer ingrediente. Los grupos que dependen de la sincronización para el éxito —los coros, los equipos de remo y aquellos *dabbawalas* de Bombay—, acatan tres principios de los tiempos grupales. Un criterio externo establece el ritmo. Un sentido de pertenencia ayuda a los individuos a cohesionarse. Y la sincronización requiere y aumenta el bienestar.

Dicho de otro modo, los grupos deben sincronizarse a tres niveles: al del jefe, al de la tribu y al del corazón.

El director del coro, el timonel y el reloj: sincronizarse con el jefe

David Simmons es igual de alto que Ahilu Adhav, pero las semejanzas desaparecen donde acaba la cinta métrica. Simmons es un hombre blanco, estadounidense y graduado en derecho que no pasa los días repartiendo comidas, sino encauzando a un grupo

---

[2]   Bartky, Ian R., *Selling the True Time: Nineteenth-Century Timekeeping in America* (Stanford University Press, Stanford, 2000).

de coristas. Tras huir de las prácticas de derecho hace 25 años —entró un día en el despacho del socio director de su bufete y dijo: «Yo no puedo hacer esto»—, este hijo de pastor luterano con inclinaciones musicales se convirtió en director de coro. Ahora es el director artístico del Coro del Congreso en Washington. Y una helada noche de un viernes de finales de invierno, está de pie frente a ochenta cantantes en el Atlas Performing Arts Center de la ciudad; el coro está ensayando *Road Trip!*, un espectáculo de dos horas y media con más de veinte canciones y popurrís americanos.

Los coros son peculiares. Una voz solista puede cantar una canción. Pero si se combinan unas pocas voces, y a veces muchas voces, el resultado trasciende a la suma de las partes. Pero aunar todas esas voces es difícil, especialmente en un coro como este, compuesto enteramente de aficionados. Al Coro del Congreso se le empezó a llamar así en sus inicios, a mediados de la década de los ochenta, cuando era una banda heterogénea compuesta por empleados del Capitolio que buscaba una plataforma para su amor por la música y una válvula de escape para sus frustraciones en la política. Hoy, alrededor de un centenar de adultos —algunos auxiliares del Congreso aún, pero también muchos abogados, lobistas, contadores, vendedores y profesores— actúa en el coro. (De hecho, en Washington hay más coristas per cápita que en cualquier otra ciudad de EEUU). Muchos cantantes tienen experiencia en coros de la universidad o la iglesia. Algunos tienen verdadero talento. Pero ninguno de ellos es un profesional. Y como todos tienen otros deberes profesionales, solo pueden ensayar algunas veces a la semana.

Así pues, ¿cómo consigue Simmons mantenerlos en sincronía? ¿Cómo consigue, durante el popurrí de música californiana de la noche, que seis docenas de cantantes aficionados se bamboleen sobre una tarima y media docena de bailarines aficionados actúen delante de ellos para pasar, sin interrupciones —en directo y con público— de *Surfer Girl* a *I get around*, y terminar todos cantando

el sonido final de la última sílaba de la última palabra de *Surfin'
USA* en el mismo momento exacto?

«Soy un dictador —me dice—. Los hago trabajar muy duro».

Simmons hace una prueba a cada miembro, y solo él decide
quién entra y quién no. Empieza los ensayos a las 19:00 horas
en punto y cada minuto está planificado de antemano. Seleccio-
na todas las piezas para cada concierto. (Ser más democrático
y dejar que los miembros elijan qué quieren cantar, dice, sería
convertir el concierto en una cena comunitaria en vez de ser un
menú de tres estrellas Michelin). Admite pocas discrepancias
de los cantantes. Pero esto no es por algún tipo de profundo
impulso autoritario. Es porque ha descubierto que la eficiencia
en este ámbito exige una dirección firme y, a veces, un ligero
despotismo. Como le dijo una vez un miembro de su coro que
al principio se cohibía ante esta forma de autoridad: «Siempre
me parece alucinante que arranque sin que nadie sepa nada en el
primer ensayo. Y que en el último concierto todos cantemos las
sílabas a la vez como si nada».

El primer principio de la sincronización rápida y lenta es que
el tiempo grupal necesita un jefe; alguien que esté por encima y
apartado del propio grupo para marcar el ritmo, mantener los
niveles y hacer que la mente colectiva se concentre.

A principios de la década de los noventa, una joven profesora
de la Escuela de Administración y Dirección de Empresas Sloan
del MIT se sintió frustrada por las lagunas académicas respecto a
cómo funcionaban las empresas. «El tiempo es probablemente el
aspecto más dominante de nuestras vidas», escribió Deborah Ancona, y sin embargo «no ha desempeñado un papel ni significativo
ni explícito en la investigación sobre conducta organizacional».
Así que en un artículo académico de 1992 titulado *Timing Is
Everything* (*Los tiempos lo son todo*) tomó prestado un concepto de

la cronobiología de los individuos y lo aplicó a la antropología de los equipos.[3]

Recordarás del primer capítulo que en el cuerpo y el cerebro se encuentran unos relojes biológicos que afectan a nuestro rendimiento, nuestro ánimo y nuestro estado de vigilia. Pero tal vez no recuerdes que esos relojes van un poco más allá de las 24 horas. Si nos dejaran a nuestra suerte —por ejemplo, pasando varios meses en una cámara subterránea sin contacto con la luz u otras personas, como en algunos experimentos—, nuestra conducta iría variando paulatinamente hasta que pronto empezaríamos a quedarnos dormidos por la tarde y estaríamos completamente despiertos por la noche.[4] Lo que impide ese desajuste en el mundo de la superficie son las señales ambientales y sociales, como el amanecer y los relojes despertadores. El proceso por el cual nuestros relojes internos se sincronizan con las señales externas para que nos levantemos a tiempo para ir a trabajar o irnos a dormir a una hora razonable se denomina *entrainment* o «sincronización del ritmo biológico».

Ancona sostiene que esa sincronización también se produce en las organizaciones.[5] Determinadas actividades —el desarrollo de

---

3 Ancona, Deborah G. y Chong, Chee-Leong, «Timing Is Everything: Entrainment and Performance in Organization Theory», *Academy of Management Proceedings* 1992, n.º 1 (1992), pp. 166-169. Esta línea de pensamiento fue presagiada por Joseph McGrath, un psicólogo social de la Universidad de Michigan, en McGrath, Joseph E., «Continuity and Change: Time, Method, and the Study of Social Issues», *Journal of Social Issues* 42, n.º 4 (1986); pp. 5-19; McGrath, Joseph E. y Kelly, Janice R., *Time and Human Interaction: Toward a Social Psychology of Time* (Guilford Press, Nueva York, 1986); y McGrath, Joseph E. y Rotchford, Nancy L., «Time and Behavior in Organizations», en Cummings, L. L. y Staw, Barry M. (eds.), *Research in Organizational Behavior* 5 (JAI Press, Greenwich, 1983), pp. 57-101.

4 Honma, Ken-Ichi, Von Goetz, Christina y Aschoff, Jürgen, «Effects of Restricted Daily Feeding on Freerunning Circadian Rhythms in Rats», *Physiology & Behavior* 30, n.º 6 (1983), pp. 905-913.

5 Ancona define sincronización del ritmo biológico organizacional como «el ajuste o moderación de una conducta para sincronizarla o para que vaya al

producto o el marketing— fijan sus propios tiempos. Pero esos ritmos necesitan forzosamente sincronizarse con los ritmos externos de la vida organizacional: los años fiscales, los ciclos de ventas e incluso la antigüedad de la empresa o la etapa de cada carrera profesional. Igual que las personas se sincronizan con las señales externas —sostenía Ancona—, también lo hacen las organizaciones.

En el ámbito de la cronobiología, a esas señales externas se les llama *zeitgeber* (un término alemán que significa literalmente «dador de tiempo»): «Señales ambientales que pueden hacer que el reloj circadiano se sincronice», como explica Till Roenneberg.[6] El razonamiento de Ancona ayudó a determinar que los grupos también necesitan un *zeitgeber*. A veces el referente que da el ritmo es un único líder, alguien como David Simmons. De hecho, la evidencia demuestra que los grupos suelen ajustarse a las preferencias rítmicas de los miembros con mayor estatus de su grupo.[7] No obstante, el estatus y la estatura no siempre coinciden.

La competencia de remo es uno de los pocos deportes de carreras donde los atletas dan la espalda a la línea de meta. Solo un miembro del equipo mira al frente. Y en el equipo de primera división femenina de las NCAA en la Universidad George Washington, esa persona era Lydia Barber, la timonel.

En los entrenamientos y competencias, Barber, que se graduó en 2017, se sentaba en la popa de la barca con un micrófono de diadema fijado a la cabeza, y gritaba las instrucciones a las ocho remeras. Lo tradicional es que los timoneles tengan la menor estatura y peso

---

ritmo de otra conducta» y sostiene que puede ser «consciente, subconsciente o instintiva».

6 Roenneberg, Till, *Internal Time: Chronotypes, Social Jet Lag, and Why You're So Tire* (Harvard University Press, Cambridge, 2012), p. 249.

7 Chen, Ya-Ru, Blount, Sally y Sanchez-Burks, Jeffrey, «The Role of Status Differentials in Group Synchronization» en Blount, Sally, Mannix, Elizabeth A., y Neale, Margaret Ann (eds.), *Time in Groups, vol. 6* (Emerald Group Publishing, Bingley, 2004), pp. 111-113.

posibles para que la barca tenga que llevar menos peso. Barber solo mide 1.20 m (tiene enanismo). Pero su temperamento y su destreza son una mezcla tan implacable de concentración y liderazgo que, en muchos aspectos, es ella la que lleva al barco.

Barber era la que fijaba el ritmo, y por tanto la jefa de un equipo de remeras cuyas competencias de 2 000 metros solían durar 7 minutos. Durante esos cuatrocientos o quinientos segundos, ella marcaba el ritmo de las paladas, lo que significaba que «tenías que estar dispuesta a asumir la responsabilidad y tener mucho carácter», me dijo. Normalmente las carreras empiezan con la barca sobre el agua, de modo que las remeras tenían que dar cinco paladas rápidas para empezar a moverse. Barber pedía después 15 paladas de ángulo alto, a un ritmo de cuarenta paladas por minuto. Después cambiaba a un ritmo de palada ligeramente más lento, avisando a sus remeras: «Pasamos al uno... Pasamos al dos... ¡Caaambio!».

Durante el resto de la carrera, su trabajo era dirigir el bote, ejecutar la estrategia de carrera y, lo más importante, mantener al equipo motivado y sincronizado. En una competencia contra la Universidad Duquesne, decía cosas como estas:

¡A la carrera, chicas...!
Qué maravilla.
Metemos la palaaaaaa ¡y YA!
(marca el ritmo).
Eso hace uno.
(marca el ritmo).
¡Más fuerte!
Dos...
¡Más fuerte!
Tres...
¡Dénle ahí!
Cuatro...

¡Dénle ahí!
Cinco...
¡Vamos que lo ganamos!
Seis...
¡Vamos!
Siete...
¡VAMOS!
Ocho...
¡ESAS PIERNAS!
Nueve...
¡Vamos, carajo!
Diez...
¡Palas dentro!
¡Espaldas rectas! ¡Palas dentro!
¡De puta madre, George Washington! ¡Metan piernas y VAMOS!

El bote no puede alcanzar su ritmo más rápido si las ocho remeras no están exquisitamente sincronizadas entre sí. Pero no pueden sincronizarse bien sin Barber. Su velocidad depende de alguien que jamás toca un remo, al igual que el sonido del Coro del Congreso depende de Simmons, que jamás canta una nota. Para los tiempos grupales, el jefe está por encima, aparte, y desempeña un papel fundamental.

Pero en el caso de los *dabbawalas*, el jefe —su *zeitgeber*— no se pone delante de un atril ni se agazapa en la popa de una barca. Flota por encima de sus cabezas en la estación de tren y dentro de ellas todo el día.

La mayoría de las recogidas matinales de Ahilu Adhav son rápidas y eficientes: un brazo asoma desde el apartamento y pone la bolsa en la mano tendida de Adhav. Adhav no avisa antes por teléfono. Los clientes no ven por dónde va, como si fuese un coche de Uber o Lyft. Cuando termina la ruta, lleva 15 bolsas colgadas de la bicicleta. Pedalea a través de un área pavimentada hasta la estación de tren de Vile Parle, donde pronto se reunirá con otros diez *walas*, aproximadamente. Desatan las comidas, las apilan en el suelo, y empiezan a clasificar las bolsas con la velocidad y seguridad de un trilero. Cada *wala* apila entre diez y veinte comidas, las ata todas juntas y se echa el montón a la espalda. Después se dirigen a la estación de tren, al andén de la línea Oeste del sistema ferroviario de Bombay.

Los *dabbawalas* trabajan con una considerable autonomía. Nadie les dice en qué orden deben recoger o entregar las comidas. Deciden cómo se dividen el trabajo entre los miembros del equipo sin que nadie haga de supervisor aplicando mano dura.

Pero hay una dimensión que no les permite ninguna flexibilidad: el tiempo. En la cultura empresarial india, la hora de la comida suele ser entre las 13:00 y las 14:00 horas. Eso significa que a las 12:45 los *dabbawalas* tienen que haber hecho todas sus entregas. Y eso quiere decir también que el equipo de Adhav tiene que tomar el tren antes de las 10:51 en la estación de Vile Parle. Si pierde ese tren, todo el horario se desmoronará. Para los *walas*, el jefe es el horario de los trenes; el patrón externo que fija el ritmo, la velocidad y los tiempos de su trabajo, la fuerza que impone disciplina donde de otro modo habría caos. Es el déspota inexpugnable, el *zeitgeber* zarista cuya autoridad nadie cuestiona y cuyas reglas son terminantes, como un timonel o maestro de coro inanimado.

Así que este lunes, como todos los demás días, los *dabbawalas* llegan al andén con varios minutos de margen. Cuando el reloj de la estación se acerca a las 10:45 horas, recogen sus bolsas y antes de que se haya detenido el tren completamente, se suben al compartimento de equipajes para viajar al sur de Bombay.

Los beneficios de la pertenencia: sincronizarse con la tribu

Hay algo que debes saber sobre los *dabbawalas* de Bombay: la mayoría solo tiene, en el mejor de los casos, estudios básicos. Muchos no saben leer ni escribir, un hecho que acentúa la plausibilidad de lo que hacen.

Supón que eres un inversor de capital de riesgo y te propongo la siguiente idea de negocio:

> Es un servicio de reparto de comida. Se recogen las comidas caseras en los domicilios de la gente y se llevan justo a la hora de comer a la mesa del familiar en su oficina al otro lado de la ciudad. Esa ciudad, por cierto, es la décima ciudad más grande del mundo, con el doble de habitantes que Nueva York, pero con muchas menos infraestructuras básicas. En nuestro negocio no se usarán teléfonos celulares, mensajes de texto, mapas online ni básicamente ninguna otra tecnología de las comunicaciones. Y como mano de obra para la operación, contrataremos a personas que no tienen estudios secundarios, siendo muchas de ellas analfabetas funcionales.

Sospecho que no me propondrías una segunda reunión, y mucho menos financiación de ningún tipo.

Pero Raghunath Medge, presidente de la Nutan Mumbai Tiffin Box Suppliers Association, afirma que los *dabbawalas* tienen un índice de error de uno en 16 millones, una estadística que se repite mucho pero nunca se ha verificado. Con todo, la eficiencia de los *walas* es suficientemente extraordinaria como para haber merecido el elogio de Richard Branson y el príncipe Carlos de Inglaterra, y haber sido inmortalizada en un estudio monográfico de la Harvard Business School. Desde sus comienzos en 1890, como sea, ha funcionado. Y una razón por la que funciona es el segundo principio de los tiempos grupales.

Después de sincronizarse con el jefe, el patrón externo que fija el ritmo del trabajo de cada persona, deben sincronizarse con la tribu: unos con otros. Esto requiere un profundo sentido de pertenencia.

En 1995, dos psicólogos sociales, Roy Baumeister y Mark Leary, formularon lo que llamaron «hipótesis de pertenencia». Sugirieron que «la necesidad de pertenecer es una motivación humana fundamental [...] y que mucho de lo que hacen los seres humanos lo hacen en aras de la pertenencia». Otros pensadores, entre ellos Sigmund Freud y Abraham Maslow, afirmaron cosas parecidas, pero Baumeister y Leary decidieron buscar una prueba empírica. La evidencia que reunieron era abrumadora (en su documento de 26 páginas citan más de trescientas fuentes). La pertenencia, descubrieron, moldea profundamente nuestros pensamientos y emociones. Su ausencia provoca efectos nocivos, y su presencia, salud y satisfacción.[8]

La evolución ofrece como mínimo una explicación parcial.[9] Después de que los primates nos bajáramos de los árboles y vagáramos por la sabana abierta, pertenecer a un grupo se hizo esencial para la supervivencia. Necesitábamos a los demás para repartir el trabajo y guardarnos las espaldas. Pertenecer nos mantenía vivos. No pertenecer nos convertía en el almuerzo de alguna bestia prehistórica.

Hoy, esta imperecedera inclinación a la pertenencia nos ayuda a calibrar nuestros actos con los de los demás. La cohesión social,

8   Baumeister, Roy F. y Leary, Mark R., «The Need to Belong: Desire for Interpersonal Attachments as a Fundamental Human Motivation», *Psychological Bulletin* 117, n.º 3 (1995), pp. 497-529.
9   Ver DeWall, C. Nathan *et al.*, «Belongingness as a Core Personality Trait: How Social Exclusion Influences Social Functioning and Personality Expression», *Journal of Personality* 79, n.º 6 (2011), pp. 1281-1314.

como han descubierto muchos investigadores, da lugar a una mayor sincronicidad.[10] O como dice Simmons: «Consigues un sonido mucho mejor si hay un sentido de pertenencia. Consigues más niveles de asistencia a los ensayos, más sonrisas en sus caras». Aunque, si bien el impulso de pertenencia es innato, su aparición requiere a veces algún esfuerzo. En la coordinación de grupo, se produce de tres formas: códigos, vestimenta y contacto físico.

Los códigos

Para los *dabbawalas*, el código secreto va pintado (o escrito con rotulador) en las bolsas de comida que manejan. Miren, por ejemplo, esta foto, tomada desde arriba, de la parte superior de un recipiente que Adhav estaba transportando:

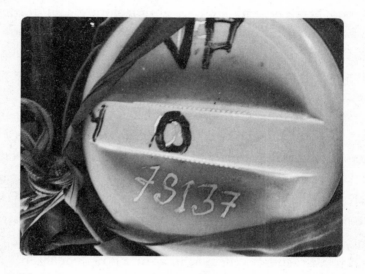

Para ti y para mí, e incluso para el propietario de la bolsa de comida, lo que aparece garabateado ahí no tiene sentido. Pero para

[10] Mønster, Dan *et al.*, «Physiological Evidence of Interpersonal Dynamics in a Cooperative Production Task», *Physiology & Behavior* 156 (2016), pp. 24-34.

los *dabbawalas*, es la clave para coordinarse. Mientras nuestro tren se dirige dando tumbos al sur de Bombay, y nuestros cuerpos van dando tumbos con él (no es precisamente un transporte de lujo), Adhav explica los símbolos. VP e Y indican el barrio y el edificio donde se ha recogido la comida esa mañana. El 0 es la estación de donde saldrá. El 7 dice qué *wala* llevará la comida de la estación al cliente. Y el S1 3 7 indica en qué edificio y piso trabaja el cliente. Listo. Ni códigos de barras, ni direcciones siquiera. «Yo miro esto, y todo está en mi cabeza», dice Adhav.

En el compartimento de los equipajes —no se permite a nadie subir maletas grandes a los atestados vagones de los trenes de Bombay—, los *dabbawalas* se sientan en el suelo, en medio de quizá doscientas bolsas de comida de tela y plástico. Hacen bromas y hablan unos con otros en *marathi*, la lengua del estado de Maharastra, en vez de la lengua mucho más predominante, el hindú. Los *dabbawalas* provienen del mismo conjunto de pequeñas localidades que se encuentra aproximadamente a 1 5 0 km al sudeste de Bombay. Muchos son familia. De hecho, Adhav y Medge son primos.

Swapnil Bache, uno de los *walas*, me cuenta que la lengua común y ser del mismo sitio crea lo que llama «un sentimiento de hermandad». Y ese sentido de afiliación produce, como los códigos en los paquetes, un entendimiento informal que permite a los *walas* saber qué van a hacer los demás y moverse en armonía.

El sentimiento de pertenencia estimula la satisfacción y el rendimiento en el trabajo. La investigación de Alex Pentland en el MIT «ha mostrado que, cuanto más cohesionado y comunicativo es un equipo —cuanto más platiquen y se cuenten cosas personales— más trabajo sacan adelante».[11] Incluso la estructura del negocio mejora la pertenencia. Los *dabbawalas* no son una corporación,

---

[11] Bond, Michael y Howgego, Joshua, «I Work Therefore I Am», *New Scientist* 2 3 0, n.º 3 0 7 9 (2 0 1 6), pp. 2 9 - 3 2.

sino una cooperativa, que funciona con un modelo de reparto de beneficios que paga a los *walas* partes iguales.[12] La lengua y el patrimonio común hacen más fácil compartir los beneficios.

La vestimenta

Adhav es delgado y enjuto. La camisa blanca que lleva le queda como si su cuerpo fuese una percha, en vez de un maniquí. Viste unos pantalones de color oscuro y sandalias, y luce dos *bindis* en la frente. Pero es en la cabeza donde lleva la parte más importante de su atuendo: una gorra Ghandi blanca que significa que es un *dabbawala*. Una de las pocas restricciones que tienen los *walas* es que en el trabajo tienen que llevar la gorra todo el tiempo. La gorra es otro elemento de su sincronización. Los conecta a unos con otros y los identifica para los ajenos a la tribu *dabbawala*.

Los dabbawalas *Eknath Khanbar* (izquierda) *y Swapnil Bache examinan el código que determina dónde entregar una comida.*

---

[12] Un *dabbawala* suele ganar una media de 120 dólares al mes; no es una espléndida cantidad para los estándares indios, pero lo suficiente para mantener una familia rural.

La ropa, al servir de señal asociativa e identificativa, facilita la coordinación. Como en los restaurantes de alta categoría, donde el funcionamiento interno tiene una parte de ballet y otra de invasión militar. Auguste Escoffier, uno de los pioneros de la cocina francesa, consideraba que la vestimenta creaba armonía. «Escoffier disciplinaba, formaba y vestía a sus cocineros», escribe un analista. Los uniformes ayudaban a mantener una postura erguida y cuidar los modales. La chaqueta blanca de doble botonadura se convirtió en la norma para enfatizar la limpieza y la higiene. Más sutilmente, estas chaquetas ayudaban a instilar un sentido de lealtad, inclusión y orgullo en los cocineros, entre ellos y el resto del personal del restaurante.[13]

Pasa lo mismo con los que hacen la comida en Francia y los que reparten la comida en la India.

Contacto físico

Algunos coristas llevan la sincronización hasta la punta de los dedos. Cuando cantan, se toman las manos, para conectarse unos con otros y mejorar la calidad de su sonido. Los *dabbawalas* no se toman de la mano. Pero sí muestran la naturalidad física de las personas que se conocen bien. Rodean con el brazo a un compañero o le dan una palmadita en la espalda. Cuando están a más distancia, se comunican con señales u otros gestos. Y en los viajes en tren, donde el compartimento para equipajes no cuenta con asientos separados, se apoyan muchas veces los unos sobre los otros, y un *wala* se echa la siesta sobre el hombro de otro.

El contacto es otro puntal de la pertenencia. Por ejemplo, hace pocos años, unos investigadores de la Universidad de Cali-

---

[13] Kamal, Oday, «What Working in a Kitchen Taught Me About Teams and Networks», *The Ready*, 1 de abril de 2016, disponible en <https://medium.com/the-ready/schools-don-t-teach-you-organization-professional-kitchens-do-7c6cf5145c0a#.jane98bnh>.

fornia-Berkeley intentaron predecir las victorias de los equipos de basquetbol de la NBA analizando su empleo del lenguaje táctil. Observaron a cada equipo jugar un partido de principio de temporada y contaron las veces que los jugadores se tocaban unos a otros; en la lista se incluían «los choques de puños, manos y pechos, saltos chocando el hombro, golpes en el pecho, choques de ambas manos, abrazos completos, medios abrazos y corrillos de equipo». Después observaban el rendimiento del equipo durante el resto de la temporada.

Tras determinar los factores obvios que afectan a los resultados en el basquetbol —por ejemplo, la calidad de los jugadores—, descubrieron que el contacto predecía el rendimiento individual y también el del equipo. «El tacto es el sentido más desarrollado al nacer, y antecede al lenguaje en la evolución de los homínidos —escriben—. Aumenta la conducta cooperativa en los grupos, lo que a su vez facilita un mejor rendimiento del grupo». Tocarse es una forma de sincronizar, una forma primordial de indicar dónde estás y adónde vas. «El basquetbol ha desarrollado su propio lenguaje del tacto», escriben. «Los choques de manos y puños, gestos teatrales aparentemente pequeños en las interacciones de grupo, resultan muy reveladores de los funcionamientos cooperativos de un equipo, y de si este gana o pierde». [14]

Los tiempos grupales requieren pertenencia, facilitada por los códigos, la vestimenta y el contacto físico. Una vez que el grupo se sincroniza con la tribu, ya está listo para sincronizarse en el siguiente y último nivel.

---

[14] Kraus, Michael W., Huang, Cassy y Keltner, Dacher, «Tactile Communication, Cooperation, and Performance: An Ethological Study of the NBA», *Emotion* 10, n.º 5 (2010), pp. 745-749.

Esfuerzo y éxtasis:
sincronizar con el corazón

El intermedio ha terminado. Los cantantes del Coro del Congreso se suben a las cuatro gradas para el segundo acto de *Road Trip!* Durante los próximos 70 minutos, cantarán otra docena de canciones, incluida una excelente interpretación a capela de *Baby, What a Big Surprise.*

Las voces de los coristas están sincronizadas, por supuesto. Cualquiera lo sabe al oírlas. Pero lo que ocurre dentro de sus cuerpos, aunque no es audible, sí es importante y curioso. En esta actuación, los corazones de este variado conjunto de cantantes aficionados estarán latiendo seguramente al mismo ritmo.[15]

Sincronizar con el corazón es el tercer principio de los tiempos grupales. La sincronización nos hace sentir bien, y sentirnos bien contribuye a que el grupo ruede con mayor suavidad. Coordinarnos con los demás también nos ayuda a obrar bien, y obrar bien facilita la sincronización.

Hacer ejercicio es una de las pocas actividades de la vida que es incuestionablemente buena para nosotros, una tarea que brinda enormes beneficios con pocos costos. Hacer ejercicio nos ayuda a vivir más tiempo. Ahuyenta las enfermedades cardíacas y la diabetes. Nos hace estar más delgados y fuertes. Y su valor psicológico es inmenso. Para las personas que padecen depresión, puede ser tan eficaz como medicarse. Para las personas sanas, es un estimulador del ánimo instantáneo y con efectos duraderos.[16] Cualquiera que estudie la ciencia del ejercicio llega a la misma conclusión: sería de tontos no hacerlo.

---

[15] Vickhoff, Björn *et al.*, «Music Structure Determines Heart Rate Variability of Singers», *Frontiers in Psychology* 4 (2013), pp. 1-16.

[16] Blumenthal, James A., Smith, Patrick J. y Hoffman, Benson M., «Is Exercise a Viable Treatment for Depression?» *ACSM's Health & Fitness Journal* 16, n.º 4 (2012), pp. 14-21.

El canto coral podría ser el nuevo ejercicio.

Los estudios sobre los beneficios de cantar en grupo son impresionantes. Cantar en coro reduce el ritmo cardíaco y aumenta los niveles de endorfina.[17] Mejora la función pulmonar.[18] Eleva el umbral de dolor y reduce la necesidad de tomar analgésicos.[19] Incluso mitiga el síndrome del intestino irritable.[20] Cantar en grupo —no solo en las actuaciones, también en los ensayos— aumenta la producción de inmunoglobulinas, lo que facilita la lucha contra infecciones.[21] De hecho, los pacientes de cáncer que cantan en un coro presentan una mejor respuesta inmune después de tan solo un ensayo.[22]

[17] Weinstein, Daniel *et al.*, «Singing and Social Bonding: Changes in Connectivity and Pain Threshold as a Function of Group Size», *Evolution and Human Behavior* 37, n.º 2 (2016), pp. 152-158; Tarr, Bronwyn, Launay, Jacques y Dunbar, Robin I. M., «Music and Social Bonding: "Self-Other" Merging and Neurohormonal Mechanisms», *Frontiers in Psychology* 5 (2014), pp. 1-10; Vickhoff, Björn *et al.*, «Music Structure Determines Heart Rate Variability of Singers», *Frontiers in Psychology* 4 (2013), pp. 1-16.

[18] Clift, Stephen M. y Hancox, Grenville, «The Perceived Benefits of Singing: Findings from Preliminary Surveys of a University College Choral Society», *Perspectives in Public Health* 121, n.º 4 (2001), pp. 248-256; Wade, Leanne M., «A Comparison of the Effects of Vocal Exercises/Singing Versus Music-Assisted Relaxation on Peak Expiratory Flo Rates of Children with Asthma», *Music Therapy Perspectives* 20, n.º 1 (2002), pp. 31-37.

[19] Weinstein, Daniel *et al.*, «Singing and Social Bonding: Changes in Connectivity and Pain Threshold as a Function of Group Size», *Evolution and Human Behavior* 37, n.º 2 (2016), pp. 152-158; Cohen, Gene D. *et al.*, «The Impact of Professionally Conducted Cultural Programs on the Physical Health, Mental Health, and Social Functioning of Older Adults», *Gerontologist* 46, n.º (2006), pp. 726-734.

[20] Grape, Christina *et al.*, «Choir Singing and Fibrinogen: VEGF, Cholecystokinin and Motilin in IBS Patients», *Medical Hypotheses* 72, n.º 2 (2009), pp. 223-225.

[21] Beck, R. J. *et al.*, «Choral Singing, Performance Perception, and Immune System Changes in Salivary Immunoglobulin A and Cortisol», *Music Perception* 18, n.º 1 (2000), pp. 87-106.

[22] Fancourt, Daisy *et al.*, «Singing Modulates Mood, Stress, Cortisol, Cyto-

Y aunque son muchas las recompensas fisiológicas, las psicológicas pueden ser aún mayores. Varios estudios muestran que cantar en un coro supone un importante estímulo para el ánimo.[23] También mejora la autoestima a la vez que reduce la sensación de estrés y los síntomas depresivos.[24] Refuerza el sentido de propósito y significado, y hace que aumente nuestra sensibilidad hacia los demás.[25]

---

kine and Neuropeptide Activity in Cancer Patients and Carers», *Ecancermedicalscience* 10 (2016), pp. 1-13.

[23] Weinstein, Daniel *et ál.*, «Singing and Social Bonding: Changes in Connectivity and Pain Threshold as a Function of Group Size», *Evolution and Human Behavior* 37, n.º 2 (2016), pp. 152-158; Fancourt, Daisy *et ál.*, «Singing Modulates Mood, Stress, Cortisol, Cytokine and Neuropeptide Activity in Cancer Patients and Carers», *Ecancermedicalscience* 10 (2016), pp. 1-13; Clift, Stephen y Hancox, Grenville, «The Significance of Choral Singing for Sustaining Psychological Wellbeing: Findings from a Survey of Choristers in England, Australia and Germany», *Music Performance Research* 3, n.º 1 (2010), pp. 79-96; Clift, Stephen *et ál.*, «What Do Singers Say About the Effects of Choral Singing on Physical Health? Findings from a Survey of Choristers in Australia, England and Germany», artículo presentado en la VII Conferencia Trienal de la Sociedad Europea para las Ciencias Cognitivas de la Música, Jyväskylä, Finlandia, 2009.

[24] Munip Sanal, Ahmet y Gorsev, Selahattin, «Psychological and Physiological Effects o Singing in a Choir», *Psychology of Music* 42, n.º 3 (2014), pp. 420-429; Eyre, Lillian, «Therapeutic Chorale for Persons with Chronic Mental Illness: A Descriptive Survey of Participant Experiences», *Journal of Music Therapy* 48, n.º 2 (2011), pp. 149-168; Myskja, Audun y Nord, Pål G., «The Day the Music Died: A Pilot Study on Music and Depression in a Nursing Home», *Nordic Journal of Music Therapy* 17, n.º 1 (2008), pp. 30-40; Baily, Betty A. y Davidson, Jane W., «Effects of Group Singing and Performance for Marginalized and Middle-Class Singers», *Psychology of Music* 33, n.º 3 (2005), pp. 269-303; Gale, Nicholas S. *et ál.*, «A Pilot Investigation of Quality of Life and Lung Function Following Choral Singing in Cancer Survivors and Their Carers», *Ecancermedicalscience* 6, n.º 1 (2012), pp. 1-13.

[25] Southcott, Jane E., «And as I Go, I Love to Sing: The Happy Wanderers, Music and Positive Aging», *International Journal of Community Music* 2, n.º 2-3 (2005), pp. 143-156; Silber, Laya, «Bars Behind Bars: The Impact of a Women's Prison Choir on Social Harmony», *Music Education*

Y estos efectos no provienen del mero hecho de cantar, sino de cantar en grupo. Por ejemplo, las personas que cantan en un coro reportan un mayor bienestar que las que cantan en solitario.[26]

La consecuencia es un círculo virtuoso de sentimientos positivos y una mejor coordinación. Sentirse bien favorece la cohesión social, lo que facilita más la sincronización. Sincronizar con los demás nos hace sentir bien, lo que refuerza el apego y mejora aún más esa sincronización.

Los grupos corales son la expresión más sólida de este fenómeno, pero hay otras actividades en las que los participantes encuentran un modo de operar en sincronía que también generan sentimientos positivos parecidos. Un grupo de investigadores de la Universidad de Oxford ha descubierto que bailar en grupo —«una actividad humana muy extendida que implica un esfuerzo por moverse en sincronía con la música»— eleva el umbral de dolor de los participantes.[27]

Lo mismo ocurre con el remo, una actividad cubierta de agonía. Otra investigación de Oxford, realizada con miembros del equipo de remo de la universidad, descubrió unos umbrales de dolor más altos cuando las personas remaban juntas, pero menos altos cuando remaban solas. Es más: a este estado mental, en el que los participantes sincronizados se vuelven menos susceptibles al dolor, lo llaman el «subidón del remero».[28]

En el libro *Remando como un solo hombre*, de Daniel James

Research 7, n.º 2 (2005), pp. 251-271.

[26] Stewart, Nick Alan Joseph y Lonsdale, Adam Jonathan, «It's Better Together: The Psychological Benefits of Singing in a Choir», *Psychology of Music* 44, n.º 6 (2016), pp. 1240-1254.

[27] Tarr, Bronwyn *et al.*, «Synchrony and Exertion During Dance Independently Raise Pain Threshold and Encourage Social Bonding», *Biology Letters* 11, n.º 10 (2015).

[28] Cohen, Emma E. A. *et al.*, «Rowers' High: Behavioural Synchrony Is Correlated with Elevated Pain Thresholds», *Biology Letters* 6, n.º 1 (2010), pp. 106-108.

Brown (Nórdica Libros, 2015), que narra la historia de un equipo de nueve remeros de la Universidad de Washington que ganó una medalla de oro en las Olimpiadas de Berlín de 1936, se encuentra esta gráfica descripción:

> Y llegó a entender que esos vínculos casi místicos, si se cuidaban correctamente, podían elevar a una tripulación por encima de la esfera ordinaria, transportarla a un lugar donde nueve chicos se convertían de algún modo en una sola cosa; una cosa que no podía terminar de definirse, una cosa que estaba tan en sintonía con el agua y la tierra y el cielo que, a medida que remaban, el éxtasis sustituía al esfuerzo. [29]

Que nueve personas pudieran convertirse en una unidad bullente, y que como fruto de ello ese éxtasis pueda suplantar al esfuerzo, indica una necesidad profundamente arraigada de sincronizar. Algunos investigadores sostienen que tenemos un deseo innato de sentir que vamos al mismo ritmo que los demás.[30] Una tarde de domingo, le hice a David Simmons una pregunta más general que cómo conseguían los cantantes del Coro del Congreso terminar las sílabas a la vez. ¿Por qué las personas cantan en grupo?, le pregunté.

[29] Brown, Daniel James, *The Boys in the Boat: Nine Americans and Their Epic Quest for Gold at the 1936 Berlin Olympics* (Penguin Books, Nueva York, 2014), p. 48. (Hay versión española de Guillem Usandizaga, *Remando como un solo hombre*, Nórdica Libros, Madrid, 2015).

[30] Blount, Sally y Janicik, Gregory A., «Getting and Staying In-Pace: The 'In-Synch' Preference and Its Implications for Work Groups», en Sondak, Harris, Neale, Margaret Ann y Mannix, E. (eds.), *Toward Phenomenology of Groups and Group Membership,* vol. 4 (Emerald Group Publishing, Bingley, 2002), pp. 235-266; ver también Mogan, Reneeta, Fischer, Ronald y Bulbulia, Joseph A., «To Be in Synchrony or Not? A Meta-Analysis of Synchrony's Effects on Behavior, Perception, Cognition and Affect», *Journal of Experimental Social Psychology* (2017), pp. 13-20; Leroy, Sophie *et al.*, «Synchrony Preference: Why Some People Go with the Flow and Some Don't,», *Personnel Psychology* 68, n.º 4 (2015), pp. 759-809.

Lo pensó un momento y me respondió: «Las hace sentir que no están solas en el mundo».

Volviendo al concierto del Coro del Congreso, una emocionante versión de *My Shot*, del musical *Hamilton* pone al público en pie. La multitud también está ahora sincronizada, y rompe a aplaudir y lanzar vítores rítmicamente. El penúltimo número —anuncia Simmons— es *This Land Is Your Land*. Pero antes de que empiecen los cantantes, Simmons le dice al público: «Vamos a invitarlos a unirse a nosotros en el último estribillo (de la canción). Atentos a que yo dé la señal». Empieza la música y los coristas cantan. Después, Simmons hace una señal al público con la mano, y trescientas personas —de las cuales la mayoría no se conoce entre sí y probablemente no volverá a coincidir nunca en la misma sala— empiezan, aún lentamente, a cantar, de forma imperfecta pero poniéndole ganas, hasta que llegan a la última frase: «This land was made for you and me» (Esta tierra se hizo para ti y para mí).

Tras realizar un trayecto de 40 minutos, Ahilu Adhav se baja del tren en la estación de Marine Lines, cerca del lugar donde el extremo sur de Bombay limita con el mar Arábigo. Se le unen otros dos *dabbawalas* que han llegado de otras partes de la ciudad. Utilizando los códigos, vuelven a clasificar rápidamente las bolsas. Después, Adhav toma una bicicleta que ha dejado otro *wala* en la estación y se dispone a hacer sus repartos.

Pero esta vez no puede ir montado. Las calles están tan atestadas de vehículos —la mayoría parece ser ajena al concepto de carril—, que es más rápido empujar la bicicleta entre los coches parados, las motos que aceleran y de vez en cuando alguna vaca, que pedalear. Su primera parada es una tienda de componentes electrónicos en un abarrotado mercado callejero llamado Vithaldas Lane, donde posa una maltrecha bolsa de comida sobre la
mesa del propietario de la tienda.

Ahilu Adhav entrega dos comidas en un ajetreado mercado callejero de Bombay.

El objetivo es entregar todas las comidas antes de las 12:45 horas, para que sus clientes (y los propios *dabbawalas*) puedan comer entre las 13:00 y las 14:00 horas, y Adhav pueda recuperar los recipientes vacíos a tiempo para tomar el tren de vuelta a las 14:48 horas. Hoy, Adhav termina su ronda a las 12:46 horas.

La tarde anterior, Medge, el presidente de la asociación, me había descrito el trabajo de los *dabbawalas* como una «misión sagrada». Tiende a hablar sobre el reparto de comida en términos casi religiosos. Me dijo que los dos pilares fundamentales del credo *dabbawala* eran que «el trabajo es un culto» y que «el cliente es dios». Y esta filosofía celestial tiene un impacto terrenal. Como Medge explicó a Stefan Thomke, que escribió el monográfico de la Harvard Business School: «Si tratas la *dabba* como un simple recipiente, puede que no te lo tomes en serio. Pero si piensas que

259

el recipiente contiene medicinas que tienen que llegar a pacientes enfermos que pueden morir, entonces el sentido de urgencia te obliga a asumir ese compromiso».[31]

Este propósito más elevado es la versión *wala* de sincronizarse con el corazón. Una misión común los ayuda a coordinarse, pero también activa otro círculo virtuoso. Trabajar en armonía con otras personas, según demuestra la ciencia, hace más probable que obremos bien. Por ejemplo, un estudio de Bahar Tunçgenç y Emma Cohen de la Universidad de Oxford ha revelado que los niños que jugaban a un juego en el que había que dar palmadas y pasos de forma rítmica y sincronizada eran más propensos a ayudar a sus compañeros que los niños que jugaban a juegos no sincrónicos.[32] En otros experimentos similares, los niños que jugaban primero a juegos sincrónicos eran mucho más propensos a decir que, si volvieran para hacer nuevas actividades, querrían jugar con un niño que no hubiese estado en su grupo original.[33] Incluso columpiarse a la vez que otro niño mejoraba la cooperación posterior y las habilidades colaborativas.[34] Funcionar en sincronía mejora nuestra capacidad de apertura a los de fuera y nos hace más proclives a adoptar conductas «prosociales». Dicho con otras palabras, la coordinación nos hace mejores personas, y ser mejores personas nos ayuda a coordinar mejor.

[31] Thomke, Stefan Horas y Sinha, Mona, «The Dabbawala System: On-Time Delivery, Every Time», Harvard Business School case study, 2012, disponible en <http://www.hbs.edu/faculty/Pages/item.aspx?num=38410>.

[32] Tunçgenç, Bahar y Cohen, Emma, «Interpersonal Movement Synchrony Facilitates Pro-Social Behavior in Children's Peer-Play», *Developmental Science* 18, Diciembre 2016. Disponible en: <https://doi.org/10.1111/desc.12505>.

[33] Tunçgenç, Bahar y Cohen, Emma, «Movement Synchrony Forges Social Bonds Across Group Divides», *Frontiers in Psychology* 7 (2016), p. 782.

[34] Rabinowitch, Tal-Chen y Meltzoff, Andrew N., «Synchronized Movement Experience Enhances Peer Cooperation in Preschool Children», *Journal of Experimental Child Psychology* 160 (2017), pp. 21-32.

La última parada de Adhev al recoger los *tiffins* es Jayman Industries, una fábrica de material quirúrgico con una angosta oficina en dos estancias. Para cuando llega Adhav, al dueño de la empresa, Hitendra Zaveri, no le ha dado tiempo de comer. Así que Adhav espera mientras Zaveri abre su comida. No es un triste almuerzo de escritorio. Tiene buena pinta: *chapati*, arroz, *dal* y verduras.

Zaveri, que lleva utilizando el servicio 23 años, dice que prefiere la comida casera porque es garantía de calidad y porque la de fuera «no es buena para la salud». Está contento con lo que llama «precisión horaria», también. Pero hay algo más sutil que hace que siga siendo cliente. Su mujer le cocina la comida. Lleva haciéndolo dos décadas. Aunque tenga que recorrer un largo trayecto para ir a trabajar y pasar un día frenético, esta breve pausa de mediodía lo mantiene conectado con ella. Esto es posible gracias a los *dabbawalas*. Quizá la misión de Adhav no sea exactamente sagrada, pero casi. Reparte comida que ha sido cocinada por un miembro u otro de la familia. Y no lo hace una sola vez, o una vez al mes. Lo hace todos los días.

Lo que hace Adhav es esencialmente distinto de repartir una pizza de Domino's. Él ve a un miembro de la familia a primera hora de la mañana, y más tarde ve a otro. Ayuda a que el primero alimente al segundo, y el segundo siente gratitud hacia el primero. Adhav es el tejido conector que mantiene unidas a las familias. El repartidor de pizza puede ser eficiente, pero su trabajo no tiene trascendencia. Adhav, sin embargo, es eficiente porque su trabajo tiene trascendencia.

Se sincroniza primero con el jefe: el tren de las 10:51 horas que sale de la estación de Vile Parle. Se sincroniza después con la tribu: sus compañeros *walas* distinguidos con la gorra blanca, que hablan su misma lengua y conocen el críptico código. Pero al final se sincroniza con algo más sublime —el corazón—, realizando un trabajo difícil y físicamente agotador que da de comer a las personas y mantiene unidas a las familias.

En una de las paradas matutinas de Adhav, en la séptima planta de un edificio conocido como el Pelican, conocí a un hombre que llevaba 15 años utilizando los servicios de los *dabbawalas*. Como muchos otros con los que hablé, dice que no ha sufrido ningún retraso, pérdida o incidencia con los repartos.

Pero sí tenía una queja.

En la increíble travesía que realiza su comida desde su propia cocina hasta la bicicleta de Adhav a la primera estación de tren a la espalda del *dabbawala* a otra estación de tren a las atestadas calles de Bombay hasta la mesa de su oficina, «a veces el curry se te mezcla con el arroz».

Manual del hacker del tiempo
CAPÍTULO 6

Siete maneras de encontrar tu propio «subidón del sincronizador»

Coordinarse y sincronizarse con otras personas es una poderosa manera de mejorar tu bienestar físico y psicológico. Si esas actividades no están presentes en tu vida, aquí van algunas formas de encontrar tu propio subidón del sincronizador:

1. **Canta en un coro**
   Aunque nunca hayas formado parte de un grupo musical, cantar con otras personas te dará un estímulo instantáneo. Para localizar encuentros para cantar en coros de todo el mundo, visita <https://www.meetup.com/es-ES/topics/choir/>.

2. **Corre con alguien**
   Correr con otras personas ofrece un triple beneficio: hacer ejercicio, socializar y sincronizar, todo a la vez. Busca un grupo para correr en la página web de algún club local de corredores.

3. **Un equipo de remo**

Pocas actividades requieren una sincronía tan perfecta como remar en equipo. También es un ejercicio completo: según algunos fisiólogos, en una carrera de 2 000 m se queman tantas calorías como en el basquetbol cuando se juegan *back-to-backs* presionando en toda pista.

4. **Baila**

Los bailes de salón y otros tipos de baile social consisten sobre todo en sincronizarse con otra persona y coordinar los movimientos con la música. Busca una academia de baile cercana.

5. **Inscríbete a clase de yoga**

Por si hiciera falta darte otra razón para convencerte de que hacer yoga es bueno para ti, hacerlo en grupo te puede dar un subidón de sincronización.

6. **Coreografías callejeras (*flashmobs*)**

Si quieres algo más aventurero que el baile social, y más bullicioso que el yoga, valora la posibilidad de unirte a una coreografía callejera; es una forma desenfadada de que un grupo de desconocidos actúe para otros desconocidos. Normalmente son gratis. Y, curiosamente, la mayoría de estas coreografías espontáneas se anuncian con antelación. Más información en <https://es.wikihow.com/organizar-un-flashmob>.

7. **Cocinar en pareja**

Cocinar, comer, recoger y limpiar uno solo puede ser una lata. Pero hacerlo con alguien requiere sincronización y puede levantar el ánimo (más aún si es una comida decente). Puedes encontrar trucos y pistas para cocinar en pareja en <https://www.acouplecooks.com/menu-for-a-cooking-date-tips-for-cooking-together/>.

Haz estas tres preguntas,
y después sigue haciéndolas

Una vez que un grupo opera en sincronía, el trabajo de cada miembro no se hace solo. La coordinación de grupo no sigue la lógica de las ollas de cocción lenta, que las configuras y te olvidas. Hay que remover y echarle un ojo de vez en cuando. Eso significa que para mantener correctamente los tiempos grupales, deberías hacer periódicamente —una vez a la semana o al menos una vez al mes— estas tres preguntas:

1. ¿Tenemos un jefe claro —sea una persona o alguna pauta externa— que inspire respeto, cuyo papel sea inequívoco y al que todos puedan dirigir su foco inicial?
2. ¿Estamos fomentando un sentido de pertenencia que enriquezca la identidad individual, refuerce los vínculos y permita a todos sincronizar con la tribu?
3. ¿Estamos activando la elevación —sentirse bien y obrar bien— que es necesaria para el éxito del grupo?

Cuatro ejercicios improvisados que pueden mejorar
tus habilidades para los tiempos grupales

El teatro improvisado no solo requiere pensar con rapidez, sino también una gran sincronización. Coordinar los tiempos de tus palabras y gestos con otros actores sin la ayuda de un guion es mucho más difícil de lo que piensa el público. Por eso los grupos de improvisación realizan una serie de ejercicios para controlar los tiempos y la sincronización. Aquí van cuatro de ellos, recomendados por la experta de la improvisación Cathy Salit, que le podrían servir a tu equipo:

1. **Espejito, espejito**

   Búscate una compañera y ponte de cara a ella. Después, mueve lentamente los brazos o las piernas; o levanta las cejas y cambia tu expresión facial. La tarea de tu compañera es reflejar lo que tú haces: extender el codo o arquear la ceja al mismo tiempo y ritmo que tú. Después intercambien los papeles, que actúe ella y tú haz de espejo. También lo puedes hacer en un grupo más grande. Siéntense en círculo y reflejen lo que vean de cualquier otra persona sentada en el círculo. «Normalmente se empieza de forma sutil hasta que todo el círculo se está reflejando a sí mismo», dice Salit.

2. **Fusión mental**

   Este ejercicio favorece un tipo de sincronización más conceptual. Busca una pareja. Cuenten hasta tres y después digan los dos una palabra, la que quieran, al mismo tiempo. Supón que tú dices «plátano» y tu pareja dice «bicicleta». Ahora cuenten hasta tres y pronuncien una palabra que de algún modo conecte con las dos palabras anteriores. En este caso, podrían decir los dos: «silla». ¡Fusión mental! Pero si dicen palabras distintas, lo cual es mucho más probable —supón que uno dice «tienda» y otro dice «rueda»—, entonces el proceso se repite, contando hasta tres y diciendo una palabra que conecte «tienda» y «rueda». ¿Les sale la misma palabra? (Yo estoy pensando «carrito», ¿y tú?) Si no, sigan hasta que digan la misma palabra. Es más difícil de lo que parece, pero verdaderamente desarrolla el músculo de la coordinación mental.

3. **Pasar la palmada**

   Este es un ejercicio clásico de improvisación. Forma un círculo. La primera persona se gira a la derecha y mira a la segunda persona a los ojos. Entonces los dos dan una palmada al mismo tiempo. A continuación, la segunda persona se gira a su derecha, mira a los ojos a la tercera persona, y los dos dan una palmada al unísono (es decir, el segundo pasa la palmada al tercero). Después, el tercero sigue el proceso. Mientras la palmada pasa de persona a persona, alguien puede decidir ir en dirección contraria «devolviendo la palmada» en lugar de girarse y pasarla. Luego otra persona puede volver a cambiar de dirección. El objetivo es sincronizarse con una sola persona, lo que ayuda a que todo el grupo se coordine y vaya pasando un objeto invisible. Si buscas *«pass the clap»* en YouTube podrás ver el ejercicio en acción. Y mientras esperas los resultados de la búsqueda, quizá se te ocurra un nombre para esta técnica que provoque menos risitas (en inglés coloquial, *pass the clap* significa también «transmitir la gonorrea»).

4. **El rap de los Beastie Boys**

Llamado así por la banda de hip hop, en este juego de grupo cada uno tiene que formar una estructura que ayude a los demás a actuar al unísono. El primero rapea una frase que siga una determinada estructura en la que se intercalan golpes de acento. En la wiki del Improve Resource Center <https://wiki.improvresourcecenter.com/> se utiliza este ejemplo: «VIvir en CASA es un TOSTÓN». El resto del grupo sigue después con este estribillo: *«¡SEH bu-bu BOH bu BOH bu BOH BOH!»*. Después, cada persona aporta sucesivamente una nueva frase, haciendo una pausa un poco antes de la última palabra para que todo el grupo la diga a la vez. Para seguir con este ejemplo:

Persona número dos: «Siempre meto la comida en la misma bolsa maRRÓN».

Grupo: *«¡SEH bu-bu BOH bu BOH bu BOH BOH!»*.

Persona número tres: «Me gusta echarme la siesta en una alfombra de algodón».

Grupo: *«¡SEH bu-bu BOH bu BOH bu BOH BOH!»*. 269

Seamos claros: no a todo el mundo le van a entusiasmar estos ejercicios, pero a veces, como canta Beastie Boys: tienes que luchar por tu derecho... a sincronizar.

Cuatro técnicas para fomentar el sentido de pertenencia en tu grupo

1. **Responde rápidamente un correo electrónico**
   Cuando le pregunté al director artístico del Coro del Congreso, David Simmons, qué estrategias utilizaba para fomentar el sentido de pertenencia, me sorprendió su respuesta. «Respondes sus correos electrónicos», dijo. Los estudios corroboran la intuición de Simmons.

   El tiempo de respuesta a un correo electrónico es el mejor predictor individual acerca de la satisfacción de un empleado con su jefe, según la investigación de Duncan Watts, sociólogo de la Universidad de Columbia y ahora director de investigación de Microsoft Research. Cuanto más tarda un jefe en responder a sus correos electrónicos, menos satisfecha está la gente con su líder.[1]

2. **Contar historias sobre esfuerzo y lucha**
   Una de las formas en que los grupos se cohesionan es a través de la narrativa. Pero las historias que cuenta tu grupo no deberían ser únicamente fábulas relativas al triunfo. Las historias sobre el fracaso y la vulnerabilidad también fomentan un sentido de pertenencia. Por ejemplo, Gregory Walton, de la Universidad Stanford, ha descubierto

---

[1]   Watts, Duncan, «Using Digital Data to Shed Light on Team Satisfaction and Other Questions About Large Organizations», *Organizational Spectroscope*, 1 de abril de 2016, disponible en <https://medium.com/@duncanjwatts/the-organizational-spectroscope-7f9f239a897c>.

que para las personas que puedan sentirse apartadas en un grupo —por ejemplo, una mujer en un entorno predominantemente masculino, o los estudiantes de color en una universidad donde hay una mayoría de blancos—, este tipo de historias puede tener mucha fuerza.[2] Simplemente leer el relato de una estudiante cuyo primer año no fue perfecto, pero acabó encontrando su lugar, despertaba sentimientos de pertenencia.

3. **Propiciar que el grupo organice sus propios rituales**
Todos los grupos cohesionados y coordinados tienen rituales que ayudan a fundir la identidad y hacer más profunda la pertenencia. Pero no todos los rituales tienen los mismos poderes. El más valioso proviene de los miembros del grupo, y no los que son orquestados o impuestos desde arriba. Para los remeros, puede ser una canción que cantan en los calentamientos. Para los miembros del coro, puede ser una cafetería en la que se citan antes de los ensayos. Como ha descubierto Robb Willer, de Stanford: «Las funciones sociales del lugar de trabajo son menos eficaces si parten del director. Son mejores las citas fijadas por los trabajadores en momentos y lugares que resulten cómodos al equipo».[3] Son los rituales orgánicos, y no los artificiales, los que generan cohesión.

4. **Intenta formar una clase rompecabezas**
A principios de la década de los setenta, el psicólogo so-

---

2 Walton, Gregory M. y Cohen, Geoffrey L., «A Brief Social-Belonging Intervention Improves Academic and Health Outcomes of Minority Students», *Science* 331, n.º 6023 (2011), pp. 1447-1451; Walton, Gregory M. *et al.*, «Two Brief Interventions to Mitigate a 'Chilly Climate' Transform Women's Experience, Relationships, and Achievement in Engineering», *Journal of Educational Psychology* 107, n.º 2 (2015), pp. 468-485.

3 Clausen, Lily B., «Robb Willer: What Makes People Do Good?» *Insights by Stanford Business*, 16 de noviembre de 2015, disponible en <https://www.gsb.stanford.edu/insights/robb-willer-what-makes-people-do-good>.

cial Elliot Aronson y sus alumnos de posgrado de la Universidad de Texas diseñaron una técnica de aprendizaje cooperativo dirigida a abordar las divisiones raciales en las recién integradas escuelas públicas de Austin. La llamaron «clase rompecabezas». Y a medida que fue arraigando en las escuelas, los educadores se dieron cuenta de que la técnica podía fomentar la coordinación grupal de cualquier tipo.

Funciona de la siguiente manera.

El profesor divide a los alumnos en «grupos rompecabezas» de cinco personas. Después, el profesor divide la lección de ese día en cinco secciones. Por ejemplo, si la clase está estudiando la vida de Abraham Lincoln, esas secciones serían: la infancia de Lincoln; su carrera política; su llegada a la presidencia y los inicios de la guerra civil estadounidense; su firma de la proclamación de emancipación de los esclavos; y su asesinato. Cada alumno se ocupa de investigar sobre cada una de esas secciones.

Los alumnos se van después a estudiar su pieza, formando «grupos de expertos» con alumnos de los demás grupos de cinco de la clase que comparten la misma sección. (Dicho de otro modo, se reúnen todos los alumnos a los que les ha tocado la sección de la proclamación de emancipación). Cuando han terminado la investigación, cada alumno regresa a su grupo rompecabezas original y se la enseña a los otros cuatro compañeros.

La clave de esta estrategia de aprendizaje es la interdependencia estructurada. Cada alumno aporta una pieza necesaria del conjunto, algo esencial para que todos los demás puedan ver la imagen completa. Y el éxito de cada alumno depende tanto de su contribución como de las contribuciones de sus compañeros. Si eres profesor, haz la prueba. Y si hace tiempo que dejaste atrás las clases, puedes adaptar el enfoque del rompecabezas a muchos entornos laborales.

7. Pensar en tiempos verbales
Unas breves palabras finales

> «El tiempo vuela como una flecha. La fruta vuela como un plátano».
>
> GROUCHO MARX (quizá)

La ocurrencia que abre este capítulo siempre me hace reír. Es una salida típica de Groucho, un juego de palabras que te deja pensativo, al estilo de: «Fuera del perro, el mejor amigo de un hombre es un libro. Dentro del perro está demasiado oscuro para leer».[1] Lamentablemente, es probable que Julius Henry Marx, el hermano Marx más famoso, nunca lo dijera. Pero la verdadera historia de esa cita y el razonamiento sorprendentemente complejo que encarna proporcionan una idea final para el libro.

El verdadero padre de esas palabras, o al menos la persona que proveyó el material genético original, fue un lingüista, matemático y científico de la computación llamado Anthony Oettinger. Hoy, la inteligencia artificial y el aprendizaje automático son temas de plena actualidad, fuentes de fascinación para la opinión pública y miles de millones de dólares en investigación e inversión. Pero en la década de los cincuenta, cuando Oettinger empezó a dar clases en la Universidad de Harvard, apenas se conocían. Oettinger fue

---

[1] No es totalmente seguro que Groucho dijera esto, tampoco. Ver Shapiro, Fred R., *The Yale Book of Quotations* (Yale University Press, New Haven, 2006), p. 498.

uno de los pioneros en estos campos, un polímata plurilingüe y una de las primeras personas del mundo que exploró las formas en que las computadoras podían entender el lenguaje humano. Esa búsqueda era y sigue siendo un reto.

«Las primeras afirmaciones de que las computadoras podían traducir idiomas eran sumamente exageradas», escribió Oettinger en un artículo publicado en 1966 en *Scientific American* que predecía con escalofriante precisión muchos de los posteriores usos científicos de las computadoras.[2] Al principio, la dificultad consistía en que muchas frases pueden tener varios significados cuando se sacan de su contexto de la vida real. El ejemplo polisémico que él puso fue: «*Time flies like an arrow*». Esta oración podía significar que el tiempo pasa con la velocidad de una flecha que cae en picado desde el cielo («El tiempo vuela como una flecha»). Pero como explicó Oettinger, *time* también podía ser un verbo imperativo: una orden tajante a un investigador que está midiendo la velocidad de los insectos («Cronometra a las moscas como una flecha»). O podría estar describiendo a determinada especie de bicho volador que siente una debilidad por las flechas («A las moscas del tiempo les gustan las flechas»). Dijo que los programadores podrían conseguir que las computadoras intentaran entender la diferencia entre esos tres significados, pero el conjunto subyacente de reglas crearía una nueva tanda de problemas. Esas reglas no podían tener en cuenta frases sintácticamente parecidas pero semánticamente distintas como —mira por dónde— «*Fruit flies like a banana*» («La fruta vuela como un plátano» o «A las moscas de la fruta les gusta el plátano»). Era un problema difícil de resolver.

La frase «*Time flies like an arrow*» se convirtió enseguida en un ejemplo de referencia en las conferencias y charlas para explicar

---

[2] Oettinger, Anthony G., «The Uses of Computers in Science», *Scientific American* 215, n.º 3 (1966), pp. 161-166.

los problemas del aprendizaje automático. «La palabra *time* puede ser aquí un sustantivo, un adjetivo o un verbo, lo que da lugar a tres interpretaciones sintácticas distintas», escribió Frederick Crosson, profesor de la Universidad de Notre Dame y editor de uno de los primeros libros de texto sobre inteligencia artificial.[3] La pareja flecha-plátano perduró, y años después se le atribuyó a Groucho Marx. Pero como dice Fred Shapiro, documentalista de Yale y experto en citas: «No hay motivos para pensar que Groucho la dijera realmente».[4]

En todo caso, la fuerza de esa frase revela algo importante. Como señala Crosson, incluso en una oración de cinco palabras, *time* puede funcionar como sustantivo, adjetivo o verbo. Es una de las palabras más amplias y versátiles que tenemos en inglés. *Time* puede ser un nombre propio, como en *Greenwich Mean Time* [GMT, tiempo medio de Greenwich]. La forma sustantiva también puede significar una duración específica (*How much time is left in the second period*) (¿Cuánto tiempo queda de la segunda parte?); un momento concreto (*What time does the bus to Narita arrive?*) (¿A qué hora llega el autobús a Narita?); un concepto abstracto (*Where did the time go?*) (¿Dónde se ha ido el tiempo?); una experiencia general (*I'm having a good time*) (Estoy pasando un rato estupendo); las veces que se hace algo (*He rode the roller coaster only one time*) (Solo subió una vez a la montaña rusa); un período histórico (*In Winston Churchill's time...*) (En la época de Winston Churchill...) y otros. De hecho, según los investigadores de Oxford University Press, *time* es el sustantivo más común de la lengua inglesa.[5]

3   Crosson, Frederick J., *Human and Artificial Intelligence* (Appleton-Century-Crofts, Nueva York, 1970), p. 15.
4   Shapiro, Fred R., *The Yale Book of Quotations* (Yale University Press, New Haven, 2006), p. 498.
5   «The Popularity of "Time" Unveiled» BBC News, 22 de junio de 2006, disponible en <http://news.bbc.co.uk/2/hi/5104778.stm>. Alan Burdick   **275**

Como verbo, también tiene múltiples significados. Podemos cronometrar una carrera (*time a race*), para lo que se necesita un reloj, o programar un ataque (*time an attack*), para lo que no se suele necesitar. Podemos «llevar el tiempo» cuando tocamos un instrumento musical. Y podemos, como los *dabbawalas* y las remeras, sincronizar nuestros actos (*time our actions*) con los demás. La palabra puede funcionar como adjetivo, como en «*time bomb*» (bomba de relojería), «*time zone*» (zona horaria) y «*time clock*» (reloj de fichar), y los «adverbios de tiempo» representan toda una categoría en esa parte del habla.

Pero el tiempo penetra nuestro lenguaje e influye en nuestro pensamiento de manera aún más profunda. La mayoría de los idiomas del mundo utilizan tiempos verbales —especialmente pasado, presente y futuro— para transmitir significado y revelar pensamientos. Casi todas las frases que decimos están teñidas por el tiempo. En cierto sentido, pensamos en tiempos verbales. Especialmente cuando pensamos sobre nosotros mismos.

Tomemos como ejemplo el pasado. Es algo con lo que no debemos obsesionarnos, nos dicen, pero según los estudios, es evidente que pensar en tiempo pasado puede hacer que nos comprendamos mejor a nosotros mismos. Por ejemplo, la nostalgia —contemplar y a veces anhelar el pasado— se consideraba antes una patología, una discapacidad que nos desviaba de nuestros objetivos actuales. Los estudiosos de los siglos XVII y XVIII pensaban que era una dolencia física, «un trastorno cerebral de origen esencialmente demoníaco», provocada por «la continua vibración de los espíritus animales a través de las fibras del cerebro medio». Otros creían que la nostalgia se debía a los cambios de

también habla de ello en su perspicaz libro sobre el tiempo. Ver Burdick, Alan, «Why Time Flies: A Mostly Scientific Investigation» (Simon & Schuster, Nueva York, 2017), p. 25. (Hay versión española de Pablo Hermida Lazcano, *Por qué el tiempo vuela: una investigación no solo científica*, Plataforma, Barcelona, 2018).

presión atmosférica o «un exceso de bilis en la sangre», o que tal vez era un achaque exclusivo de los suizos. Para el siglo xix ya se habían desechado esas ideas, pero la patologización de la nostalgia no. Los investigadores y físicos de la época creían que era una disfunción mental, un trastorno psiquiátrico vinculado a la psicosis, la obsesión o los deseos edípicos.[6] Hoy, gracias al trabajo del psicólogo Constantine Sedikides, de la Universidad de Southampton, y otros, la nostalgia ha sido redimida. Sedikides la llama «un recurso intrapersonal vital que contribuye a la ecuanimidad psicológica [...], un almacén de sustento psicológico». Los beneficios de pensar afectuosamente sobre el pasado son enormes, porque la nostalgia proporciona dos ingredientes básicos del bienestar: el sentido de significado y la conexión con los demás. Cuando pensamos de manera nostálgica, solemos situarnos como protagonistas de acontecimientos trascendentales (una boda o graduación, por ejemplo) que implican a las personas que más nos importan.[7] La nostalgia, según demuestran las investigaciones, puede mejorar nuestro estado de ánimo, protegernos de la ansiedad y el estrés y estimular la creatividad.[8] Puede hacer crecer el optimismo, hacer más profunda la empatía y mitigar el aburrimiento.[9] La nostalgia incluso puede aumentar la sensación

6   Para leer sobre la fascinante historia de la nostalgia, y las fuentes de estas citas, ver Sedikides, Constantine *et al.*, «To Nostalgize: Mixing Memory with Affect and Desire», *Advances in Experimental Social Psychology* 51 (2015), pp. 189-273.

7   Wildschut, Tim *et al.*, «Nostalgia: Content, Triggers, Functions», *Journal of Personality and Social Psychology* 91, n.º 5 (2006), pp. 975-993.

8   Routledge, Clay *et al.*, «The Past Makes the Present Meaningful: Nostalgia as an Existential Resource», *Journal of Personality and Social Psychology* 101, n.º 3 (2011), pp. 638-622; Van Tilburg, Wijnand A. P., Sedikides, Constantine y Wildschut, Tim, «The Mnemonic Muse: Nostalgia Fosters Creativity Through Openness to Experience», *Journal of Experimental Social Psychology* 59 (2015), pp. 1-7.

9   Cheung, Wing-Yee *et al.*, «Back to the Future: Nostalgia Increases Optimism», *Personality and Social Psychology Bulletin* 39, n.º 11 (2013), pp.

fisiológica de comodidad y calidez. Somos más proclives a sentirnos nostálgicos en los días fríos. Y cuando los investigadores inducen la nostalgia en sus experimentos —a través de la música o un olor, por ejemplo—, las personas son más tolerantes al frío y perciben una temperatura más alta.[10]

Como el patetismo, la nostalgia es «una emoción agradable pero preponderantemente positiva y fundamentalmente social». Pensar en tiempo pasado provee «una ventana al yo intrínseco», un portal que nos lleva a quienes realmente somos.[11] Dota al presente de significado.

El mismo principio se aplica al futuro. Dos destacados científicos sociales —Daniel Gilbert, de la Universidad de Harvard, y Timothy Wilson, de la Universidad de Virginia— arguyen que aunque «todos los animales son viajeros en el tiempo», los seres humanos llevan ventaja. Los antílopes y las salamandras pueden prever las consecuencias de sucesos que han experimentado antes. Pero solo los seres humanos pueden «preexperimentar» el futuro simulándolo en la mente, lo que Gilbert y Wilson denominan «prospección».[12] Sin embargo, no dominamos esta habilidad tanto como pensamos. Aunque los motivos varían, la lengua que hablamos —literalmente los tiempos verbales que usamos— puede ser un factor.

1484-1496; Zhou, Xinyue *et al.*, «Nostalgia: The Gift That Keeps on Giving», *Journal of Consumer Research* 39, n.º 1 (2012), pp. 39-50; Van Tilburg, Wijnand A. P., Igou, Eric R. y Sedikides, Constantine, «In Search of Meaningfulness: Nostalgia as an Antidote to Boredom», *Emotion* 13, n.º 3 (2013), pp. 450-461.

[10] Zhou, Xinyue *et al.*, «Heartwarming Memories: Nostalgia Maintains Physiological Comfort», *Emotion* 12, n.º 4 (2012), pp. 678-684; Turner, Rhiannon N. *et al.*, «Combating the Mental Health Stigma with Nostalgia», *European Journal of Social Psychology* 43, n.º 5 (2013), pp. 413-422.

[11] Baldwin, Matthew, Biernat, Monica y Landau, Mark J., «Remembering the Real Me: Nostalgia Offers a Window to the Intrinsic Self», *Journal of Personality and Social Psychology* 108, n.º 1 (2015), pp. 128-147.

[12] Gilbert, Daniel T. y Wilson, Timothy D., «Prospection: Experiencing the Future», *Science* 317, n.º 5843 (2007), pp. 1351-1354.

M. Keith Chen, hoy economista de la UCLA, fue uno de los primeros que exploró la conexión entre el lenguaje y la conducta económica. Primero agrupó 36 lenguas en dos categorías: las que tenían un tiempo futuro fuerte y las que tenían un tiempo futuro débil o ninguno. Chen, un estadounidense que creció en un hogar donde se hablaba chino, plantea las diferencias entre el inglés y el mandarín para ilustrar esa distinción. Dice: «Si yo quisiera explicar a un colega angloparlante por qué no puedo ir a una reunión que habrá hoy más tarde, no podría decir: "Voy a un seminario"». En inglés, Chen tendría que señalar explícitamente el futuro diciendo: «Voy a ir a un seminario» o «Tengo que ir a un seminario». Sin embargo, si «por el contrario estuviese hablando mandarín, lo natural para mí sería omitir cualquier marcador de tiempo futuro y decir *Wŏ qù tīng jiăngzò* (Yo voy escuchar seminario)».[13] En los idiomas con futuros fuertes como el inglés, el italiano y el coreano, los hablantes tienen que establecer distinciones muy marcadas entre el presente y el futuro. En los idiomas con futuros débiles como el mandarín, el finés y el estonio, se hacen pocas diferencias y muchas veces ninguna.

Chen analizó después —controlando los ingresos, el nivel educativo, la edad y otros factores— si las personas que hablaban lenguas con futuros fuertes se comportaban de manera distinta a las de futuros débiles. Lo hacían, y a veces de manera asombrosa. Chen descubrió que los hablantes de lenguas con futuros débiles —las que no marcaban explícitamente la diferencia entre el presente y el futuro— eran un 30% más proclives a ahorrar para la jubilación y un 24% menos propensos a fumar. También tenían relaciones sexuales más seguras, hacían ejercicio más a menudo y eran más sanos y ricos al jubilarse. Esto también ocurría en países como Suiza, donde algu-

---

[13] Chen, M. Keith, «The Effect of Language on Economic Behavior: Evidence from Savings Rates, Health Behaviors, and Retirement Assets», *American Economic Review* 103, n.º 2 (2013), pp. 690-731.

nos ciudadanos hablaban una lengua con futuros débiles (alemán) y otros una lengua con futuros fuertes (francés).[14]

La conclusión a la que llegó Chen no fue que la lengua que hablara una persona provocara esa conducta. Simplemente podría reflejar diferencias más profundas. Y la pregunta de si la lengua moldea el pensamiento, y por tanto nuestros actos, sigue siendo una cuestión controvertida en el campo de la lingüística.[15] No obstante, otros estudios han demostrado que planificamos de manera más eficaz y actuamos de manera más responsable cuando el futuro se percibe más cercano al momento presente y nuestros yoes actuales. Por ejemplo, una razón por la que la gente no ahorra para la jubilación es que de algún modo considera que la versión futura de sí mismos es una persona distinta a la persona actual. Pero cuando se le muestran imágenes donde aparece envejecida, aumenta su propensión a ahorrar.[16] Otra investigación ha revelado que simplemente pensar sobre el futuro en unidades más pequeñas —días, no años— «hacía que las personas se sintiesen más cerca de su futuro yo, y fuesen menos propensas a sentir que su yo actual y su yo futuro no eran en realidad la misma persona».[17]

---

[14] Ibíd.

[15] La conversación empezó con Sapir, Edward, «The Status of Linguistics as a Science», *Language* 5, n.º 4 (1929), pp. 207-214. Ese punto de vista ha sido desacreditado por, entre otros, Noam Chomsky, *Syntactic Structures*, 2.ª ed. (Mouton de Gruyter, Berlín y Nueva York, 2002), pero se ha vuelto a reconsiderar más recientemente. Ver p. ej., Gumperz, John J y Levinson, Stephen C., «Rethinking Linguistic Relativity», *Current Anthropology* 32, n.º 5 (1991), pp. 613-623; Pütz, Martin y Verspoor, Marjolyn (eds.), *Explorations in Linguistic Relativity*, vol. 199 (John Benjamins Publishing, Ámsterdam y Filadelfia, 2000).

[16] Ver Hershfield, Hal E., «Future Self-Continuity: How Conceptions of the Future Self Transform Intertemporal Choice», *Annals of the New York Academy of Sciences* 1235, n.º 1 (2011), pp. 30-43.

[17] Oyserman, Daphna, «When Does the Future Begin? A Study in Maximizing Motivation», *Aeon*, 22 de abril de 2016, disponible en <https://aeon.co/ideas/when-does-the-future-begin-a-study-in-maximising-moti-

Como ocurre con la nostalgia, la función más elevada del futuro es acentuar el significado del presente.

Lo que nos lleva al propio presente. Dos últimos estudios esclarecedores. En el primero, cinco investigadores de Harvard pidieron a un grupo de personas que hiciera pequeñas «cápsulas de tiempo» del momento presente (tres canciones que hubiesen escuchado hacía poco, una broma privada, el último evento social al que habían asistido, una foto reciente, etc.) o escribieran sobre una conversación reciente. Después les pidieron que conjeturaran cuánta curiosidad sentirían sobre lo que habían documentado meses atrás. Cuando llegó el momento de ver las cápsulas de tiempo, los sujetos sentían mucha más curiosidad de la que habían predicho. También descubrieron que lo que habían conmemorado tenía mucho más significado del que esperaban. En múltiples experimentos, los sujetos subestimaban el valor de redescubrir experiencias del presente en el futuro.

«Al registrar momentos cotidianos de hoy, el presente nos puede servir para hacernos "un presente" para el futuro», escriben los investigadores.[18]

El otro estudio analizaba el efecto del asombro. El asombro habita «en las cotas más altas del placer y en la frontera del miedo», como lo explican dos investigadores. Es «una emoción poco estudiada [...] fundamental para la experiencia de la religión, la

vation>. Ver también Lewis Jr., Neil A y Oyserman, Daphna, «When Does the Future Begin? Time Metrics Matter, Connecting Present and Future Selves», *Psychological Science* 26, n.º 6 (2015), pp. 816-825; Oyserman, Daphna, Bybee, Deborah y Terry, Kathy, «Possible Selves and Academic Outcomes: How and When Possible Selves Impel Action», *Journal of Personality and Social Psychology* 91, n.º 1 (2006), pp. 188-204; Oyserman, Daphna, Terry, Kathy y Bybee, Deborah, «A Possible Selves Intervention to Enhance School Involvement», *Journal of Adolescence* 25, n.º 3 (2002), pp. 313-326.

18   Zhang, Ting *et al.*, «A 'Present' for the Future: The Unexpected Value of Rediscovery», *Psychological Science* 25, n.º 10 (2014), pp. 1851-1860.

política, la naturaleza y el arte».[19] Tiene dos atributos clave: inmensidad (experimentar algo que es más grande que nosotros mismos) y adaptación (la inmensidad nos obliga a ajustar nuestras estructuras mentales).

Melanie Rudd, Kathleen Vohs y Jennifer Aaker descubrieron que experimentar asombro —la vista del Gran Cañón, el nacimiento de un niño, una tormenta espectacular— modifica nuestra percepción del tiempo. Cuando experimentamos asombro, el tiempo se ralentiza. Se expande. Sentimos como si tuviésemos más. Y esa sensación nos hace sentir mejor. «Experimentar asombro hace que las personas se sitúen en el momento presente, y estar en el momento presente subyace a la capacidad del asombro para ajustar la percepción del tiempo, influir en las decisiones y hacer que la vida parezca más satisfactoria».[20]

Tomados en conjunto, todos estos estudios sugieren que el camino a una vida llena de sentido y significado no es «vivir el presente», como han aconsejado muchos gurús espirituales. Es integrar nuestras perspectivas sobre el tiempo en un todo coherente, uno que nos ayude a comprender quiénes somos y por qué estamos aquí.

En una inolvidable escena de la película *El conflicto de los Marx* (1930), Groucho Marx se corrige a sí mismo por utilizar el verbo «estemos» cuando debería haber dicho «estábamos». Y lo explica: «He utilizado el subjuntivo en vez del tiempo pasado». Inmedia-

---

[19] Keltner, Dacher y Haidt, Jonathan, «Approaching Awe, a Moral, Spiritual, and Aesthetic Emotion», *Cognition & Emotion* 17, n.º 2 (2003), pp. 297-314.

[20] Rudd, Melanie, Vohs, Kathleen D. y Aaker, Jennifer, «Awe Expands People's Perception of Time, Alters Decision Making, and Enhances Well-Being», *Psychological Science* 23, n.º 10 (2012), pp. 1130-1136. Ayudar a los demás también expande nuestra percepción del tiempo, elevando nuestro sentido de «afluencia del tiempo»; ver Cassie Mogilner, Chance, Zoë y Norton, Michael I., «Giving Time Gives You Time», *Psychological Science* 23, n.º 10 (2012), pp. 1233-1238.

tamente después, añade: «Hace mucho tiempo que no vivimos en tiendas de campaña, ahora vivimos en bungalós».[21]

También nosotros hemos superado los tiempos verbales. El reto de la condición humana es aunar pasado, presente y futuro.

Cuando empecé a trabajar en este libro, sabía que los tiempos eran importantes, pero también algo inescrutable. Al empezar este proyecto, no tenía ni idea de cuál era el destino. Mi objetivo era llegar a algo parecido a la verdad, precisar algunos datos e ideas que pudiesen ayudar a las personas, incluido yo mismo, a trabajar de manera un poco más inteligente y vivir mejor.

El producto de la escritura —este libro— contiene más respuestas que preguntas. Pero en el proceso de escribir ocurre lo contrario. Escribir es el acto de descubrir lo que piensas y lo que crees.

Antes creía que había que ignorar las olas del día. Ahora creo que hay que surfearlas.

Antes creía que las pausas para comer, las siestas y los paseos eran una forma de indulgencia. Ahora creo que son una necesidad.

Antes creía que la mejor forma de superar un mal comienzo en el trabajo, en los estudios o en casa era librarse de él y pasar la página. Ahora creo que el mejor enfoque es empezar otra vez o empezar en compañía.

Antes creía que los puntos medios no importaban; sobre todo porque no sabía ni que existiesen. Ahora creo que los puntos medios ilustran algo fundamental sobre cómo actúan las personas y cómo funciona el mundo.

Antes creía en el valor de los finales felices. Ahora creo que el poder de los finales no reside en su carácter completamente soleado, sino en su patetismo y su significado.

---

[21] «*We're way past tents*», un juego de palabras con «*past tense*» («tiempo verbal pasado») (*N. de la t.*).

Antes creía que sincronizarse con otros era simplemente un proceso mecánico. Ahora creo que requiere un sentido de pertenencia, que recompensa con un sentido del propósito y que revela una parte de nuestra naturaleza.

Antes creía que los tiempos lo eran todo. Ahora creo que todo momento es justo.

Antes creía que el *timing*, la elección del momento justo, lo era todo. Ahora creo que todos los momentos son el momento justo.

Lecturas complementarias

El tiempo y los tiempos son unos temas infinitamente interesantes que otros autores han explorado con talento y ganas. Aquí van seis libros, listados alfabéticamente por título, para profundizar tus conocimientos:

168 *Hours: You Have More Time Than You Think* (2010)
   De Laura Vanderkam
   A todos nos tocan las mismas horas: 168 cada semana. Vanderkam nos da un consejo inteligente y factible para aprovechar al máximo esas horas estableciendo prioridades, eliminando cosas superfluas y centrándonos en lo que de verdad importa.

Una geografía del tiempo. O cómo cada cultura percibe el tiempo de una manera un poquito diferente
(Siglo XXI, Madrid, 2015)
   De Robert V. Levine
   ¿Por qué algunas culturas se mueven rápido y otras lento? ¿Por qué algunas están sujetas al estricto «tiempo reloj» y otras al más fluido «tiempo de eventos»? Un científico conductual ofrece algunas respuestas fascinantes, muchas basadas en sus propias aventuras itinerantes.

Rituales cotidianos. Cómo trabajan los artistas
(Turner, Madrid, 2014)

Editado por Mason Currey

¿Cómo organizaban su tiempo los grandes creadores mundiales? Este libro revela los hábitos diarios de un abanico de potencias creativas: Agatha Christie, Sylvia Plath, Charles Darwin, Toni Morrison, Andy Warhol y 156 más.

Internal Time: Chronotypes, Social Jet Lag, and Why You're So Tired (2012)
De Till Roenneberg

Si vas a leer un solo libro sobre cronobiología, que sea este. Aprenderás más con esta estupenda y concisa obra —organizada en 24 capítulos que representan las 24 horas del día— que con cualquier otra única fuente.

The Dance of Life: The Other Dimension of Time (1983)
De Edward T. Hall

Un antropólogo estadounidense analiza cómo la cultura percibe el tiempo alrededor del mundo. El análisis se queda a veces un poco anticuado, pero sus observaciones son muy convincentes, y por eso este libro sigue siendo básico en los cursos universitarios.

Por qué el tiempo vuela. Una investigación no solo científica
(Plataforma, Barcelona, 2018)

De Alan Burdick

Un maravilloso e ingenioso trabajo de periodismo científico que capta la complejidad, frustración y excitación de intentar comprender la naturaleza del tiempo.

Agradecimientos

Si eres de las personas que leen los agradecimientos —como parece ser el caso—, te habrás percatado de un fenómeno similar al descubrimiento de Laura Carstensen sobre cómo las redes sociales menguan a medida que envejecemos. En su primer libro, los escritores suelen dar las gracias a un círculo absurdamente amplio de contactos. («Mi profesor de gimnasia en tercero me ayudó a superar mi miedo a trepar por la cuerda, tal vez la lección más vital que he aprendido como escritor»).

Pero a cada nuevo libro, la lista se acorta. Los agradecimientos se reducen al círculo interior. Este es el mío:

Cameron French fue un investigador tan dedicado y productivo como podría esperar cualquier escritor. Llenó gigabytes de carpetas en Dropbox con artículos de investigación y reseñas literarias, pulió muchas de las herramientas y trucos, y comprobó cada dato y cita. Es más: hizo todas estas cosas con tanta inteligencia, meticulosidad y buen ánimo que estoy tentado de trabajar en el futuro únicamente con personas que hayan crecido en Oregón y hayan ido al Swarthmore College.

Shreyas Raghavan, hoy estudiante de doctorado en la Escuela de Negocios Fuqua de la Universidad de Duke, localizó algunos de los mejores ejemplos del libro, planteó con frecuencia contraargumentos estimulantes y expli-có con paciencia técnicas estadísticas y análisis cuantitativos que permitieron salvar mi limitado entendimiento.

Rafe Sagalyn, mi agente literario y amigo desde hace dos décadas, fue tan espectacular como suele. En todas las fases del proceso —desarrollo de la idea, producción del manuscrito, contarle al mundo el resultado— fue indispensable.

En Riverhead Books, el sagaz y perspicaz Jake Morrissey leyó el texto varias veces y le dedicó una pródiga atención a cada página. Su chorro de comentarios y preguntas —«Esto no es un guion televisivo»; «¿Es esta la palabra correcta?»; «Ahí puedes profundizar más»— era con frecuencia irritante e invariablemente correcto. También tengo la suerte de haber contado con las compañeras estelares de Jake en la editorial: Katie Freeman, Lydia Hirt, Geoff Kloske y Kate Stark.

Tanya Maiboroda creó cerca de dos docenas de gráficas que recogían las ideas clave con claridad y estilo. Elizabeth McCullough, como siempre, detectó errores en el texto que a todos los demás les habían pasado inadvertidos. Rajesh Padmashali fue un genial compañero, facilitador y traductor en Bombay. Jon Auerbach, Marc Tetel y Renée Zuckerbrot, amigos desde mi primer año en la universidad, me ayudaron a identificar a varios entrevistados. También me beneficié de las conversaciones con Adam Grant, Chip Heath y Bob Stutton, que hicieron sugerencias inteligentes y uno de ellos (Adam) me convenció para abandonar mi atroz esquema inicial. También quiero agradecer especialmente a Francesco Cirillo y el difunto Amar Bose por razones que ellos entenderían.

Cuando empecé a escribir libros, uno de nuestros hijos era muy pequeño y dos no habían nacido aún. Hoy, los tres son unos jóvenes asombrosos que están a menudo dispuestos a ayudar a su menos asombroso padre. Sophia Pink leyó varios capítulos e hizo una serie de hábiles correcciones. La considerable agudeza basquetbolística de Saul Pink —aparejada con sus habilidades para hacer búsquedas en el celular— contribuyeron a la gran fábula deportiva del cuarto capítulo. Eliza Pink, que atravesaba su último año de preparatoria mientras yo terminaba este libro, fue mi modelo a seguir por su valor y dedicación.

Y en el centro está su madre. Jessica Lerner leyó todas las palabras de este libro. Pero no solo eso. También leyó todas las palabras de este libro en alto. (Si no sabes lo heroico que es eso, ve a la introducción, empieza a leer en alto, y a ver hasta dónde llegas. Después intenta hacerlo con alguien que te interrumpe constantemente porque no estás leyéndolo con suficiente brío o el énfasis adecuado). Su inteligencia y empatía hicieron que este fuese un libro mejor, igual que desde hace un cuarto de siglo me hicieron una mejor persona. En cada momento y en cada tiempo verbal, ella fue, es y será el amor de mi vida.